Variable Geometrie

Europäische Hochschulschriften

European University Studies
Publications Universitaires Européennes

Reihe II **Rechtswissenschaft**

Series II Law

Série II Droit

Band/Volume **5546**

Marjolaine Savat-Gündüz

Variable Geometrie

Subsidiarität und differenzierte Integration im Mehrebenensystem der Europäischen Union

PL ACADEMIC RESEARCH

Bibliografische Information der Deutschen Nationalbibliothek
Die Deutsche Nationalbibliothek verzeichnet diese Publikation in der Deutschen Nationalbibliografie; detaillierte bibliografische Daten sind im Internet über http://dnb.d-nb.de abrufbar.

Zugl.: Frankfurt (Main), Univ., Diss., 2010

Gedruckt auf alterungsbeständigem,
säurefreiem Papier.

D 30
ISSN 0531-7312
ISBN 978-3-631-60797-8 (Print)
E-ISBN 978-3-653-03808-8 (E-Book)
DOI 10.3726/978-3-653-03808-8

PL Academic Research ist ein Imprint der Peter Lang GmbH.
Peter Lang – Frankfurt am Main · Bern · Bruxelles · New York · Oxford · Warszawa · Wien

Dieses Buch wurde vor Erscheinen peer reviewed.

www.peterlang.com

Für meine Tochter Nora Xezal Marie,
Für meinen Ehemann Eran Gündüz
Für meine Eltern Gilles und Brigitte Savat,
Für meinen Großvater Jacques Savat,
geborener Isaac Savatovsky

Vorwort

Die letzten Züge der vorliegenden Arbeit entstanden in der ersten Hälfte des Jahres 2010, d. h. zu einer Zeit, in der die Folgen der Finanz- und Wirtschaftskrise zwar die europäische Aktualität stark beherrscht haben, in der jedoch der Begriff „Euro-Krise“ sich noch nicht derart etabliert hatte. Was wie eine schwerwiegende Wirtschafts- und Finanzkrise anfing, wurde zunächst im Laufe von Monaten zu einer Vertrauenskrise des gesamten „Euro-Projekts“, um sich im Anschluss zu einer Krise der gesamten europäischen Institutionen zu verwandeln. Die Handlungsfähigkeit der Europäischen Union wurde wiederkehrend in Frage gestellt, und während viele ihrer Mitgliedstaaten mit ihrer Haushaltspolitik und ihren Staatsdefiziten zu kämpfen hatten, verschlechterte sich offensichtlich die Identifikation der europäischen Bürger mit dem europäischen Integrationsprozess. Diese letzten Entwicklungen konnten in dieser Arbeit nicht berücksichtigt werden. Die grundsätzlichen Fragestellungen, die in dieser Arbeit analysiert werden, finden in der derzeitigen Debatte ein Echo. Die aktuellen Entwicklungen verleihen ihnen jedoch mehr Gewicht.

Im Mittelpunkt steht zunächst die Frage der ungleichzeitigen oder der differenzierten Integration. In der derzeitigen Situation konkretisiert sich die Herausforderung der differenzierten Integration. Auf der semantischen Ebene wird nun eindeutig zwischen den Mitgliedstaaten unterschieden: man spricht und schreibt über die so genannten „peripheren Staaten“. Faktisch ist auch die Trennung zwischen den Mitgliedstaaten, die der Euro-Gruppe angehören und den anderen größer geworden. Nun soll auch ein weiterer Unterschied zwischen den Mitgliedstaaten entstehen, und zwar zwischen den 25 Mitgliedstaaten, die den Fiskalpakt unterzeichnet haben, und den zwei übrigen, die ihn abgelehnt haben. Es wird sogar nicht ausgeschlossen, die Finanztransaktionsteuer im Rahmen einer Verstärkten Zusammenarbeit zu implementieren. Dieser Mechanismus, der in dieser Arbeit ausführlich untersucht wird, könnte zum ersten Mal angewendet werden. Um eine bessere Vorstellung von diesen abstrakten Entscheidungsebenen zu erhalten, wurde am Anfang dieser Arbeit versucht, dieses Mehrebenensystem in ein kohärentes symbolisches Modell zu fassen.

Auch die Frage der Finalität der Europäischen Union ist wieder in den Vordergrund gerückt. Als Weg aus der Krise wird oft „mehr Europa“ gefordert. Unklar bleibt, was tatsächlich unter „mehr Europa“ zu verstehen ist. Unübersehbar ist auch, dass viele Bürger der EU sich dem europäischen Integrationsprojekt deutlich abwenden. Populismus flammt in einigen Mitgliedstaaten wieder auf. Die EU wird dabei oft als Quelle allen Unheils betrachtet, als Leviathan, der durch intransparente und scheinbar fragliche Entscheidungsstrukturen bürgerferne Entscheidungen trifft. Akuter denn je stellt sich hier also die Frage nach den demokratischen Grundlagen der Union. Auch die Frage der politischen Organisation der EU wird in der Arbeit kritisch und kontrovers diskutiert. Soll die Union eine internationale Organisation *sui Generis* und somit teilweise in einer juristische Zweideutigkeit bleiben oder sich zum Staat entwickeln, der mit klarer und strenger Gewaltenteilung und ebenso klaren und strengen Kompetenzausübungsregelungen und –Schranken ausgestattet ist? Angeknüpft an diese grundsätzliche Fragestellung wird von einem Föderalisierungsprozess ausgegangen.

An dieser Stelle möchte ich mich besonders herzlich bei Herrn Prof. Dr. Stefan Kadelbach für die Betreuung dieser Dissertation und die Übernahme des Gutachtens bedanken. Mein herzlicher und aufrichtiger Dank gilt zudem auch Herrn Prof. Dr. Dr. Manfred Zuleeg, der geistige Doktorvater dieser Arbeit. Vor allem gilt mein Dank meinen Eltern und meinem Ehemann, der zur gleichen Zeit an seiner Doktorarbeit im Fachbereich Gesellschaftswissenschaften schrieb, für die stetige und konstruktive Unterstützung der Dissertation.

Frankfurt am Main, im November 2013 Marjolaine Savat-Gündüz

Inhaltsübersicht

Inhaltverzeichnis

Einführung in die Fragestellung

Den Ausgangspunkt dieser Arbeit bildet der Satz eines der Gründungsväter Europas, *Robert Schuman*: „Europa lässt sich nicht mit einem Schlage herstellen und auch nicht durch eine bloße Konstruktion“[1]. Viel zitiert und viel kommentiert behält dieser Satz eine beständige Wahrheit. Beinahe sechzig Jahre nach seiner Rede ist die Union „immer enger“[2] zusammengewachsen, obgleich die Schwelle des föderalen Staates - oder nach *Jacques Delors* Bezeichnung: der „Föderation der Nationalstaaten“[3] - noch nicht überschritten ist. Da die Verträge zu dieser Frage schweigen, bleibt die Finalität der europäischen Einigung Diskussionsthema.[4] Dabei stehen sich zwei Projekte der Union gegenüber, und zwar die „Staatenverbund“-Konzeption und die föderale Option. Bedenkt man das Urteil des Bundesverfassungsgerichts vom 30. Juni 2009 zur Frage der Vereinbarkeit des Zustimmungsgesetzes zum Vertrag von Lissabon und des diesbezüglichen Grundgesetzänderungsgesetzes mit dem GG, das der EU auch mit dem Inkrafttreten des Vertrags von Lissabon jeglichen „staatsanalogen Aufbau“[5] anzuerkennen verweigert, können die Hürden abgeschätzt werden, die vor Erreichung einer Föderation der europäischen Nationalstaaten noch zu bewältigen sind.

1- Föderation als Finalität der Europäischen Union: Ein überholter Gedanke?

Für die Gründungsväter Europas war die Errichtung eines wirtschaftlichen, rechtlichen und darüber hinaus sozialen Zusammenhalts Mittel zum Zweck der Verwirklichung einer europäischen Föderation. Wie es *Manfred Zuleeg* betont, war „die Zielvorstellung einer Föderation [...] von vornherein einbezogen“.[6] Nunmehr sind seit den Gründungszeiten und der Schuman-Erklärung sechzig Jahre vergangen. Die europäische Integration ist zwar weit fortgeschritten, die föderale Lösung für die Union bleibt dennoch lediglich ein Modell und eine Möglichkeit, jedoch nicht das absolut zu erreichende Ziel. „Die Zielvorstellung

---

1 „L'Europe ne se fera pas d'un coup, ni dans une construction d'ensemble“, in der Schuman-Erklärung vom 9. Mai 1950, die im Uhrensaal des französischen Außenministeriums am Quai d'Orsay gehalten wurde. Die Schuman-Erklärung gilt als „Geburtsurkunde“ der Europäischen Einigung.

2 Präambel des Vertrags zur Gründung der Europäischen Union.

3 Siehe dazu: *Quermonne, Jean-Louis,* Le Traité «*Spinelli*» de février 1984: le lancement de la procèdure de constitutionnalisation de l'Union europeénne in: *Altiero Spinelli*, Fédéraliste européen, Beiträgesammlung des Symposiums zum 100. Geburtstag von *Altiero Spinelli* unter der Leitung von *Lehmann, Wilhelm*, Europäisches Parlament (Ausschuss für Konstitutionelle Fragen), Brüssel, 2009, S. 53.

4 Siehe dazu den Beitrag von *Haltern, Ulrich,* Finalitäten, in: *Bogdandy, Armin von/Bast, Jürgen (Hrsg.),* Europäisches Verfassungsrecht, Theoretische und Dogmatische Grundzüge, Heidelberg, 2. Aufl., 2009, S- 279-331

5 Verbundene Rechtsachen 2 BvE 2/08, 2 BvE 5/08, 2 BvR 1022/08, 2 BvR 1259708, 2 BvR 182/09, vgl. Rdz. 278 des Urteils.

6 Siehe *Zuleeg, Manfred,* Der rechtliche Zusammenhalt der Europäischen Union, Baden-Baden, 2004, S. 24.

einer Föderation“[7] konnte in sechzig Jahren nicht gegen die nationalstaatlichen Belange durchgesetzt werden. Sie büßt hingegen die Stimmung *de l'air du temps* ein. Ist die Verwirklichung einer europäischen Föderation noch realistisch oder war sie nur eine Nachkriegszeit-Utopie, die nicht mehr zum derzeitigen europäischen Kontext passt?

Die wirtschaftliche Krise im Jahr 2010, die den europäischen Raum, vor allem die Eurozone erschüttert, bringt eindeutig die Mitgliedstaaten in Schwierigkeiten, was ihre Entschlossenheit anbelangt, „den Prozess der europäischen Integration auf eine neue Stufe zu heben“[8]. Dies umso mehr, als die Eurokrise von 2010 lediglich die letzte in einer Reihe von politischen und wirtschaftlichen Krisen darstellt. Im Grunde genommen konnte sich die EU seit dem „Nein“ der Franzosen und der Niederländer zum Europäischen Verfassungsvertrag im Jahr 2005 kaum erholen, während politische und wirtschaftliche Krisen in einem erschreckenden Rhythmus darauf folgten.[9] Die Lage ist derzeit ernst für die EU, nicht nur wirtschaftlich sondern auch politisch betrachtet. Denn die Zukunft wird mit großer Wahrscheinlichkeit Aufschluss bei der Frage geben, ob die Mitgliedstaaten ihre Kohäsion und Loyalität zur EU bewahren können oder ob sie eine Politik der Durchsetzung nationaler Interessen verfolgen werden. Wie man es auf Französisch ausdrückt, ist die Union möglicherweise „*à la croisée des chemins*“.[10] Bereits in der Vergangenheit wurden Krisen als eine Möglichkeit gesehen, die europäische Integration voranzutreiben. *Jacques Derrida* und *Jürgen Habermas* messen Krisenzeiten sogar eine wichtige Bedeutung für die Bestimmung der europäischen Zukunft bei: „Eine attraktive, ja ansteckende 'Vision' für ein künftiges Europa fällt nicht vom Himmel. Heute kann sie nur aus einem beunruhigenden Empfinden der Ratlosigkeit geboren werden“.[11] Wie zudem *Roland Bieber* nüchtern bemerkt, gibt es „tatsächlich [...] selten ‚bessere' Zeiten im fortdauernden Entwicklungsprozess der Europäischen Einigung. Jede Zeit

7 *Zuleeg*, ebd., S. 24.

8 Siehe Präambel EUV (konsolidierte Fassung vom 30. März 2010).

9 Nach einer langen Perspektivlosigkeit wird der „Reformvertrag“ von Lissabon verhandelt und unterzeichnet, es kommt jedoch zum verspäteten Inkrafttreten durch das „Nein“ Irlands im Juni 2008 während des Ratifizierungsprozesses. Die tschechische Ratspräsidentschaft (01. Januar bis 30. Juni 2009) ist auch von Ungewissheit geprägt, da der tschechische Präsident V. Klaus die Spannung unterhält und bis zum Ende die Frage offen lässt, ob er die Ratifizierung unterschreiben wird oder nicht. EUV und AEUV sind schließlich am 01. Dezember 2009 in Kraft getreten. Inzwischen wird die internationale Politik jedoch seit Herbst 2008 durch die größte Wirtschaftskrise der Nachkriegzeit geprägt. Die europäischen Staaten sind davon schwer betroffen und voraus geben sich immer stärker in den Versuch, der Krise Einhalt zu bieten, bis zur jüngsten und schwersten Eurokrise der letzen Monate, eine Mischung aus „bad governance“ der Haushalte der Staaten der Eurozone und Schwäche vor den Finanzmärkten.

10 Deutsch: am Scheideweg (Übersetzung der Autorin).

11 Siehe *Derrida, Jacques/Habermas Jürgen,* Unsere Erneuerung, Nach dem Krieg: Die Wiedergeburt Europas, Frankfurter Allgemeine Zeitung vom 31. Mai 2003, S. 33.

hat ihre eigenen Schwierigkeiten und Chancen".[12] Die Frage, ob in dem derzeitigen Kontext die Anknüpfung an die föderale Finalität der Union in einer juristischen Dissertation nicht von Makel der Unsachlichkeit geprägt und zudem unrealistisch ist, wird hier verneint. Die föderale Finalität der Union ist zwar nicht in Stein gemeißelt, sie ist und bleibt jedoch ein erstrebenswertes Ziel. Die Krise der Eurozone hat noch nicht die Zukunft und die endgültige Orientierung der Union besiegelt. Ebenso steht die Antwort zur Frage, ob die gemeinsame Währung tatsächlich demnächst noch zusammenbrechen könnte,[13] und wenn ja, welche Konsequenz es für die gesamte Union mit sich bringen würde, in den Sternen. *Jean-Claude Trichet*, der Präsident der Europäischen Zentralbank (im Folgenden EZB), zeigt sich in einem Interview mit der Zeitung *Le Monde* vom 01. Juni 2010 sehr zuversichtlich, dass die finanzielle- und wirtschaftliche Krise überwältigt werden kann. Der Euro bleibt für ihn „une monnaie très crédible, qui inspire la confiance".[14] *Trichet* erkennt die historische Bedeutung der derzeitigen Situation für die EU und plädiert für eine „fédération budgétaire"[15]. Dabei äußert er sich positiv zur Frage der Gründung einer europäischen Wirtschaftsregierung.[16] *Trichet* schlägt folgendes Rezept vor, um aus der Krise zu kommen: eine systematische Maximierung der in den Verträgen niedergeschriebenen Möglichkeiten sollte erstens zur Stärkung der europäischen Institutionen führen und zweitens zu einer Verstärkung der europäischen Integration. Für *Trichet* liegt also die Rettung des europäischen Systems nicht in weniger[17], sondern in

12 Siehe *Bieber, Roland*, Der Spinelli – Vertragsentwurf: Restbestand aus besseren Zeiten oder Anstoß zur Einigung über eine Verfassung?, in: *Altiero Spinelli*, Fédéraliste européen, Beiträgesammlung des Symposiums zum 100. Geburtstag von *Altiero Spinelli* unter der Leitung von *Lehmann, Wilhelm*, Europäisches Parlament (Ausschuss für Konstitutionelle Fragen), Brüssel, 2009, S. 23.

13 Trotz des euphorischen Rufs von Frankreich Staatsoberhaupt *Nicolas Sarkozy* am Ende des Treffens über die historische Entscheidung der 16 Mitglieder der Eurozone bezüglich des 750 Milliarden schweren „Rettungsschirms": „der Euro ist gerettet", kann diese Behauptung nicht vorbehaltlos angenommen werden. Der Rettungsschirm stellt eindeutig einen starken Schutz dar, kann jedoch nicht verhindern, dass Ratingagenturen die Zahlungsfähigkeit bestimmter Staaten der Eurozone herabstufen. Eine Herabstufung kann jedoch, wiederum einen Dominoeffekt auf den Finanzmärkten auslösen.

14 Siehe den Artikel von *Lauer, Stephane/Lemaître Frédéric/Vergés, Marie de,* Entretien avec *Jean-Claude Trichet*: "Nous avons besoin d'une fédération budgétaire", in: Le Monde vom 01. Juni 2010, S. 15.

15 Siehe *Lauer, Stephane/Lemaître Frédéric/Vergés, Marie de,* ebd., *S. 15.*

16 Dies ist jedoch eine Frage, die das deutsch-französische Tandem ins Stocken bringt, wie die diplomatischen Schwierigkeiten zwischen beiden Regierungen zeigen. Hier kann man als aktuelles Beispiel die abrupte Verschiebung des Treffens zwischen Angela Merkel und Nicolas Sarkozy im Juni 2010 anführen. Die Europäische Wirtschaftsregierung ist seit eh und je ein hoch geschätztes Projekt der aufeinanderfolgenden französischen Regierungen, wird jedoch diesseits des Rheins ebenso unentwegt mit mäßiger Begeisterung aufgenommen.

17 Dies sollte mehr Spiel- und Ermessensraum für die Mitgliedstaaten gewährleisten.

mehr Integration, die gewissermaßen über die Föderalisierung bestimmter Bereiche (z. B. der Haushaltspolitik) geschieht.

Jedoch verdunkeln sich immer stärker die Perspektiven auf das föderale Organisationsmodell in den europäischen öffentlichen Meinungen. Nicht nur auf der europäischen Ebene erlebt dieses Modell schwere Zeiten, sondern auch auf der mitgliedstaatlichen Ebene. In Belgien z. B. lauert seit 2006 eine ernsthafte „Föderationskrise". Schon vor den vorgezogenen Wahlen zur Abgeordnetenkammer vom 13. Juni 2010 warnte der belgische Journalist *Jean-Pierre Stroobants*[18], dass die Addition der verschiedenen flämischen Parteien, die eine Aufteilung Belgiens favorisieren, ca. zweiundvierzig Prozent der Wählerstimmen darstellen würde. Tatsächlich erreichten die flämischen Nationalisten der N-VA (Neuflämischen Allianz) fast ein Fünftel der Sitze in der föderalen Kammer. Dies ist ein Ergebnis, das berechtigte Fragen für die belgische EU-Ratspräsidentschaft ab 01. Juli 2010 aufwirft. Spanien kämpft auch wiederkehrend gegen den separatistischen Willen der ETA. Dies zeigt, dass die föderale Organisation des spanischen Staates nicht unbeschränkt Akzeptanz gefunden hat.

Zum einen sollte man das Abkommen von der föderalistischen Idee nicht überbewerten. Denn es kann im Gegenteil auch angenommen werden, dass in Finanz- und Wirtschaftskrisenzeiten die EU-Mitgliedstaaten sowie die europäischen Regionen vereint bessere Chancen für die Krisenbewältigung haben als wenn sie vereinzelt gegen Finanzmärkte und eine schlechte wirtschaftliche Konjunktur kämpfen müssen. Im Kantischen Sinn ausgedrückt, kann man pessimistisch sein, was die Motivation einer Stärkung des europäischen Integrationsprozess angeht, optimistisch dennoch, was die Richtung der Geschichte anbelangt. Vernunft ist auf der Seite der Union.

Zum anderen sollte man extremistischen Bewegungen nicht allzu viel Glaubwürdigkeit beimessen. Die Tatsache jedoch, dass sie in der Bevölkerung ein Echo finden, sollte nicht übersehen werden. Daher braucht man starke Gegenkonzepte, die solchen Ideologien entgegengesetzt werden können. In diesem Sinne hatten die Gründungsväter der europäischen Einigung nach den Erfahrungen des 2. Weltkrieges gegen Nationalismus und kriegerische Anwandlungen kämpfen wollen. Der Plan ist aufgegangen und der Prozess der europäischen Einigung hat über sechzig Jahre Demokratie und Frieden in Europa gebracht. Die Anknüpfung an dieses starke europäische Projekt kann ohne Zweifel als Wegweiser dienen in der derzeitigen schweren wirtschaftlichen Konjunktur, die auf den europäischen Mitgliedstaaten lastet. So wie in den Gründungszeiten eine Wirtschafts- und Zolleinigung für die Stabilisierung der Mitgliedstaaten erstrebenswert war , erscheint nun ein weiterer Schritt in Richtung einer politischen

18 Siehe den Artikel von *Stroobant, Jean-Pierre,* Les artistes contre le péril belge, in: Le Monde vom 01. Juni 2010, S. 28.

Integration erforderlich, um die kumulativen negativen Aspekte der Wirtschafts- und Finanzkrise von 2008 und 2010 zu bewältigen. In diesem Sinne verliert das Ziel einer „Föderation der Nationalstaaten“[19] nicht an Relevanz. Ein starker Zusammenhalt der europäischen Mitgliedstaaten ist eine Notwendigkeit geworden.

Die Erreichung des föderalen Stadiums wird daher in dieser Arbeit als Finalität der Europäischen Einigung[20] angesehen. Dabei handelt es sich hier nicht darum auf eine nostalgische föderale Vision zu pochen, sondern auch die zeitgenössischen Vorschläge hervorzuheben. Überzeugt, dass dieses Prozess jedoch „nicht mit einem Schlage und auch nicht durch eine bloße Konstruktion“ geschehen kann, wird vielmehr von einem Föderalisierungsprozess ausgegangen, der Schritt für Schritt, Bereich nach Bereich die Union in diese Richtung bewegt. Um diesen Prozess hervorzuheben, wird die Kompetenzverteilung im Rahmen der europäischen Rechtsordnung in den Vordergrund der Analyse gestellt. Die Kompetenzverteilung stellt in der Tat den Gewölbestein des föderalen Bauwerks dar. Hier wird zwischen der föderalen Ebene und der föderativen Ebene die Zuständigkeit zum Handeln erteilt, entweder durch ausschließliche oder durch konkurrierende Kompetenzen. Die Kompetenzverteilung zwischen der Union und den Mitgliedstaaten ist gleichzeitig eine entscheidende Herausforderung, politisch betrachtet,[21] sowie ein Ausdruck des Föderalisierungsprozesses. Denn im Vergleich zu den Gründungsverträgen haben sich die Kompetenzfelder der derzeitigen Union exponentiell vervielfacht. Bereits 1989, in seinem Aufsatz „Quelques observations sur le développement des compétences communautaires“ merkte *Antonio Tizzano*, nun Richter am Europäischen Gerichtshof, an, dass „une pratique extrêmement dynamique a conduit, avec des résultats parfois supérieurs aux prévisions les plus optimistes, à une extension progressive et considérable de ces compétences“.[22] D.h., dass im Laufe der Entwicklung des Einigungsprozesses die Mitgliedstaaten immer breitflächiger Kompetenzen an die Gemeinschaft übertragen haben. Umso wichtiger ist folglich die Kompetenzverteilung geworden, um eine unkoordinierbare Verflechtung der Kompetenzen zu vermeiden.

---

19 Wie *Jacques Delors* es nennt.

20 Auch wenn diese Arbeit gern an das große föderale Projekt der 1950er anknüpft, werden selbstverständlich die späteren Projekte mitberücksichtigt, wie das *Spinelli-Projekt* oder die Vorschläge von *Armin von Bogdandy*, die EU als eine supranationale Föderation zu begreifen. Siehe dazu *von Bogdandy, Armin*, Die Europäische Union als supranationale Föderation, in: Integration, 2/99, S. 95-112.

21 Die Debatten der deutschen Parlamentarier haben es im Sommer 2009 im Zuge der Diskussionen über das so genannte Begleitgesetz für die Ratifizierung des Vertrags von Lissabon wieder deutlich gezeigt. Die Verteilung der Kompetenzen zwischen der Union und ihren Mitgliedstaaten bleibt eine heikle Angelegenheit.

22 *Antonio, Tizzano,* Quelques observations sur le développement des compétences communautaires, in: Pouvoirs, Nr. 48, Europe 93, Paris, 1989, S. 85.

Zwei Untersuchungspfade werden in dieser Arbeit eingeschlagen, um die Kompetenzverteilung im Kontext des Föderalisierungsprozesses zu analysieren. Zunächst befasst sich die Arbeit mit dem Gefüge selbst, in dem die Kompetenzverteilung stattfindet. Anhand der Theorie des Mehrebenensystems wird die Organisation der Union dargelegt, da sich in dieser Struktur eindeutige föderale Merkmale verkörpern. Im späteren Verlauf der Arbeit wird auf das Subsidiaritätsprinzip eingegangen, da man kaum die Frage der Kompetenz in der Union stellen kann, ohne dieses Prinzip zu erwähnen, dessen Geist unweigerlich mit dem föderalem System verbunden ist.

Im Vorfeld der Verdeutlichung der zwei ausgewählten Untersuchungspfade sollen dennoch einige Bemerkungen über die materielle Begrenzung des Forschungsfeldes der Arbeit erörtert werden. Die erste Bemerkung betrifft die Auswahl eines Referenzgebiets. Da die Föderalisierung der EU nicht durch die Durchsetzung einer globalen Dynamik erfolgen kann, wird das Forschungsfeld auf einen bestimmten materiellen Bereich des Europarechts begrenzt: die Lebensmittelsicherheit. Dieser Bereich bietet ein interessantes Forschungsfeld, da es durch seine Entwicklung und seine Struktur einen Mikrokosmos der europäischen Herausforderung darstellt. Viele Beispiele der Arbeit beziehen sich auf den Bereich der Lebensmittelsicherheit, der als Referenzgebiet dient.
Unter dem Impuls von verschiedenen Faktoren hat sich das ursprüngliche Lebensmittelrecht in Richtung auf die so genannte Lebensmittelsicherheit entwickelt. Vom Gemeinschaftsrecht bis zum Unionsrecht hat dieser Bereich starke Wandlungen erlebt. Das Gemeinschaftsrecht befasste sich zwar früh mit der Gesundheit der Verbraucher, doch hatte am Anfang das Handeln der Gemeinschaft eher bei der Prävention gelegen. Allmählich haben sich ihre Aktivitäten in diesem Bereich vervielfältigt[23]. Es geht nun nicht mehr lediglich um Prävention, sondern auch um Krisenmanagement, Verbraucherschutz sowie um Positionierung auf der internationalen Ebene.
Strukturell betrachtet ist die Lebensmittelsicherheit keine eigenständige Politik der Gemeinschaft im Sinne des Dritten Teils des AEUV, sie ist ein Tätigkeitsbereich der EU. Dies führt zur ersten Feststellung: die europäische Reglementierung in der Lebensmittelsicherheit ist kein einheitliches Recht, sondern fragmentiert. Sie ist nämlich zwischen verschiedenen Politiken der EU geteilt: Landwirtschaft, Verbraucherschutz und Gesundheitswesen. Diese drei Politiken stellen

23 Die Änderungen der Produktionsmethode – von der eher traditionellen Landwirtschaft zur industriellen Produktion von Lebensmitteln –, die Veränderung des Konsumverhaltens der Verbraucher in diesem Bereich, sowie der zunehmende grenzüberschreitende Lebensmittelwarenverkehr haben zu tiefgehenden Veränderungen des Bereiches beigetragen. Hinzu kommen die Entstehung von „neuartigen“ Lebensmitteln auf dem Lebensmittelwarenmarkt (z.B. genetisch veränderte Organismen - GVO) und die erhöhte Gefahr von Pandemien in der Massentierhaltung (BSE, Seuchen, Vogelgrippe), die die Lebensmittelsicherheit vor neue Herausforderungen gestellt haben.

eine heterogene Gruppe dar. Die Landwirtschaft ist eine Gemeinsame Politik[24] der EU, während der Verbraucherschutz und das Gesundheitswesen als „einfache“ Politiken der Union[25] zu kategorisieren sind. Diese Unterteilung wirkt sich auf die Kompetenzgrundlage aus, auf der die Union im Lebensmittelsicherheitsbereich tätig sein kann. Denn es ergibt sich auf diesen drei verschiedenen Grundlagen ein Kompetenzspektrum, das von einer breiten Handlungsfähigkeit bis zur ergänzenden Rolle reicht. Daher werden Beispiele aus diesem Bereich genommen, um die theoretischen Ausführungen zu untermauern.

Die zweite Bemerkung bezieht sich auf die in der Arbeit überwiegend verwendete deutsch- und französischsprachige Literatur. Vergleiche zwischen diesen zwei Rechtsordnungen mit zwei unterschiedlichen juristischen Traditionen werden oft unternommen und sind ein „Klassiker“ unter den rechtsvergleichenden Untersuchungen geworden. Die in der Literatur vertretenen Standpunkte in diesen „großen“ EU-Mitgliedstaaten bezüglich der Begriffe „Föderation“, „Kompetenzverteilung“ oder „Subsidiaritätsprinzip“ bleiben jedoch weiterhin attraktiv. Diese Attraktivität resultiert folglich aus den wohl bekannten Unterschieden der Verfassungsordnungen der beiden Staaten, aber auch aus einer gewissen Angleichung dieser Ordnungen durch den Einfluss des Unionsrechts. Dies gilt insbesondere seit der Verfassungsänderung der französischen Konstitution vom 28. März 2003, die die Vertiefung des Dezentralisationsprozesses veranlasste, und nachdem das Subsidiaritätsprinzip Bestandteil der französischen Verfassungsordnung geworden ist.[26] Daher wird im Rahmen dieser Untersuchung hauptsächlich auf die deutsche und die französische Literatur Bezug genommen.
Nun zu den theoretischen Pfeilern der Arbeit:

2- Föderalisierungsprozess der Europäischen Union und Mehrebenensystem

Seit dem 1. Dezember 2009 ist der Vertrag von Lissabon – auch Reformvertrag genannt – in Kraft. Der Art. 1 Abs. 3 EUV legt fest, dass die Union die EG ersetzt und als ihre Nachfolgerin zu betrachten ist, d.h., dass es keine Doppel-Struktur EU/EG mehr gibt, sondern lediglich die EU. Darüber hinaus wirkt er sich auf die so genannte „Säulen-Struktur“ aus, die drei Säulen (die drei Ge-

24 Obwohl von Anfang an im Vertrag drei gemeinsame Politiken (im Bereich Landwirtschaft, Verkehr und Handel) vorgesehen worden sind, gibt es im EGV keine Definition des Begriffes „gemeinsame Politik“. Es wird hier von der Definition von Philippe Manin ausgegangen, wonach durch eine gemeinsame Politik die EG eine globale Handlungsfähigkeit erlangt, die für die Mitgliedstaaten zu einem wesentlichen bis einem fast vollständigen Verlust ihrer Zuständigkeit in dem betroffenen Bereich führen könnte, in: Les Communautés Européennes, 4. Aufl., Pédone, Paris, S. 117.

25 Im Sinne einer nicht gemeinsamen Politik.

26 Vor dieser Verfassungsänderung war die Frage der Subsidiarität hauptsächlich eine Frage mit europarechtlichen Bezügen.

meinschaften als erste, die GASP und PJZS[27] als zweite und dritte Säule) sind unter dem Dach der EU vereinigt. Die „Säulen-Struktur verliert insofern an Relevanz, da es keine Pfeiler mehr gibt, obgleich die Methode der intergouvernementalen Entscheidungsmethode nicht aus der europäischen Rechtsordnung verschwindet. Jedenfalls gibt es keine Säulen mehr. Daher gewinnt die Fragestellung nach einem neuen Organisationsmuster für die Union an Interesse. Die Arbeit versucht, dieser neuen Struktur eine Gestalt zu geben, wobei die Eigenheiten einer kreisförmigen Struktur genutzt werden. Hier wird die Union und ihre unterschiedlichen Handlungsebenen mit der Trichterarchitektur der konzentrischen Kreise symbolisch dargestellt. Das Modell der konzentrischen Kreise bietet nicht nur eine symbolische Darstellung der EU, sondern auch eine Korrespondenz (im Sinne von Verbindung oder Anschluss) zur Theorie des Mehrebenensystems. Die Idee, die Union als ein kreisförmigen Gebilde darzustellen, ist ebenfalls nicht neu, wie der Beitrag von *Gianni de Michelis* aus dem Jahr 1990 mit dem Titel „Die EG als Gravitationszentrum: für ein Europa der vier Kreise"[28] zeigt.

Neben dieser symbolischer Darstellung der Union befasst sich der erste Teil der Arbeit mit der Frage der differenzierten Integration oder wie *Daniel Thym*[29] es bezeichnet, mit der „ungleichzeitigen" Integration, insbesondere mit der Frage, ob differenzierte Integrationskreise im Rahmen des europäischen Mehrebenensystems möglich sind und ob sie für den Föderalisierungsprozess überhaupt förderlich sind. *Altiero Spinelli*, der am 14. Februar 1984 den „Entwurf eines Vertrags zur Gründung der Europäischen Union" dem Europäischen Parlament (im weiteren Verlauf der Arbeit: EP) zur Abstimmung vorlegte, schien von der Methode der Differenzierung überzeugt zu sein, um das Ziel eines föderalen Europas zu erreichen. So schreibt *Jean-Louis Quermonne* in einem vom EP herausgegebenen Sammelband zum 100. Geburtstag von *Spinelli*: „In der Tat hatte Spinelli durch seine Arbeit in der Kommission einen Eindruck davon erhalten, welche gewaltigen Hindernisse sich auftürmten, wenn es um die Förderung der Sache der Vereinigten Staaten von Europa nach dem Vorbild der Verfassung von Philadelphia ging. Und er hatte verstanden, dass das Straßburger Parlament auf dem Boden der Realität bleiben musste, um voranzukommen. Daher fanden in den Vertragsentwurf Bestimmungen Eingang, die zwar 'nicht in Stein gemeißelt waren', aber den Staaten, die sich als Vorhut sahen, ihren Weg zu gehen

27 GASP: Gemeinsamene Außen- und Sicherheitspolitik und PJZS: Polizeiliche und Justizielle Zusammenarbeit in Strafsachen.

28 *de Michelis, Gianni*, Die EG als Gravitationszentrum: für ein Europa der vier Kreise, in: Integration, 04/1990, S. 143-164.

29 *Thym, Daniel*, Ungleichzeitigkeit und europäisches Verfassungsrecht, Die Einbettung der verstärkten Zusammenarbeit, des Schengener Rechts und anderer Formen von Ungleichzeitigkeit in den einheitlichen rechtlichen institutionellen Rahmen der Europäischen Union, Baden Baden, 2003.

erlaubten, ohne vom Veto der anderen daran gehindert zu werden. Das Mittel der Differenzierung ist ein Bestandteil dieser Strategie".[30]
Über die Darstellung des europäischen Mehrebenensystems und seine Mitwirkung am Föderalisierungsprozess der Union hinaus, setzt sich die Arbeit mit der Frage der Subsidiarität auseinander. Denn um Kompetenzkonflikte oder mögliche Überschneidungen zwischen den unterschiedlichen Verhandlungsebenen des europäischen Mehrebenensystems zu vermeiden, soll das Subsidiaritätsprinzip die Norm sein, die benutzt wird.

3- Föderalisierungsprozess der Europäischen Union und Subsidiaritätsprinzip

Für den ehemaligen Verfassungsrichter *Dieter Grimm* ist Subsidiarität „nur ein Wort",[31] für *Vlad Constentinesco* ist sie „kein Zaubermittel". Kein Zweifel, „Subsidiarität ist in aller Munde"[32], wie *Roman Herzog* es einmal geschrieben hat. Das Prinzip der Subsidiarität lässt nicht gleichgültig. Die Subsidiarität polarisiert weiterhin Politiksowie und Wissenschaft. Thematisiert wurde das Prinzip in etlichen Beiträgen, Veröffentlichungen und Konferenzen. Die Frage, ob es sich lohnt, weiter das Prinzip der Subsidiarität als Forschungsgrundlage zu wählen, ist folglich durchaus berechtigte. Dennoch, durch ihren Ursprung, ihre Geschichte und den Kontext ihrer Anwendung wirft die Subsidiarität immer neue Fragestellungen auf. Vermutlich wird „das Schleier ihres Geheimnisses" nie vollkommen gelüftet werden, so dass sie ein spannendes Forschungsfeld bleiben wird.

„Subsidiarität: Idee und Wirklichkeit", so heißt der Sammelband von *Thomas Oppermann* und *Knut Wolfgang Nörr*, der das Spannungsfeld des Begriffes triftig zusammenfasst. Denn genau so oft wie Subsidiarität in alle Winkel und Ecken[33] subsumiert wird, genauso selten wird das Prinzip ohne vorgefasste Be-

---

30 *Quermonne, Jean-Louis,* Le Traité «*Spinelli*» de février 1984: le lancement de la procèdure de constitutionnalisation de l'Union europeénne in: *Altiero Spinelli*, Fédéraliste européen, Symposium zum 100. Geburtstag von *Altiero Spinelli* unter der Leitung von *Lehmann, Wilhelm*, Europäisches Parlament (Ausschuss für Konstitutionelle Fragen), Brüssel, 2009, S. 53.

31 *Grimm, Dieter*, Subsidiarität ist nur ein Wort, Frankfurter Allgemeine Zeitung vom 17. September 1992, S. 38.

32 *Roman Herzog,* zit. in: *Merten, Detlef,* Subsidiarität als Verfassungsprinzip, in *Merten, Detlef (Hrsg.),* Die Subsidiarität Europas, Berlin, 1. Aufl., 1993, S *5.*

33 So z. B. die Anwendung des Subsidiaritätsprinzips im Privatrecht. Dazu s. *Nörr, Knut Wolfgang,* Subsidiarität, privatrechtstheoretisch betrachtet, in: *Nörr, Knut Wolfgang/Oppermann, Thomas (Hrsg.),* Subsidiarität: Idee und Wirklichkeit, Zur Reichweite eines Prinzips in Deutschland und Europa, Tübingen, 1997, S. 239: „Und wenn, wie in unserem Fall, eine Disziplin mit einem Begriff in Berührung kommt, der nicht auf ihrem Boden und aus ihrer eigenen Geschichte gewachsen ist (...), dann wird sie dort nicht nach Spiel- und Rechensteinen Umschau halten, sondern nach Theorien (...), die

wertung angegangen. Wenn es um Subsidiarität geht, vermischen sich Mythos und Pathos gleichermaßen, um den Untergang oder ganz im Gegenteil den Wiederaufbau eines Systems zu prophezeien.

Als das Prinzip durch den Unionsvertrag in die gemeinschaftliche Rechtsordnung eingeführt worden ist, rief es zugleich abweisenden Argwohn und grenzenlose Hoffnungen hervor. Zwei Zitate fassen hier diese gegensätzlichen Positionen zusammen: Die Worte von *Giancinto Della Cananea* werden sicherlich Anklang finden bei den Subsidiaritätskeptikern. „Given that subsidiarity is a principle formulated within a unified, canonical (albeit non-state) system, it is not easy to understand why great hopes are placed on its virtues“.[34] Die Sichtweise von *Jacques Delors* sollte hingegen ein Trost für jeden Befürworter der Subsidiarität sein: „C'est un mécanisme qui garantit le respect de la loi, la responsabilité démocratique et l'efficacité de l'action“.[35] Abstand nehmend von diesen zwei gegensätzlichen Interpretationen des Prinzips wird diese Arbeit versuchen, die Rolle des Subsidiaritätsprinzips für den Föderalisierungsprozess der Europäischen Union zu beleuchten.

Die Arbeit ist daher in zwei Teile gegliedert. Während die Kompetenzverteilung zwischen der Union und den Mitgliedstaaten im Kontext einer Multi-Level-Struktur betrachtet wird (Teil I), wird auf die tatsächliche Funktion des Subsidiaritätsprinzips in der Rechtsordnung der Union in einem zweiten Teil eingegangen (Teil II).

---

sich aus dem Begriff und um ihn entwickelt haben. Nur so kann ein Gespräche beginnen, aus dem dann Disziplin, die, wie vorliegend Privatrecht, an sich außerhalb steht, nutzen ziehen wird, weil ihr bestimmte Verhältnisse und Zusammenhänge in einem neuen Licht erscheinen“. Oder der Anthropologe *Alois Baumgartner* für den „Jede Gesellschaftstätigkeit in ihrem Wesen nach subsidiär“ ist, in: *Baumgartner Alois,* „Jede Gesellschaftstätigkeit ist in ihrem Wesen nach subsidiär“, Zur anthropologischen und theologischen Begründung der Subsidiarität, in: *Nörr, Knut, Wolfgang/Oppermann, Thomas (Hrsg.),* Subsidiarität: Idee und Wirklichkeit, Zur Reichweite eines Prinzips in Deutschland und Europa, Tübingen, 1997, S. 13-22

34 *della Cananea, Giancinto,* Subsidiarity in the (draft) Constitution of the European Union, *in: Zuleeg, Manfred (Hrsg.),* Die neue Verfassung der Europäischen Union, Baden-Baden, 2006, S. 41.

35 *Delors, Jacques,* L'Europe tragique et magnifique. Les grands enjeux européens, Paris, 2006, S.81.

Teil I: Organisation und Möglichkeiten einer Mehrebenenstruktur

„Die Überlegungen zur Differenzierung, wie sie in und mit dem Spinelli-Projekt eingeführt werden, münden unweigerlich in die Frage, ob sie zu einem konföderalen oder einem föderalen Europa führen. Aber wir wissen natürlich, wie unverrückbar der Inspirator des 1984 vom Europäischen Parlament angenommenen Vertragsentwurfs dem Föderalismus verpflichtet war“.[36]

In diesem Kapitel werden die Grundstruktur der europäischen Mehrebenensystem (A) sowie die Möglichkeiten einer solchen Organisation im Rahmen eines Föderalisierungsprozesses der EU (B) dargestellt.

A- Symbolische Darstellung und konkrete Strukturierung des europäischen Mehrebenensystems

I- Die „europäischen Kreise“ als Symbolik der europäischen inneren Architektur: Von der symbolischen Darstellung zu einer konkreten Struktur

1. Von griechischen Tempeln und französischen gotischen Kathedralen: Die schwierige Übung, eine adäquate Symbolik für das europäische Gefüge zu finden

Um die Komplexität des EU-Gebildes darzustellen, wird die so genannte „Säulen-Struktur“ benutzt. Die Einheitliche Europäische Akte (EEA)[37] führte nämlich eine Struktur ein, die laut Art. 1 Abs. 1 EEA auf zwei „Säulen“ beruht: die (drei damals bestehenden) Europäischen Gemeinschaften[38] und die Europäische Politische Zusammenarbeit (EPZ)[39]. Durch den Vertrag von Maastricht[40] verfei-

---

36 *Quermonne, Jean-Louis,* Le Traité «*Spinelli*» de février 1984: le lancement de la procèdure de constitutionnalisation de l'Union europeénne in: *Altiero Spinelli,* Fédéraliste européen, Symposium zum 100. Geburtstag von *Altiero Spinelli* unter der Leitung von *Lehmann, Wilhelm,* Europäisches Parlament (Ausschuss für Konstitutionelle Fragen), Brüssel, 2009, S. 52.

37 Die EEA ist am 1. Juli 1987 in Kraft getreten.

38 Diese drei Gemeinschaften beruhen auf den Verträgen zur Gründung der Europäischen Gemeinschaft für Kohle und Stahl (EGKS) – gegründet durch den Pariser Vertrag am 18. April 1951 – der Europäischen Wirtschaftsgemeinschaft (EWG) und der Europäischen Atomgemeinschaft (EAG oder Euratom) – gegründet durch die Römischen Verträge am 25. März 1957 – sowie auf den nachfolgenden Verträgen und Akten zur Änderung oder Ergänzung dieser Verträge (Art. 1 Abs. 2 EEA).

39 Der EPZ (Art. 1 Abs. 3 EEA) ist ein zwischenstaatlicher Kooperationsmechanismus, der zur Angleichung der Außenpolitik der Mitgliedstaaten beitragen sollte. Das Konzept des EPZ wurde seit dem Haager Gipfel 1969 im Laufe der Jahre herausgearbeitet, erhielt jedoch mit der EEA eine vertragliche Rechtsgrundlage durch die Einführung eines Titels III über die „Europäische Politische Zusammenarbeit“.

nert sich die Gliederung der „Säulen-Struktur". Der Vertrag von Maastricht gründet einerseits die Europäische Union, die in der EEA lediglich als zu erreichendes Ziel festgelegt war (Art. 1 Abs. 1 EEA), und stellt andererseits das intergouvernementale Feld der Gemeinschaften um: die EPZ wird zur Gemeinsamen Außen- und Sicherheitspolitik (GASP) und zur Zusammenarbeit in den Bereichen Justiz und Inneres (später Polizeilichen und Justiziellen Zusammenarbeit in Strafsachen – PJZS- genannt). Die Europäische Union stellt die Dachinstitution dar, die sich über drei Säulen erstreckt – die drei Gemeinschaften als erste Säule und die GASP und PJZS als zweite und dritte Säule.

Durch diese Säulen-Struktur, die vielfach mit einem griechischen Tempel der Antike verglichen worden ist, wird die europäische Architektur auf der symbolischen Ebene vervollkommnet. Die Anspielung an ein Symbol der griechischen Antike festigt die Union als logisches Ergebnis einer alten und glanzvollen Tradition. Sie prägt sich auch ein, weil diese Darstellung eine gemeinsame Vergangenheit impliziert und von daher „gemeinsame europäische universelle Werte". Symbole sind auch von großer Bedeutung für die Entstehung einer gemeinsamen europäischen Identität sowie für ihre Befestigung. Es beflügelt einerseits die Gemeinsamkeitsgefühle der Angehörigen und festigt das Bild für die Außenstehenden anderseits. Graf Richard Coudenhove-Kalergi - der Vater der paneuropäischen Bewegung – stellte daher fest, dass „Symbole (...) genauso wichtig wie Programme [sind], vielleicht sogar wichtiger".[41]

Jedoch hat diese symbolische Darstellung ihre Grenzen, da sie ein eher statisches Bild der Union wiedergibt. Wenn man sich die EU als ein zugleich mobiles und flächig strukturiertes Gebilde vorstellt (in Referenz auf ein Mehrebenensystem), wird dieses solide, stehende Säulen-Bild womöglich die facettenreichen Dimensionen dieser beweglicheren Struktur nur unvollkommen erfassen. Dass mit dem Inkrafttreten des Vertrags von Lissabon die „Säulen-Struktur" wenn nicht gänzlich, so doch stark an Relevanz verloren hat, ist aus dem Wortlaut des Vertrages selbst abzuleiten. In diesem Vertrag fusionieren die drei bestehenden Säulen, und die Europäische Union ist als Rechtsnachfolgerin der derzeitigen Europäischen Union und Europäischen Gemeinschaften institutionalisiert worden. Das intergouvernementale Feld ist somit auf den GASP-Bereich reduziert. *A contrario* ist das supranationale Feld erweitert worden. Tatsächlich blieben von der ursprünglichen Konstruktion höchstens zwei Säulen bestehen, da das Dach (die EU) nun mit der ersten und zweiten Säule (die Gemeinschaften und die GASP) verzahnt ist. Das ohnehin schiefe Bild eines griechischen Tempels

40 Der Vertrag von Maastricht, der auch Unionsvertrag genannt wird, wurde am 7. Februar 1992 unterzeichnet und ist am 1. November 1993 in Kraft getreten.

41 Zitiert nach *Posselt*, Richard Coudenhove-Kalergi und die europäische Parlamentarier-Union. Die parlamentarische Bewegung für eine „Europäische Konstituante" (1946-1952), S. 282.

mit nur drei Säulen[42] nimmt großen Schaden durch diese Umwandlung: zwei alleinstehende und übrigens ungleich breite Säulen[43] ohne Dach können keine adäquate symbolische Darstellung für die Union sein. So drängt sich das Bild einer Konstruktion in den Vordergrund, das streng genommen einer weniger gut erhaltenen antiken Ruine als der Akropolis gleicht: ein stark zerfallenes Relikt aus vergangenen Zeiten, das dadurch das Bild einer unversehrten und voll funktionsfähigen Institution wiedergibt.

Nicht zu vernachlässigen ist zudem die Tatsache, dass bereits vor dem Inkrafttreten des Vertrags von Lissabon die „Säulen-Struktur" kein unangefochtenes Symbol war und in der Literatur nicht einheitlich als passend bewertet wurde. 1998 fragte sich z. B. *Bruno De Witte*[44], ob das Symbol einer französischen gotischen Kathedrale nicht zutreffender wäre als das eines griechischen Tempels. Die Beliebtheit des Tempels als Repräsentation des europäischen Gebildes vor allem bei Juristen lag darin, dass es mit aller Deutlichkeit klar stellte, dass das europäische System eine Mischung aus supranationalen und intergouvernementalen Kompetenzen darstellte. So *De Witte*: (…)„in a temple or neo-classical building, pillars are visually very prominent".[45] Betrachtet man ein solches Gebäude von Weitem, dann fangen als erstes die Säulen den Blick des Betrachters. Dagegen bleibt der Rest des architektonischen Werks, also was hinter dieser Fassade steht, im Verborgenen. Was sich in diesem Fall hinter der Fassade der Säule verbarg, war die akademische Kontroverse[46] über die juristische Natur der EU. Dennoch sind für *De Witte* die Säulen nicht nur Blickfänger, sondern sie reduzierten zu sehr die Komplexität des europäischen Gebildes. Daher findet er die französische gotische Kathedrale[47] adäquater als symbolische Darstellung als den vereinfachten Drei-Säulen-Tempelvergleich:
De Witte führt dazu aus:

---

42 Architektonisch wäre dies eine Fehlkonstruktion. Die archäologische Funde zeigen, dass die Anzahl der Frontsäulen meist gerade Zahlen waren: Distylos (zwei Säulen), Tetrastylos (vier Säulen), Hexastylos (sechs Säulen) Oktastylos (acht Säulen) oder Dekastylos (zehn Säulen). Wenige Tempel hatten eine ungerade Zahl von Frontsäulen. Mit nur drei Säulen ist dagegen die symbolische Repräsentation des europäischen Systems von vornherein buchstäblich instabil.

43 Eine Säule kann dann nur deshalb als umfangreicher dargestellt werden, da sie inhaltlich viel umfangreicher ist als die anderen. Der PJZS-Bereich steht dem ganzen Rest des Unionsrechts allein gegenüber. Dies führt zu dem Ergebnis, dass die zwei Säulen von unterschiedlicher Größe sind.

44 *De Witte, Bruno,*, The Pillar Structure and the Nature of the European Union: Greek Temple or French Gothic Cathedral?, in *Heukels/Blokker/Brus (Hrsg.)*, The European Union after Amsterdam – A Legal Analysis, The Hague, Kluwer Law International, 1998.

45 Siehe *De Witte*, ebd. S. 52.

46 Siehe *De Witte,* ebd. S. 57.

47 Die „pre-Maastricht" Zeiten sind für *De Witte* hingegen symbolisiert durch eine Kirche im deutschen Stil, s. dazu *De Witte*, ebd. S. 64.

„(...) the European Union has the complexity of a French-Style gothic cathedral with a central nave (the EC), two somewhat lower and somewhat darker side aisles (CFSP and CJHA), a number of little chapels here and there (Protocols and opt-outs) with room for more (closer cooperation)".[48]

De Wittes Vergleich ist in der Tat überzeugender als der Vergleich mit einem griechischen Tempel für die Periode zwischen dem Unionsvertrag bis zum Inkrafttreten des Reformvertrags. Er hat den Vorzug, einen übersichtlichen Blick auf die europäische Struktur zu gewähren, ohne so sehr zu vereinfachen, dass am Ende eine entstellte Vision entsteht. Dieser Vergleich ist eine deutliche und präzise Widerspiegelung der europäischen Architektur. Er kann jedoch auf Grund der bereits o. g. Einwände schwer für die „Post-Lissabon"-Periode weiter benutzt werden. Die Fusionierung der EG und EU sowie die Reduzierung des intergouvernementalen Feldes ändern die europäische Struktur in beträchtlichem Maße und ermöglichen keine Korrespondenz mehr zwischen dieser Struktur und der Symbolik einer französischen gotischen Kathedrale. Einer der Seitenflügel verschwindet, während die kleinen Kapellen weiterhin bestehen und der „room for more" potenziell größer werden sollte.

Eine alternative symbolische Darstellung für die europäische Struktur zu denken, fällt jedoch nicht leicht, denn die Säulen-Struktur war nicht nur ein allgemein – wenn auch nicht einstimmig – anerkanntes etabliertes Symbol.[49] Sie war zudem eine juristische Konstruktion, die gewissermaßen ihre Relevanz seit dem EEA bewiesen hat. Diese Übung ist jedoch durch das Inkrafttreten des Vertrags von Lissabon und den darauf folgenden symbolischen Verfall des europäischen Tempels sowie durch die starken strukturellen Umwandlungen des Unionsgebildes unausweichlich geworden. In diesem Kontext setzt sich diese Arbeit mit dieser Frage auseinander und unternimmt den Versuch, eine solche alternative symbolische Darstellung vorzuschlagen.

2- Konzentrische Kreise als Symbole für das europäische Mehrebenensystem: Schwierigkeiten und Anpassungsmöglichkeiten des Modells

Konzentrische Kreise[50] als symbolische Darstellung der europäischen Architektur bieten auf den ersten Blick ein nüchterneres und weniger lyrisches Bild an als ein griechischer Tempel oder eine französische gotische Kathedrale. Und

---

48 De Witte, ebd. S. 64-65.

49 Siehe z.B. die Ausführung von *Wolfgang Wessel* über die „Drei-Säulen-Konstruktion der EU". *Wessels, Wolfgang*, Das politische System der Europäischen Union, in: *Weidenfeld, Werner (Hrsg.),* Die Europäische Union, Politisches System und Politikbereiche, Bonn, 2008, S. 85.

50 „Konzentrisch: einen gemeinsamen Mittelpunkt habend, um einen gemeinsamen Mittelpunkt angeordnet", s. Definition des Brockhaus, 21. Aufl., Bd. 15, S. 507)

dennoch: sie sind eine wiederkehrende Konstante für die Beschreibung der komplexen institutionellen und politischen europäischen Ordnung. Denn Kreise, „die einen gemeinsamen Mittelpunkt haben“[51], üben wie selbstverständlich eine geistige Attraktion auf den Versuch aus, eine adäquate Repräsentation des institutionellen Rahmens der EU zu finden. Selbst in einem Online-Glossar des EU-Portals findet sich eine Definition des Konzepts Europa der konzentrischen Kreise:

> „Das Konzept Europa der konzentrischen Kreise beschreibt ein Modell der Gliederung der Europäischen Union in Staatengruppen mit unterschiedlichem Integrationsniveau. Es ist nicht auf die integrative Struktur der Europäischen Union begrenzt. Entwickelt wurde das Konzept von mehreren Persönlichkeiten. Einige von ihnen unterscheiden zwischen dem 'inneren Kreis' (Mitgliedstaaten der Union), dem 'Kreis der Nahestehenden' (Drittstaaten und beitrittswillige Staaten) und 'kleineren Kreisen', in denen eine verstärkte Zusammenarbeit in einzelnen Bereichen (Währung, Verteidigung usw.) vorgesehen ist“.[52]

Wissenschaftler greifen auch gerne dieses Modell auf, um ihrer symbolischen Repräsentation Europas Ausdruckskraft zu verleihen. So stellte *Gianni De Michelis*[53] 1990 sein Modell eines Europa der vier Kreise vor, um die neue, sowohl institutionelle als auch politische Organisation des europäischen Raums zu verdeutlichen. Mit hoher Wahrscheinlichkeit ist der Beitrag von *De Michelis* an den Kontext des Endes der Kalten Krieges gebunden, und dementsprechend ist sein Modell für die aktuelle Entwicklung der Union nicht tauglich.[54] Es bleibt jedoch die Tatsache, dass die Repräsentation des europäischen Systems als eine kreisförmige Architektur ein wiederkehrendes wissenschaftliches Konzept ist. Denn in der Schlichtheit dieses Konzept liegt auch der Schlüssel seines Erfolgs.

Was dieses Modell an Übersichtlichkeit bietet, verliert es jedoch bei der Stärke seiner symbolischen Kraft. Konzentrische Kreise sind symbolisch weniger ausdrucksvoll als ein griechischer Tempel oder eine französische gotische Kathedrale. Bei den zuletzt genannten beiden symbolischen Darstellungen ist in der Tat der lyrische Aspekt stark. Zudem sind beide stark im kulturellen „Erbe Europas“[55] eingebettet, während Kreise weniger malerisch, sondern im Gegenzug

---

51 Siehe Fußn. 50.

52 Siehe: http://europa.eu/scadplus/glossary/concentric_circles_de.htm

53 Siehe Beitrag von *Gianni de Michelis*, in: *de Michelis, Gianni*, Die EG als Gravitationszentrum: für ein Europa der vier Kreise, in: Integration, 04/1990, S. 143-164.

54 In der Tat hatte die EG damals zwölf Mitgliedstaaten und befand sich laut *De Michelis* in der „pre-Maastricht-Periode“ (s. *de Michelis*, ebd., S. 144). Oder er geht von Prozessen aus, die nur noch einen historischen Wert haben, wie die Konferenz über Sicherheit und Zusammenarbeit in Europa (KSZE – (s. *de Michelis*, ebd., S. 149).

55 Siehe Präambel des EUV.

schematisch und fern von jeglicher europäischer Kulturgeschichte wirken. Konzentrische Kreise und gemeinsame europäische Kultur weisen dennoch ein gewisses Band auf. Tatsächlich lässt sich der Begriff „konzentrische Kreise" von einem der größten europäischen literarischen Werke ableiten, nämlich aus der „Göttlichen Komödie" des Dichters *Dante Alighieri*. Denn durch den Erfolg der Göttlichen Komödie ist dieser mathematische Begriff in andere wissenschaftliche Disziplinen überliefert worden.

a- Von konzentrischen Kreisen und Dantes Hölle

Dass die allegorische Wanderung des mittelalterlichen Dichters *Dante Alighieri* durch Hölle, Fegefeuer und Paradies und das institutionelle System der EU des XXI. Jahrhunderts miteinander in Verbindung gebracht werden können, drängt unmittelbar die Frage nach dem plausiblen Zusammenhang auf. Auch wenn dies im ersten Augenblick eine gewisse geistige Biegsamkeit zu erfordern scheint, lässt sich durchaus eine solche Verbindung sachlich erklären.

Zunächst einmal ist der direkte Zusammenhang zwischen *Dantes* Göttlicher Komödie und der EU plakativ und soll hier relativiert werden. Hier geht es um den literarischen Ursprung des Begriffs „konzentrischer Kreis" und nicht um den gesamten Inhalt der Göttlichen Komödie. Obwohl es in der wissenschaftlichen Teildisziplin der Geschichte der politischen Ideen[56] üblich ist auf einen anderen gebürtigen Florentiner, *Niccolo Machiavelli*, zurückzugreifen, ist *Dante* weniger mit der Entwicklung von politischen Modellen in Verbindung gebracht worden, zumal nicht seine Göttliche Komödie. Die philosophische Hinterlassenschaft *Dantes* ist herkömmlich in den Hintergrund getreten, während seine dichterischen Werke bekannt sind. *Francis Chenevals*[57] „Rezeption der Monarchie *Dantes*" rückt dieses Bild zurecht. Obgleich er feststellt, dass *Dantes* „Argumente und Modelle im Einzelnen für die heutige Philosophie nur noch musealen Wert haben",[58] erkennt er an, dass, „ihr Versuch einer Philosophie des Weltfriedens unter dem Dach einer supranationalen Institution durchaus noch inspirierend wirken mag"[59]. Denn *Dantes* Werke, ob die philosophischen oder die eher dichterischen, sind mit den politischen Ereignissen, die seine Zeit und seine Heimat geprägt haben, eng verbunden. Auch die Göttliche Komödie, die dem Ideal seiner Liebe, Beatrice, gewidmet ist, ist „eng mit den politischen Verhält-

56 So wie sie in Frankreich an allen juristischen Fakultäten und Grandes Ecoles gelehrt werden.

57 *Cheneval, Francis,* Die Rezeption der Monarchia Dantes bis zur Editio Princeps im Jahre 1559, Metamorphosen eines Philosophischen Werkes, München, 1995.

58 *Cheneval, Francis*, ebd., S. XI.

59 *Cheneval, Francis*, ebd., S. XI.

nissen seiner Vaterstadt und seines Vaterlandes verflochten".[60] Somit ist auch zwischen den Zeilen der allegorischen Erzählung eine gewisse politische Geltung unverkennbar heraus zu interpretieren. Denn das Italien *Dantes* ist nicht nur geteilt, sondern auch Nebenschauplatz einer blutigen Auseinandersetzung, die etwa zwischen 1125 bis 1300 auf der Apenninhalbinsel herrschte. Zwei Parteien standen sich gegenüber: die Guelfen, die pro-päpstlich waren, und die Ghibellinen, die das Heilige Römische Reich Deutscher Nation und die Dynastie der Hohenstaufen unterstützten. Sie stürzten in ihrem Versuch, den Sieg über den Gegner zu erringen, viele Städte der Halbinsel in „eine der unruhigsten und kriegerischsten Zeiten ihrer Geschichte"[61]. Als eine der mächtigsten Handelstädte Italiens war Florenz selbstverständlich betroffen. Der Adel, obgleich er recht gespalten war, entschied sich für die Guelfen, während die Handelszünfte eher den Ghibellinen angehörten. *Dantes* Familie jedoch gehörte zum Adel und deshalb auch zur guelfischen Partei. *Dante s*elbst löste sich von dieser Zugehörigkeit. Obwohl seine Sympathie eindeutig dem Kaiser des Heiligen Römischen Reiches Deutscher Nation galt, wurde er nicht zu einem Ghibellinen und bestand darauf, „auf sich selbst gestanden zu haben".[62] Die politischen Auseinandersetzungen seiner Zeiten prägten alle Werke Dantes, wie oben bereits erwähnt wurde. Und wenn sie nicht unmittelbar Ausgangspunkte seiner philosophischen Überlegungen sind, wie in seiner „Monarchia", sind diese Überlegungen als Anspielungen in seinem dichterischen Werk - der „Göttlichen Komödie" - zu finden.[63] Für *Cheneval* lässt sich die politische Geltung der Commedia am Umfang und der Vielfalt der Kommentare zu diesem Werk messen, die nach Dantes Tod geschrieben worden sind. So *Cheneval*: „Sie sind rein quantitativ betrachtet ein Beweis der enormen Wirkung, die vom Werk *Dantes* ausgegangen ist".[64]

Auch wenn der Begriff der konzentrischen Kreise, der in dieser Arbeit verwendet wird, sich von den konzentrischen Kreisen im Sinne der Danteschen Allegorie unterscheidet, ist es interessant, einen Überblick über die ursprüngliche Struktur dieser Kreise bei *Dante* zu gewinnen. *Dante* beschreibt die Hölle als Kreise, die um einen gemeinsamen Mittelpunkt angeordnet sind, die durch die letzte Abteilung, nämlich dem neunten Kreis dargestellt wird, wo Luzifer verweilt:

„Und er zu mir, 'Du glaubst, du stehest noch

60 Siehe die Einleitung von *Karl Bartsch* zu seiner Übersetzung der Göttlichen Komödie im Jahre 1876, in *Dante Alighieri/Bartsch, Karl (Übersetzung),* Die Göttliche Komödie, Wiesbaden, 2010, S. 33.

61 Siehe *Cheneval*, ebd., S. 77.

62 Siehe die Einleitung von *Karl Bartsch* zu seiner Übersetzung der Göttlichen Komödie im Jahre 1876, in *Dante Alighieri/Bartsch, Karl (Übersetzung),* Die Göttliche Komödie, Wiesbaden, 2010, S. 35.

63 Siehe weiter unten: *Dante* sah gerne seine persönlichen politischen Feinde in der Hölle schmoren.

64 Siehe *Cheneval*, ebd., S. 75.

Jenseits der Mitte, wo am Haar wir hingen
Dem Drachen, der ins Zentrum bohrt' ein Loch"[65]

Die Wanderung von *Dante* durch die Hölle erstreckt sich vom ersten bis zum vierunddreißigsten Gesang der Göttlichen Komödie. Diesen Abstieg unternimmt er jedoch nicht allein, sondern in Begleitung des römischen Dichters *Vergil*. Die von Dante beschriebene Hölle zählt streng genommen neun Kreise plus einem zehnten Kreis, im Grunde den Kreis „Null", der als Vorzimmer zur Hölle gilt, und wo diejenigen aufgehalten werden, die während ihres Lebens weder Ehre noch Schande erworben haben

„Und er zu mir, Dies jammervolle Toben
Rührt her von jener traurigen Schar Gebaren,
Die weder Lob noch Schand' erwarb dort oben
(...)
Der Himmel stößt sie aus, die ihm zum Spotte
Gereicht, der Hölle Schlund empfängt sie nicht
Weil Ruhm sie brächten der Verdammten Rotte'".[66]

Die verschiedenen Kreise sind an die verschiedenen Schweregrade der begangenen Sünden gekoppelt. Die Geometrie der Kreise von Dante ist komplex. Manche Kreise sind selbst in Abteilungen unterteilt, sodass ein Überblick schwieriger wird, je weiter man in der Lektüre der Gesänge fortschreitet und je tiefer *Dante* und sein Wegführer *Vergil* in die Hölle eindringen. Die Klassifizierung der Schweregrade der Sünden kann auch verwundern. Denn Seelen von persönlichen Feinden des Dichters selbst verweilen in den niederen Höllenkreisen. Dies unterstreicht einerseits die Subjektivität von Sünden und andererseits auch die Tatsache, dass *Dantes* Werk von dem politischen Konflikt geprägt ist, der Italien zu dieser Zeit überschattete.

Der erste Kreis der Hölle ist für die Seelen gedacht, die zwar nicht gesündigt haben, jedoch vor der christlichen Zeit lebten und infolgedessen nicht getauft sind. Von Kreis zwei bis fünf beschreibt *Dante* die hohe Hölle, in der die Seelen der Sünder für eher lässliche Sünden büßen. In Kreis sechs bis neun verweilen die Seelen der Sünder, die eine der sieben Todsünden oder Gotteslästerei begangen haben, aber auch die oben erwähnten Seelen von persönlichen Feinden *Dantes*. Die Unterteilung der Kreise nimmt ab dem sechsten Kreis beträchtlich zu und führt zu einem komplexen Bild im innersten der Kreise, dem Zentrum, der

65 Siehe *Dante Alighieri/Bartsch, Karl (Übersetzung),* Die Göttliche Komödie, Wiesbaden, 2010, S. 178. Eine Fußn. des Übersetzers, *Karl Bartsch*, weist darauf hin, dass der besagte Drache Luzifer sei, „der vom Himmel auf der S. der Antipoden herab nach der Mitte der Erde stürzte und sich bis zum Zentrum durchbohrte" (Fußn. 739, ebd., S. 178).

66 *Dante Alighieri/Bartsch, Karl (Übersetzung),* ebd. S. 55.

letzten Abteilung des neunten Kreises, zu Luzifer. *Dantes* und *Vergils* Wanderung durch die höllischen Sphären endet auch dort, und durch eine Spalte kommen Sie genau bei den Antipoden des Hölleneingangs ans Tageslicht.[67] Nun wird Dante seine allegorische Reise durchs Fegefeuer fortsetzen und an dieser Stelle verlassen wir auch seinen Weg, um die Entwicklung des Begriffs der „konzentrischen Kreise“ weiter zu verfolgen.

In Literatur und Kunst hat der Begriff tatsächlich eine lange und anhaltende Tradition, z. B. findet man ihn 1913 bei Wassily Kandinsky wieder, als er eines seiner Werke „Etude de couleurs, carrés avec des cercles concentriques“ nennt. Dies sollte allerdings nicht zur Schlussfolgerung führen, dass diese Terminologie lediglich in diesem Bereich angesiedelt ist. Denn „konzentrische Kreise“ ist ein mathematischer Begriff[68], der sich im Laufe der Zeit einen Weg durch andere wissenschaftliche Disziplinen gebahnt hat. In der Psychologie oder der Psychoanalyse wird der Begriff gleichfalls angewendet.[69] Zu betonen ist dennoch, dass die jüngsten Entwicklungen darauf deuten, dass der Begriff eine allgemeine Verbreitung erlebt hat. Er bleibt nicht nur ein mathematischer, psychologischer oder anderweitiger wissenschaftlicher Begriff, sondern wird in die allgemeine Sprache transportiert. In Frankreich z. B. hat der Begriff längst die Medienlandschaft oder intellektuelle Zirkel erobert und wird hin und wieder gerne benutzt, um vielschichtige Phänome darzustellen, die sich um das gleiche Zentrum drehen.

Gleichwohl ist bekannt, dass der Weg zur Hölle mit guten Vorsätzen gepflastert ist. Bewirkt man auf der Suche nach einer passenden symbolischen Repräsentation des Unionssystems nicht das Gegenteil des zu erreichendes Zieles, wenn man an die konzentrischen Kreise anknüpft, die in der allegorischen Wanderung Dantes dessen Weg zur Hölle darstellen? Denn dies wäre ein schlechtes Vorzeichen. Sollen die europäischen Integrationsstufen als Niedergang Richtung Höllenzentrum begriffen werden? Ist die Union folglich ein Inferno, wo die Mitgliedstaaten, ihre Bürger mit hineinziehend, ihre Sünden der letzen Jahrhunderte (Bündnisverrat, nationalistische Anwandlungen, gegenseitige Besetzungen von Territorien, Kriege usw.) büßen? Ist dies nicht eine wissenschaftliche „coup d’épée dans l’eau“, da dieser Vergleich auf einem solch negativ besetzten Be-

67 Siehe, *Dante Alighieri/Bartsch, Karl (Übersetzung),* ebd. S. 176.

68 Es ist also nicht weiter verwunderlich, dass *Dante* diesen Begriff für seine Beschreibung der Hölle benutzt, berücksichtigt man die innige Beziehung zwischen Philosophie, Kunst und Mathematik im Mittelalter.

69 Siehe z. B. *Heidbrink, Horst/Lück, Helmut E./Schmidtmann, Heide*, Psychologie sozialer Beziehungen, Stuttgart, 2009. In der Psychologie der sozialen Beziehungen ist der gemeinsame Mittelpunkt der Kreise die jeweilige Person, und befinden sich die anderen Kreise, also die verschiedenen Arten von Beziehungen (Freundschaft, Liebe, Abschied, Nachbarschaft, Beziehungen am Arbeitsplatz usw.…), vgl. *Heidbrink, Horst/Lück, Helmut E./Schmidtmann, Heide, S. 7.*

griff – die konzentrischen Kreise – basiert? Die Grenzen des Vergleichs sind eindeutig. Sind sie dennoch unüberwindbarer als die Grenzen anderer symbolischer Vergleiche? Die Konjunktur von 2010 macht es leichter, sich zu erinnern, dass die Wahl des griechischen Tempels als Symbol der europäischen Architektur etwas Prophetisches in sich barg. Denn heutzutage gibt es griechische Tempel lediglich als Ruine (oder rekonstruiert, aber nicht original). Zwischen architektonischer Ruine und staatlich-finanzieller Ruine gibt es nun – nach den wirtschaftlichen und politischen Ereignissen des Jahres 2010 – eine ungewollte Parallele. Dennoch genoss dieser Vergleich allgemeine Annerkennung, und man sah kein schlechtes Omen in der Tatsache, dass Tempel und Ruinen so eng miteinander verbunden sind. *Quid* der konzentrischen Kreise, erst mathematischer Begriff und durch das dichterische Werk von *Dante* in die allgemeine Sprache eingegangen? Stellen die konzentrischen Kreise eine zu negativ konnotierte Verbindung für eine symbolische Repräsentation der Union dar? Im Grunde genommen nicht. Im Laufe der Jahrhunderte hat sich der Begriff „konzentrische Kreise" von dieser Verbindung mit der Hölle loslösen können und ist, wie oben bereits angesprochen, längst zu einem interdisziplinär und allgemein anerkannten Begriff geworden. Man muss zudem bedenken, dass hinter der dichterischen Kunst von *Dante* sich auch ein politischer Denker verbarg, der das Bestreben einer universellen und säkularen Macht unterstützte. Dass die konzentrischen Kreise folglich eine klare und deutliche symbolische Architektur für die EU bieten und zugleich an ein großes literarisches und philosophisches Erbe Europas anknüpfen können, erscheint trotz der weiter oben genannten Einwände als durchaus vertretbar und positiv.

Denn im „Prozess ihrer Legitimation",[70] wie *Francis Cheneval* es nennt, spielt die Anknüpfung an gemeinsame Symbole eine wesentliche Rolle für die EU. Symbole können einen Zusammenhang zwischen einem „kollektiven Gefühl"[71] und den europäischen Institutionen herstellen. Somit ist der viel debattierte Identitätsbegriff benannt. Auch wenn die Verwendung des Identitätsbegriffs beinahe schon als „inflationär"[72] zu bewerten ist, erscheint diese Frage der Identifikation der europäischen Bürger mit der EU als eine unabdingbare Vorraussetzung für die Akzeptanz und Weiterentwicklung des Integrationsprozesses. *Stefan Kadelbach* bringt es zum Punkt, indem er „eine Identifikation der Bürger Europas mit der Europäischen Union [...]" als „rein tatsächlich erforderlich" sieht, „um die

70 Siehe den Beitrag von *Cheneval, Francis:* Einleitung – Die EU und der Prozess ihrer Legitimation, in: *Cheneval, F./Utzinger, A./Dänzer, S. (Hrsg.),* Legitimationsgrundlagen der Europäischen Union, Münster, 2005, S. 1-26

71 Nach dem Begriff von *André Utzinger*. Siehe dazu *Utzinger, André*, Mythen oder Institutionen? Zur Bildung kollektiver Identitäten im postnationalen Europa, in : *Cheneval, F./Utzinger, A./Dänzer, S. (Hrsg.),* Legitimationsgrundlagen der Europäischen Union, Münster, 2005, S. 235 ff.

72 So *Utzinger, André*, ebd., S. 238.

gemeinsam ausgeübte Hoheitsgewalt zu tragen".[73] Obgleich eine wichtige Voraussetzung für die Legitimität der vertieften europäischen Integration, wird die Frage der europäischen Identität gleichwohl zu einem Nebenschauplatz eines Wertekonflikts, und zwar zwischen säkularem und religiösem Verständnis des Begriffs. Streng genommen als säkulares Projekt zu begreifen,[74] zerfällt die Identitätsdebatte seit zwei Dekaden in eine „religiöse Euro-Narration", wie *Sonja Dänzer*[75] bemerkt. Jedoch ist eine „selbstgerechte, in exklusionistischem Sinne christlich-kulturelle Identität Europas keinesfalls wünschbar, da sie dem Sinne der europäischen Integration zuwiderlaufen und ihre Legitimation empfindlich untergraben würde".[76] Vielmehr sollte sich die Identität der Union an ihren demokratischen und rechtsstaatlichen gemeinsamen Werten orientieren (siehe Art. 2 EUV). Diese Selbstdefinition als „Wertegemeinschaft"[77] ist für die EU „deshalb so zentral, weil [sie] – anders als Nationalstaaten – nicht über identifikationsstiftende Merkmale wie eine gemeinsame Sprache, Religion oder territorial festgelegte Grenzen verfügt".[78]

Die Präambel der EUV bedient sich jedoch ausdrücklich des Erbes Europas, aus dem diese gemeinsamen Werte hervorgegangen sind. Dabei ist zu bemerken, dass dieses Erbe breit gefächert und dabei auch als differenziert zu bewerten ist, was seine unterschiedlichen Epochen angeht. In der Tat findet die historische Erbschaft der Antike „als Vorrausetzung eines Gemeinsamkeitsbewusstseins in Europa"[79] Anerkennung. Die Bewertung des Erbes des Mittelalters und der Renaissance ist zwiespältigerer Natur, aus dem offensichtlichen Grund, dass der Einfluss der Religion und auch der „Kriegsreligion" stärker ist. Stimmt man der Feststellung von *Enno Rudolph* zu, nach dem „nicht die Religion Europa gemacht, sondern die Befreiung von der Religion (...) die Europäer integriert" habe,[80] sind Anschlüsse an Werke des Mittelalters oder der Renaissance nicht vorbehaltlos herzustellen. Die Präambel des EUV schließt jedoch das religiöse Erbe

---

73 *Kadelbach, Stefan*, Einleitung, in: *Kadelbach, Stefan (Hrsg.)*, Europäische Identität, S. 15.

74 Siehe *Dänzer, Sonja:* "In den Gründungsverträgen kommt die Kategorie der Religion nicht vor", *in:* Zu einem auf Kultur und Religion basierenden Verständnis der europäischen Union – Eine Kritik, in: *Cheneval, F./Utzinger, A./Dänzer, S. (Hrsg.),* Legitimationsgrundlagen der Europäischen Union, Münster, 2005, *S. 253.*

75 Siehe dazu *Dänzer, Sonja*, ebd, S. 259 ff.

76 Siehe dazu *Dänzer, Sonja*, ebd., S.267.

77 Siehe *Bos, Ellen,* Europäische Identität durch gemeinsame Werte, in: *Müller/Graff, Peter-Christian (Hrsg.),* Der Zusammenhalt Europas – In Vielfalt geeint, Baden-Baden, 2009, S. 87.

78 *Bos, Ellen*, ebd., S. 87.

79 Siehe *Bach, Maurizio* Kollektive Identität in Europa. Kritische Anmerkungen zu einem Mythos der Gegenwart, in: *Kadelbach, Stefan* (Hrsg.), Europäische Identität S. 19.

80 Siehe *Rudolph, Enno,* „Kerneuropa – Chance oder Hypothek?", in: *Cheneval, F./Utzinger, A./Dänzer, S. (Hrsg.),* Legitimationsgrundlagen der Europäischen Union, Münster, 2005, S. 279.

Europas nicht aus, gleichwohl bezieht sie sich nicht auf eine bestimmte Religion. Dies drückt den Wunsch aus, bei der Religionsfrage eine gewisse Neutralität zu bewahren. Dantes Göttliche Komödie ist zwar der katholischen Religion zuzuordnen, weist aber gleichzeitig starke rechtsphilosophische Aspekte auf. Insofern ist eine Anknüpfung an dieses Werk bedenkenlos hinsichtlich der Frage der Religionsneutralität.

b- Konzentrische Kreise plus Mehrebenensystem gleich „europäische Kreise"

Der Begriff „konzentrische Kreise" ist weiter oben ausführlich behandelt worden. Seine Verhältnis zum Begriff „europäisches Mehrebenensystem" bedarf nun hingegen einer Erläuterung.
Hier lehnt sich die Arbeit an das Verständnis eines Mehrebenensystems von *Edgar Grande* an: „Mehrebenensysteme in diesem Sinne können aus einer Mehrzahl von sowohl vertikalen (d.h. territorial definiert) als auch horizontalen (d.h. funktional definiert) Politikarenen und Verhandlungssystemen bestehen".[81] *Grande* entscheidet sich demnach für ein funktionales Verständnis des Mehrebenensystems, da die Komplexität des europäischen Politikprozesses dadurch besser erfasst wird.[82] Zum Begriff der „Mehrebenen" verdeutlicht *Suzanne Ast*, dass „[d]er in diesen Begrifflichkeiten deutlich werdende *Mehrebenenansatz* [...] die Bedeutung der unterschiedlichen territorialen Ebenen im politischen Prozess sowie unterschiedlichen Steuerungs- oder *governance*-Mechanismen, die auf und zwischen diesen Ebenen eine Rolle spielen, (...) zu erfassen" versuche.[83]

Die klassische Strukturierung des europäischen Mehrebenensystems ist in drei Verhandlungsebenen (*Grande*[84]) oder Arenen (*Markus Jachtenfuchs*[85]) unterteilt, die internationale, die europäische und die nationalstaatliche Ebene. Die

---

81 Siehe *Grande, Edgar,* Multi-Level Governance: Institutionelle Besonderheiten und Funktionsbedingungen des europäischen Mehrebenensystems, in *Grande, Edgar/Jachtenfuchs, Markus* (Hrsg.), Wie problemfähig ist die EU?, Baden-Baden, 2000, S. 14.

82 Vgl. *Grande, Edgar*, ebd., S. 14.

83 Siehe *Ast, Suzanne,* Wandel traditioneller Politikverflechtung: Die Umsetzung der europäischen Strukturpolitik in Deutschland und Frankreich, *in: Grande, Edgar/Jachtenfuchs, Markus* (Hrsg.), Wie problemfähig ist die EU?, Baden-Baden, 2000, S. 231f..

84 Vgl. *Grande, Edgar*, ebd., S. 15. Demnach spricht er von inter-nationaler Verhandlungsebene, intra-gemeinschaftlicher Verhandlungsebene und intra-nationaler Verhandlungsebene.

85 Vgl. *Jachtenfuchs, Markus*, Die Problemlösungsfähigkeit der EU: Begriffe, Befunde, Erklärungen, in: *Grande, Edgar/Jachtenfuchs, Markus* (Hrsg.), Wie problemfähig ist die EU?, Baden-Baden, 2000, S 346.

Vernetzung und Verflechtung zwischen diesen unterschiedlichen Ebenen ist „hochkomplex" und oftmals „verschachtelt".[86]

Diese Grundstruktur des europäischen Mehrebenensystems kann Anschluss an die bereits herausgearbeitete Struktur der konzentrischen Kreise finden. In der Tat sind beide Strukturen auf vielfältigste Weise miteinander vernetzt"[87]. Die konzentrischen Kreise, als abstrakter und nicht literarischer Begriff aufgefasst, bieten eine adäquate symbolische Darstellung des europäischen Mehrebenensystems. Denn dessen Komplexität und Vielfältigkeit lassen sich durch die Struktur der konzentrischen Kreise gut erfassen. Die drei Hauptkreise können unterteilt werden, und so spiegelt die Struktur die Mobilität und Dynamik des Mehrebenenansatzes wider.[88] Da es sich um das europäische Mehrebenensystem handelt, wird hier die Terminologie „europäische Kreise" gewählt, um diese symbolische Darstellung zu benennen.

Eine Beschreibung und Umsetzung des symbolischen Vergleichs für die europäischen Verhandlungsebenen wird nun im folgenden Kapitel (II) erfolgen.

II- Die Struktur der „europäischen Kreise"

Durch die Bezüge zum Bereich der Lebensmittelsicherheit – dem Referenzgebiet in dieser Arbeit (siehe Einleitung) – kann man beobachten, wie vielschichtig das gesamte System aufgebaut ist und wie die Entscheidungen auf verschiedenen Ebenen getroffen werden. Dabei werden drei Hauptkreise voneinander losgekoppelt.

1- Der erste und äußerste Kreis: die EU und die Welt

Der erste Kreis befasst sich mit der Arena des internationalen Systems: es geht um die Beziehungen zwischen der EU und der Welt. Dieser Kreis wird folglich auch als „außereuropäischer" oder schlicht als erster Kreis oder erste Ebene bezeichnet. Die Beziehungen der EU mit Drittstaaten oder internationalen Organisationen sind komplex und vielseitig, denn sie basieren auf zersplitterten Grundlagen (a). Sie finden zudem in verschiedenen Rahmen statt. Dies entfaltet eine Wirkung auf die Anwendung der entstandenen Rechtsvorschriften: die Skala reicht von zwingenden Regelungen bis zu der deklaratorischen Anerkennung von Standards (b).

86 So *Grande, Edgar*, ebd., S. 14.
87 Vgl. *Grande, Edgar*, ebd., S. 15.
88 Vgl. *Ast, Suzanne*, Ebenda, S. 232.

a- Die europäischen Grundlagen zum Handeln

Die Zersplitterung, die in diesem Kreis herrscht, ist einerseits die Konsequenz der Bestrebungen der EU-Mitgliedstaaten nach souveränem Handeln auf der internationalen Arena und andererseits den manchmal verwirrenden Kompetenzgrundlagen geschuldet, mit denen die EU ausgerüstet ist, um auf dieser Ebene zu handeln. Die EU kann also auf Grund verschiedener Grundlagen auf internationaler Ebene handeln, sei es auf der Grundlage der Gemeinsamen Handelspolitik (GHP), der Gemeinsamen Agrarpolitik (GAP) oder der Öffentlichen Gesundheit. Es gibt keine einheitliche Außen-Repräsentation der EU im Bereich der Lebensmittelsicherheit, da, wie in der Einleitung und in den obigen Ausführungen bemerkt worden ist, dieser Bereich einen Querschnitt zwischen verschiedenen Bereichen bildet. Je nach Kompetenzgrundlage ist sie mit ausschließlicher oder geteilter Kompetenz ausgestattet. Was auf den ersten Blick klar und deutlich erscheint, birgt jedoch feine Unterschiede, die wesentliche Wirkungen entfalten. Tatsächlich kann die ausschließliche Kompetenz der EU begrenzter ausfallen als zuerst angenommen (siehe Ausführungen weiter unten). Zudem ist geteilte Kompetenz nicht gleich geteilte Kompetenz. Denn handelt die EU auf Grundlage der GAP, ist die geteilte Kompetenz umfangreicher, da es sich um eine Gemeinsame Politik handelt. Dagegen ist die geteilte Kompetenz, die sie auf Grundlage der Öffentlichen Gesundheit ausübt, begrenzter. Die Kompetenz-Übertragungen von Mitgliedstaaten auf die EU sind beträchtlicher und wesentlicher im ersten Fall und lediglich eine Beitragskompetenz, d. h. eine Ermächtigung zu ergänzenden Maßnahmen, im zweiten Fall. Diese höchst unklare Situation war das Ergebnis eines fehlenden Kompetenzkatalogs, der für eine deutlichere Kompetenzverteilung in der EU gesorgt hätte. So sind die Kompetenzzuweisungen in den einschlägigen Artikeln im ganzen Vertrag verteilt. Gleichzeitig weisen diese Kompetenzzuweisungen nicht unerhebliche Intensitätsunterschiede auf, so dass man die Kompetenzintensität „à géométrie variable" – ein recht beliebter Begriff im Gemeinschaftsrecht – bezeichnen kann. Nach dem Inkrafttreten des Reformvertrags hat sich diese Situation geändert.[89]

Auf diesem außereuropäischen Kreis spielt die GHP[90] insofern eine Rolle für die Lebensmittelsicherheit, als Lebensmittel auch Waren und als solche von den

89 Die Art. 3 und 4 des Vertrags über die Arbeitsweise der Europäischen Union (AEUV) legen einen Kompetenzkatalog fest.

90 In der EGV gibt es drei Politiken, die als gemeinsame schon in den Gründungsverträgen festgelegt worden sind. Neben der GHP gibt es die Agrarpolitik (GAP) und die gemeinsame Verkehrspolitik. Das Adjektiv gemeinsam verleiht diesen drei Politiken einen besonderen Stellenwert, gleichwohl in den Verträgen keine Definition von einer gemeinsamen Politik gegeben wird. Hier wird die Definition von *Manin, Philippe* übernommen: In: Les Communautés Européennes. L'Union Européenne, S. 117: „L'on peut néanmoins considérer qu'une politique commune donne à la Communauté vocation à intervenir d'une façon globale pouvant aboutir, si nécessaire, à l'abandon par les Etats membres de l'essentiel des compétences qu'ils exercent en la matière".

Regelungen des internationalen Wirtschaftsrechts betroffenen sind. Die GHP ist das Außen-Pendant des Binnenmarktes. Die EU verfügt in diesem Bereich über eine ausschließliche Kompetenz. Es gab in den Verträgen lange keine Definition einer ausschließlichen Kompetenz,[91] so dass es dem EuGH[92] überlassen blieb, die Voraussetzungen und Kriterien der ausschließlichen Kompetenz zu definieren. Zum einen geht deutlich als erstes Kriterium[93] hervor, dass die Mitgliedstaaten im Falle einer ausschließlichen Kompetenz in den betroffenen Bereichen nicht mehr tätig sein können. Der EuGH hat eine parallele Kompetenz von Mitgliedstaaten und Gemeinschaft im Bereich der GHP ausdrücklich ausgeschlossen, da ansonsten die Gefahr bestehen würde, dass die Mitgliedstaaten durch „Befriedigung ihrer Eigeninteressen“ einen wirksamen Schutz der Gesamtinteressen der Gemeinschaft hintertreiben könnten.[94] Zum anderen ist das zweite Kriterium[95], dass eine ausschließliche Kompetenz dem Schutz der Gesamtinteressen der Gemeinschaft dienen soll: „Diese Politik ist in Artikel 113 auf das Funktionieren des Gemeinsamen Marktes hin und zum Schutz des Gesamtinteresses der Gemeinschaft konzipiert, die Sonderinteressen der Mitgliedstaaten müssen sich innerhalb des Rahmens, den das Gesamtinteresse setzt, einander anpassen“.[96] Handelt also die EU auf diesen Grundlagen, ist ihre Handlungsfähigkeit geschützt vor dem nationalen Interesse, das ihre Mitgliedstaaten auf der internationalen Ebene verfolgen möchten. Art. 207 AEUV hebt die verwirrende Situation auf, die davor galt, da nun kein Bereich der GHP, mehr zu den geteilten Kompetenzen gehört.[97]

---

91 Jetzt Art. 2 Abs. 1 AEUV: „Übertragen die Verträge der Union für einen bestimmten Bereich eine ausschließliche Zuständigkeit, so kann nur die Union gesetzgeberisch tätig werden und verbindliche Rechtsakte erlassen; die Mitgliedstaaten dürfen in einem solchen Fall nur tätig werden, wenn sie von der Union hierzu ermächtigt werden, oder um Rechtsakte der Union durchzuführen.“

92 Siehe z. B. Gutachten des EuGH vom 11. November 1975, Gutachten 1/75, Slg. 1975, S. 1355 oder EuGH, Rs. 41/76 vom 15. Dezember 1976, Suzanne Donckerwolcke verehelichte Criel und Henri Schou gegen Procureur de la République au tribunal de grande instance de Lille und Directeur général des douanes et droits indirects, Slg. 1976, S. 1921.

93 Siehe *Michel*, Recherches sur les compétences de la communauté, Paris, 2003, S. 170 ff.

94 Siehe *Streinz, Rudolf*, Europarecht, Heidelberg, 2008, S. 266.

95 Siehe *Michel, Valérie*, ebd..

96 Siehe Gutachten des EuGH vom 11. November 1975, ebd..

97 Damit ist die ehemalige Situation der Dienstleistungen gemeint: die GHP umfasst auch teilweise die grenzüberschreitende Erbringung von Dienstleistungen (wenn diese Dienstleistung durch einen Dienstleistungserbringer erbracht wird, der in einem bestimmten Land niedergelassen ist, an einen Empfänger, der in einem anderen Land wohnt).
Der Vertrag von Amsterdam hat durch die Einfügung des Art. 133 Abs. 5 EGV die Anwendung der GHP auf internationale Verhandlungen und Übereinkünfte über Dienstleistungen und Rechte des geistigen Eigentums eingeführt.
Der Vertrag von Nizza bringt durch den Art. 133 Abs. 6 hierbei eine Abgrenzung: zwar soll der Handel mit Dienstleistungen und Handelsaspekten des geistigen Eigentums zur

Handelt die EU wiederum im Bereich der Agrarpolitik - obgleich die GAP sowie die GHP eine gemeinsame Politik ist -, so ist ihr Spielraum begrenzter und die nationalen Interessen ihrer Mitgliedstaaten haben eine höhere Bedeutung. Dies ist bei den Agrarprodukten der Fall, obwohl die EU im Rahmen der multilateralen Verhandlungen der WTO auch für Agrarprodukte über eine ausschließliche Kompetenz verfügt, sind sie doch auch Teil des Warenverkehrs. Es gibt folglich eine Diskrepanz zwischen der Situation auf dem letzen Kreis und dem ersten Kreis. Auf der einen Ebene verfügt die EU über eine geteilte Kompetenz, zwar mit großen Kompetenzübertragungen, dennoch geteilt. Für Teile des gleichen Bereichs, dennoch auf einem anderen Kreis, ist sie mit einer ausschließlichen Kompetenz ausgestattet, was praktisch heißt, dass sie für ihre Mitgliedstaaten die Abkommen verhandelt. Die Konsequenz ist, dass die EU hier verstärkt unter Einfluss der Mitgliedstaaten und deren „Sonderinteressen" stehen kann, da es Verflechtungen zwischen den beiden Verhandlungsebenen gibt. Es kann schwierig für die EU sein, sich auf dieser ersten Ebene von dem Einfluss loszulösen, den die Mitgliedstaaten auf der letzen Ebene haben. Ein Beispiel dafür sind die Verhandlungen im Rahmen der Doha-Runde und die wiederholten Misserfolge, einen gemeinsamen Standpunkt mit den anderen Partnern zu finden. Die AKP-Abkommen[98] z. B. bleiben für Schwellenländer wie Brasilien, die aus dem Abkommen von Lomé ausgeschlossen sind, ein Dorn im Auge und sind für diese mit WTO-Recht nicht vereinbar, da sie deutlich Einfuhren aus bestimmten Staaten bevorzugen und ihre eigene Produktion dann in ungleichem Verhältnis mit der der AKP-Staaten stehen würde. So vertreten sie die Meinung, dass die so erzielte Begünstigung zugunsten der AKP-Staaten eine mit WTO-Recht unvereinbarte Diskriminierung darstelle, die zur Marktverzerrung führen würde.[99] Natürlich spielen hier die eigenen Interessen der Mitgliedstaaten eine beträchtliche Rolle. So haben z. B. für Frankreich die AKP-Abkommen eine andere Bedeutung als für Polen. Als ehemalige Kolonialmacht ist Frankreich sehr darauf bedacht, seine Beziehungen zu ihren einstigen Kolonien so eng wie möglich zu halten, um seinen Einfluss in diesen Regionen (sei es Asien[100] oder Afrika) zu behalten, so dass Frankreich im europäischen Rahmen seine Sonderinte-

---

GHP zählen (Art. 133 Abs. 5 EGV), jedoch besteht weiterhin eine gemischte Zuständigkeit (EG / Mitgliedstaaten) im Bereich des Handels mit kulturellen und audiovisuellen Dienstleistungen, Dienstleistungen im Bereich Bildung sowie in den Bereichen Soziales und Gesundheitswesen.

98 Seit 1975 waren für die Beziehungen zwischen den AKP-Staaten (Afrika-Karibik-Pazifik Staaten, die einst Kolonien von EU-Mitgliedstaaten waren) und der EU die Abkommen von Lomé maßgebend, mit denen eine enge, tiefe und vielseitige Partnerschaft begründet wurde. Zur Zeit gilt das Cotonou-Abkommen, dessen Schwerpunkte die wirtschaftliche und kommerzielle Zusammenarbeit und die Entwicklungszusammenarbeit sind.

99 Siehe dazu *Schamel, Günter*, Agricultural Trade Liberalization and the Developing Countries, in *Hofmann, Rainer/Tondl, Gabriele* (Hrsg.), The European Union and the WTO Doha Round, 2007, S. 166-172.

100 Z.B. Vietnam, obgleich dieser Staat kein AKP-Staat ist.

ressen durchsetzen muss, um an diese Ziele zu gelangen, da im Bereich Handelspolitik die Kompetenz zum Handeln überwiegend an die EU übertragen wurde.[101] Dies könnte wiederum die Position der EU gegenüber ihren internationalen Partnern schwächen. Obwohl sie genau zum Zweck des Schutzes der Gesamtinteressen der Gemeinschaft eine ausschließliche Kompetenz bekommen hat, wird sie nach außen durch den Durchsetzungsversuch der Sonderinteressen einiger ihrer Mitgliedstaaten geschwächt.

b- Die Vielseitigkeit der europäischen Partner im Rahmen des ersten Kreises

Die Komplexität der Situation in diesem ersten Kreis resultiert aber auch aus der Vielfalt und der unterschiedlichen juristischen Natur ihrer Partner. Die EU handelt hier mit Staaten oder mit internationalen Organisationen. Sie handelt in einem multilateralen Rahmen, der eine verbindliche Rechtsordnung bildet wie die WTO, oder in einem loseren Rahmen wie die Codex-Alimentarius-Kommission. Die Lebensmittelsicherheit befindet sich somit an der Schnittstelle von verschiedenen internationalen Vorschriften. Hier spielen die Regelungen des Übereinkommens über die Anwendung gesundheitspolizeilicher und pflanzenschutzrechtlicher Maßnahmen (nachfolgend SPS-Übereinkommen)[102] der WTO eine Rolle, sowie die Standards der Codex-Alimentarius-Kommission oder die Bestimmungen der Übereinkommen über die Biologische Vielfalt (nachfolgend CBD) des Protokolls von Cartagena,[103] die den Einsatz von GVO regulieren. All diese Vorschriften finden im Unionsrecht - wenn auch mit verschiedener Bedeutung und Intensität - Anwendung.

Als Bestandteil des WTO-Rechts findet das SPS-Übereinkommen wie das übliche WTO-Recht im Unionsrecht Anwendung. Das SPS-Übereinkommen ermöglicht es den WTO-Mitgliedstaaten Maßnahmen zum Schutz des Lebens oder der Gesundheit von Menschen, Tieren und Pflanzen zu treffen, solange diese Maß-

---

101 Eine Möglichkeit, handelspolitische Altverträge der Mitgliedstaaten weiter geltend zu machen, existiert zwar in der Tat. Diese Altverträge dürfen jedoch einerseits die GHP nicht verhindern, um verlängert zu werden und andererseits brauchen sie eine „besondere Ermächtigung" seitens der EU, um überhaupt weiter zu bestehen. Siehe dazu *Streinz, Rudolf*, ebd., S. 266.

102 Vom 15. April 1994.

103 Der CBD ist in deutscher Fassung auf folgender Internetseite zu finden: http://www.transgen.de/pdf/recht/cbd-deutsch.pdf. Im Art. 1 CBD sind die Ziele wie folgt definiert: „Die Ziele dieses Übereinkommens, die in Übereinstimmung mit seinen maßgeblichen Bestimmungen verfolgt werden, sind die Erhaltung der biologischen Vielfalt, die nachhaltige Nutzung ihrer Bestandteile und die ausgewogene und gerechte Aufteilung der sich aus der Nutzung der genetischen Ressourcen ergebenden Vorteile, insbesondere durch angemessenen Zugang zu genetischen Ressourcen und angemessene Weitergabe der einschlägigen Technologien unter Berücksichtigung aller Rechte an diesen Ressourcen und Technologien sowie durch angemessene Finanzierung."

nahmen mit dem übrigen WTO-Recht übereinstimmen.[104] Um zu verhindern, dass SPS-Maßnahmen getroffen werden, die darauf abzielen, die Einfuhr zu beschränken – hiermit soll eine Diskriminierung gegen andere Länder vermieden werden – sind sie zudem nach Art. 2 Abs. 2 an zwei kumulative naturwissenschaftlichen Bedingungen geknüpft: erstens sollen sie auf wissenschaftlichen Grundsätzen beruhen („based on scientific principles) und zweitens dürfen sie bei Fehlen eines ausreichenden wissenschaftlichen Beweises nicht weiter bestehen ("not maintained without sufficient scientific evidence"). Das SPS-Übereinkommen findet sich an der Schnittstelle zwischen GAP, Gesundheitswesen und Lebensmittelsicherheit.

Der Codex Alimentarius ist ein gemeinsames Programm der Food and Agriculture Organization of the United Nations (FAO) und der World Health Organization (WHO), das seit 1960 darauf abzielt, Standards im Bereich des Lebensmittelsrechts herauszuarbeiten. Diese Standards sollen anschließend „im internationalen Handel als Referenz dienen".[105] Sie sollen für die Einhaltung einer „good practice" im Lebensmittelhandel sorgen. Die Standards des Codex Alimentarius haben eine nicht zu unterschätzende Rolle auf der internationalen Ebene. So nimmt z. B. das SPS-Übereinkommen Bezug auf die Codex-Standards. Die EU ist seit der Entscheidung des Rates vom 17. November 2003 über den Beitritt der Europäischen Gemeinschaft[106] Mitglied der Codex-Alimentarius-Kommission, sowie alle ihre Mitgliedstaaten. Art. 1 und 2 der Allgemeinen Erklärung der Europäischen Gemeinschaft über die Zuständigkeitsverteilung gemäß Regel VI der Verfahrensordnung der Codex-Alimentarius-Kommission vom 17. November 2003[107] legen fest, für welche Tagesordnungspunkte die EU

---

104 Siehe Art. 2 Abs. 1 SPS-Übereinkommen unter: http://www.wto.org/english/tratop_e/sps_e/spsagr_e.htm

105 Siehe, Codex Alimentarius, Lebensmittelhygiene, Internationale Standards und Richtlinien, S. III.

106 Entscheidung 2003/822/EG des Rates vom 17. November 2003 über den Beitritt der Europäischen Gemeinschaft zur Codex-Alimentarius-Kommission, Amtsblatt L 309 vom 26.11.2003

107 Artikel 1:Generell besitzt die Europäische Gemeinschaft die ausschließliche Zuständigkeit für Tagesordnungspunkte in den Bereichen Harmonisierung der Normen für bestimmte Agrarprodukte, Lebensmittel, Lebensmittelzusatzstoffe, Kontaminanten, Tierarzneimittel, Pestizide, Fisch und Fischereierzeugnisse, einschließlich Etikettierung, Analyse- und Stichprobeverfahren, sowie die Kodizes und Leitlinien für die Hygienepraxis, soweit die Gemeinschaftsvorschriften diese Bereiche ganz oder weitgehend harmonisiert haben, sowie in Fragen des internationalen Handels, soweit sie die Ziele der Codex-Alimentarius-Kommission und insbesondere den Schutz der Verbrauchergesundheit und faire Praktiken im Lebensmittelhandel betreffen.
Artikel 2: Zuständigkeit der Mitgliedstaaten
Die Mitgliedstaaten der Europäischen Gemeinschaft sind generell zuständig für Tagesordnungspunkte, die organisatorische Fragen (z. B. rechtliche oder budgetäre Fragen) und Verfahrensfragen (z. B. Wahl von Vorsitzenden, Annahme von Tagesordnungen, Genehmigung von Berichten) betreffen.

ausschließliche Zuständigkeit besitzt und für welche anderen die Mitgliedstaaten eine ausschließliche Zuständigkeit besitzen. Für die materiellen Rechtsvorschriften (wie Agrarpolitik oder Angleichung von Rechts- und Verwaltungsvorschriften der Mitgliedstaaten in Bereichen, die den Schutz des Lebens und der Gesundheit von Mensch, Tier und Pflanzen betreffen) sind sowohl die Mitgliedstaaten als auch die EU zuständig, da für diese Bereiche eine geteilte Zuständigkeit herrscht, wie die einschlägigen Artikel des AEUV (s. Art. 168 AEUV) festlegen. Für die Festlegung von Standards in der Codex-Alimentarius-Kommission orientiert man sich also an der Kompetenzanweisung des AEUV. Das heißt, dass die EU mit den Mitgliedstaaten konkurriert und dass die Mitgliedstaaten ihre Sonderinteressen leichter durchsetzen können. Eine alleinige Vertretung durch die EU gibt es bei der Codex-Alimentarius-Kommission nicht, was voraussetzt, dass die Mitgliedstaaten sich im Vorfeld einigen sollten, um dort einheitliche Positionen verteidigen zu können.

Auch andere internationale Abkommen spielen im Bereich der Lebensmittelsicherheit eine Rolle wie das Protokoll von Cartagena über die biologische Sicherheit (nachfolgend Cartagena-Protokoll) von 29. Januar 2000. Wie es *Katja Loosen* beschreibt, ist das Cartagena-Protokoll ein internationales Abkommen, in dem „völkerrechtlich verbindliche Regeln" „über den grenzüberschreitenden Handel mit 'lebenden gentechnisch veränderten Organismen'"[108] festgelegt sind. Das Cartagena-Protokoll befindet sich an der Schnittstelle zwischen Umweltvölkerrecht und internationalem Handelsrecht. In der EU ist das Cartagena-

Artikel 3: Geteilte Zuständigkeit
Die Europäische Gemeinschaft und ihre Mitgliedstaaten sind in folgenden Bereichen beide grundsätzlich zuständig, soweit die in diesen Bereichen geplanten Maßnahmen in den Tätigkeitsbereich des Codex Alimentarius fallen und die Gemeinschaft in diesen Bereichen harmonisierungsberechtigt, die Harmonisierung jedoch erst teilweise erfolgt ist:

a) Agrarpolitik im allgemeinen, einschließlich Harmonisierung von Normen zum Schutz des Lebens und der Gesundheit von Tieren und Pflanzen (Artikel 32 bis 38 EG-Vertrag);

b) Angleichung von Rechts- und Verwaltungsvorschriften der Mitgliedstaaten in Bereichen, die den Schutz des Lebens und der Gesundheit von Mensch, Tier und Pflanzen betreffen (Artikel 94 und 95 EG-Vertrag);

c) gesundheitspolitische Maßnahmen (Artikel 152 EG-Vertrag) und Maßnahmen zum Verbraucherschutz (Artikel 153 EG-Vertrag);

d) Politik für die Bereiche Forschung und technologische Entwicklung (Artikel 163 bis 173 EG-Vertrag);

e) Umweltpolitik (Artikel 174 bis 176 EG-Vertrag);

f) Entwicklungspolitik (Artikel 177 bis 181 EG-Vertrag);

g) andere Politikbereiche der Europäischen Gemeinschaft, die, wenn auch nur teilweise, die Tätigkeiten der Codex-Alimentarius-Kommission betreffen.

108 Vgl. *Loosen, Katja*, Das Biosafety-Protokoll von Cartagena zwischen Umweltvölkerrecht und Welthandelsrecht, Berlin 2005, S. 1.

Protokoll durch die Verordnung 1946/2003[109] rechtlich verbindlich umgesetzt. Auch hier herrscht eine geteilte Zuständigkeit zwischen der EU und den Mitgliedstaaten.

2- Der zweite und mittlere Kreis: die „intereuropäische" Ebene

Der zweite Kreis befasst sich mit der Arena der Mitgliedstaaten. Er ist die Verhandlungsebene zwischen den Mitgliedstaaten untereinander und zwischen den nationalen sowie den regionalen und lokalen Entscheidungsorganen. Denn sowohl in Art. 5 Abs. 3 EUV als auch im Protokoll Nummer zwei über die Anwendung der Grundsätze der Subsidiarität und der Verhältnismäßigkeit, angehängt an den AEUV, ist die mitgliedstaatliche Ebene deutlich in eine zentrale (Staat) und regionale (die Regionen und die lokalen Behörden) Ebene unterteilt. Künftig sollten diese intermediären Ebenen zwischen Staat und Bürger eine verstärkte Rolle haben, um dem Ziel der Union gerecht zu werden, die Entscheidungen so bürgernah wie möglich zu treffen. Dies wird verstärkt durch die Bestimmungen bezüglich des Ausschusses der Regionen (Art. 305-307 AEUV). Insgesamt haben sich die durch den Reformvertrag eingeführten Veränderungen positiv auf die regionale Ebene ausgewirkt.

a- Subsidiäres Handeln

Es sei zunächst einmal bemerkt, dass es etwas schwierig ist, rein intergemeinschaftliche Beziehungen zu finden, da dieser Kreis auch sehr von der Impulsgebung der EU geprägt ist.

Die Handlungen, die in dem zweiten Kreis unternommen werden, scheinen in der Tat von einer gewissen Subsidiarität geprägt zu sein, subsidiär zu den Handlungen, die auf der paneuropäischen Ebene erfolgen. Dabei stellt dies eine Umkehrung der Situation dar. Denn im Bereich der Lebensmittelsicherheit besitzt die EU meist eine unterstützende Zuständigkeit,[110] also ergänzt sie nur das Handeln der Mitgliedstaaten. Mit anderen Worten: obwohl die primärrechtlichen Vorschriften bezüglich der Lebensmittelsicherheit die EU mit ergänzender Kompetenz ausstatten, dominiert das europäische Sekundärrecht das Handeln

---

109 Verordnung Nr. 1946/2003 des Europäischen Parlaments und des Rates vom 15. Juli 2003 über grenzüberschreitende Verbringungen genetisch veränderter Organismen, *ABl. L 287 vom 5.11.2003, S. 1–10.*

110 Zu den Kompetenzkategorien in der Union s. *Streinz, Rudolf/Ohler, Christoph/Herrmann, Christoph,* Der Vertrag von Lissabon zur Reform der EU, Einführung mit Synopse, München, 2. Aufl. 2010, S. 106-111. Ähnlich *Sauron, Jean-Luc,* Comprendre le traité de Lisbonne. Texte consolidé intégral des traités. Explications et commentaires, Paris, 2008, S. 86-87.

der Mitgliedstaaten. Es scheint, als ob die Mitgliedstaaten die Handlungen der Union ergänzen oder lediglich durchführen. Aber die Rolle der Mitgliedstaaten könnte keineswegs als leitend bezeichnet werden. Man bedenke nur das Beispiel von BVL und AFSSA. Ihre Rolle begrenzt sich auf der intereuropäischen Ebene auf Koordinierungs- sowie Informationsmaßnahmen. Laut Kompetenzverteilung in der EU sollten jedoch solche Behörden, als Verkörperung der mitgliedstaatlichen Handlungsfähigkeit, Impulszentren im Bereich der Lebensmittelsicherheit sein. Mehr als nur den Informationsfluss innerhalb der Mitgliedstaaten zu koordinieren, sollten sie Präventions- oder Verbesserungsmaßnahmen vorschlagen und Standards setzen, die wiederum seitens der europäischen Institutionen lediglich ergänzt werden könnten. Dennoch bleiben BVL und AFSSA im Schatten der EFSA und handeln nur subsidiär zu ihren Handlungen. Anders formuliert: Sie ergänzen die Handlungen der europäischen Impulsgeber, obwohl vertraglich das Gegenteil vorgesehen ist. Es ist eine Situation, die jedoch der EU eher Schaden zufügen kann, wenn sie führend handelt, wo sie lediglich subsidiär handeln sollte. So kann die EU von ausgedehntem Regulierungsdrang geleitet erscheinen, und dabei nicht nur bei Euroskeptikern auf Nichtakzeptanz stoßen, sondern auch bei Unionsbürgern und insbesondere bei Betroffenen. Die fast legendäre so genannte „Gurken-Verordnung“[111] kommt dabei in den Sinn. Die inzwischen gefallene[112] Klassifizierung der europäischen Gurken in vier Klassen und ihre maximale Krümmung wurde seitens der Euroskeptiker jahrelang als Schreckbeispiel der Regulierungswillkür der EU zitiert und wurde damit zu einer treuen Stütze aller Kritik gegen die europäische Integration. Nicht zuletzt bei den Landwirten selbst fanden diese Kritiken lang anhaltendes Echo. Das Handeln auf zweideutiger Kompetenz und seine nahe liegenden Konsequenzen werden in einem späteren Kapitel ausführlich bearbeitet werden. Abschließend kann also bemerkt werden, dass, obwohl die Mitgliedstaaten auf dem intereuropäischen Kreis eine eher führende Bedeutung haben sollten, sie sich vielmehr auf die Rolle von Koordinatoren von gemeinschaftlichen Maßnahmen beschränken.

b- Interregionale Bündnisse am Beispiel der Charta von Florenz

Ein weiteres Phänomen ist auch auf diesen Ebenen zu erwähnen. Verstärkt organisieren sich die Regionen der Union, um gemeinsame Ziele voranzutreiben, unabhängig vom Standpunkt ihrer jeweiligen Mitgliedstaaten. Die lokale Ebene weist eine größere Nähe zu den Bürgern auf und ist auch infolgedessen abhängiger von deren Legitimation. Die politische Übersetzung davon ist, dass, wenn die oberen Ebenen zu besonders heiklen Fragen eine

111 Siehe Verordnung (EWG) Nr. 1677/88 der Kommission vom 15. Juli 1988, zur Festsetzung von Qualitätsnormen für Gurken.

112 Die „Gurken-Verordnung“ wurde am 01. Juli 2009 durch eine neue Regelung, die keine Klassifikation enthält, ersetzt. Siehe *Kafsack, Hendrick/Stabenow, Michael,* Jetzt darf die Gurke wieder krumm sein, in: Frankfurter Allgemeine Zeitung vom 12. November 2008.

gewisse Distanz bewahren können, die lokale Ebene hingegen zum taktischen Handeln verurteilt ist. So kam es, dass wegen des immer größer werdenden Unmuts in der Bevölkerung gegen den Einsatz gentechnisch veränderter Organismen[113] in der Landwirtschaft zwanzig Regionen[114] der EU sich zusammengefunden haben, um diesbezüglich gemeinsame Leitlinien zu vereinbaren. Die so genannte Charta von Florenz über die "coexistence entre les OGM et les cultures traditionnelles et biologiques" vom 04. Februar 2005 kam dabei zustande, indem diese zwanzig Regionen aus Deutschland, Frankreich, Österreich, Italien, Spanien, Griechenland und Großbritannien den Einsatz von Gentechnik in ihrer lokalen Landwirtschaft auf Grund der Freisetzungsgefahr und der ungenügend aufgeklärten Folgen eines solchen Anbaus auf das Ökosystem und die öffentliche Gesundheit stark in Frage stellten. Darüber hinaus erklären sich diese Regionen bereit, spezielle Maßnahmen für den Schutz konventioneller und biologischer Landwirtschaft durchzusetzen, wie aus Art. 2 der Charta hervorgeht: "promouvoir l'application au niveau régional de plans spécifiques et/ou normes techniques, avec la possibilité de prévoir une protection des cultures traditionnelles et biologiques contre les OGM sur des zones étendues ainsi que sur l'ensemble du territoire régional".[115] Um die Folgen des Einsatzes von Gentechnik auf Umwelt und Gesellschaft voraussehen zu können, sollen andererseits Forschungspläne ins Leben gerufen werden, so Art. 3 der Charta von Florenz: „Définir des plans spécifiques et/ou des normes techniques sur la base d'études de faisabilité approfondies qui prévoient l'analyse de l'impact environnemental, socio-économique et culturel de la culture d'OGM."

Die Initiatoren der Charta von Florenz nehmen sich folglich anspruchsvolle Ziele vor. Sie wehren sich dabei gleichzeitig gegen die offen angekündigte Stellungnahme der EU in Fragen des Einsatzes von Gentechnik in der Landwirtschaft sowie gegen die Positionen der jeweiligen Mitgliedstaaten.[116] Diese zwanzig Regionen fanden sich nicht mehr von ihren Mitgliedstaaten in dieser Frage repräsentiert. Sie empfanden diese als zu unschlüssig und unentschlossen gegenüber dem europäischen Standpunkt. Sie suchten sich Verbündete auf der europäischen Ebene, für die, so wie für sie selbst, der europäische Beitrag zur Regulierung und Harmonisierung der absichtlichen Freisetzung von GVO in die

113 Nachfolgend wird die Abkürzung GVO verwendet.

114 Die zwanzig betroffenen Regionen sind: das Land Schleswig Holstein, die Aquitaine, die Bretagne, die Ile-de-France, der Limousin, der Poitou-Charentes, Toscana, Emilia-Romagna, Sardegna, Marche, Lazio, Bolzano, Euskadi (Baskenland), Drama-Kavala-Xanthi, Wales, Highlands, Oberösterreich, Salzburg, Steiermark und Burgenland.

115 Art. 2 Charta von Florenz.

116 Siehe *Kempf, Hervé,* Vingt régions européennes défient Bruxelles en refusant les OGM, Le Monde vom 15.02.2005.

Umwelt durch die Richtlinie 2001/18 EG ungenügend erschien,[117] um die konventionelle und biologische Landwirtschaft gegen mögliche unumkehrbare Folgen von GVO zu schützen. Von der Angst geleitet, in einigen Jahren unumkehrbaren Schäden gegenüber zu stehen, und nicht zuletzt durch den in der Bevölkerung immer größer werdenden Unmut gegen Gentechnik beflügelt, entschieden sich diese zwanzig Regionen für GVO-freie Zonen.

Erste Anzeichen eines Aufbegehrens gegen die europäische Richtlinie lagen schon seit 2003 vor. Das österreichische Land Oberösterreich lehnte die Anwendung der Richtlinie mit der Begründung ab, dass „das Gebiet des Landes Oberösterreich über ein ungewöhnliches oder einzigartiges Ökosystem verfüge, das eine andere Umweltverträglichkeitsprüfung erforderlich machen würde, als sie für Österreich insgesamt oder für andere vergleichbare Gebiete in Europa durchgeführt wird".[118] Das Land Oberösterreich hegte demnach die Befürchtung, dass der Einsatz von GVO dieses einzigartige Ökosystem beeinträchtigen könne. Um seine Kompetenz, eine solche Entscheidung zu treffen, geltend zu machen, trägt das Land Oberösterreich vor, „dass es ein eigenes Rechtsschutzinteresse habe, das nicht dasselbe wie das der Republik Österreich sei. Die mitgeteilte Maßnahme falle, verfassungsrechtlich gesehen, in seine ausschließliche Zuständigkeit".[119] Ein Urteil des EuG (2005)[120] gestützt auf Gutachten des EFSA[121] und schließlich im 2007 des EuGH[122] wies die Position des Landes Oberösterreich zurück, mit der Begründung, dass dieses Land seinen Pflichten nicht genügend nachgekommen sei und keine neuen wissenschaftlichen Erkenntnisse erbracht hätte, inwiefern der Einsatz von GVO eine Gefahr für das Ökosystems Oberösterreich bedeute. Das EuG und der EuGH wollten in Einklang mit der ständigen Rechtsprechung des EuGH dadurch vermeiden, dass

---

117 Richtlinie 2001/18 EG vom 12. März 2001 über die absichtliche Freisetzung genetisch veränderter Organismen in die Umwelt und zur Aufhebung der Richtlinie 90/220/EWG des Rates (nun von der Richtlinie 2008/27/EG vom 11. März 2008 geändert).

118 EuG, Rs. T-366/03 und T-235/04 vom 05. Oktober 2005, Land Oberösterreich und Republik Österreich gegen Kommission der Europäischen Gemeinschaften, Slg 2005 S. II-04005.

119 Siehe EuG, Rs. T-366/03 und T-235/04, ebd..

120 Siehe EuG, Rs. T-366/03 und T-235/04, ebd..

121 „Die Kommission hat sich auch die Ergebnisse der EFSA zu eigen gemacht, wonach zum einen '[d]ie vorgelegten wissenschaftlichen Nachweise ... keine oder nur lokal begrenzte wissenschaftliche Daten zu den Folgen für die Umwelt und die menschliche Gesundheit bereits vorhandener oder künftiger Kulturen oder Tiere [enthalten]' und zum anderen 'keine Nachweise darüber vorgelegt [wurden], dass dieses Gebiet Österreichs über ein ungewöhnliches oder einzigartiges Ökosystem verfügt, das eine andere Umweltverträglichkeitsprüfung erforderlich machen würde, als sie für Österreich insgesamt oder für andere vergleichbare Gebiete in Europa durchgeführt wird". Siehe EuG, Rs. T-366/03 und T-235/04, ebd..

122 EuGH, C-439/05 P und C-454/05 P vom 13. September 2007, Land Oberösterreich und Republik Österreich gegen Kommission der Europäischen Gemeinschaften, Slg 2007 S. I-07141.

durch die Anwendungsablehnung der europäischen Richtlinie über die absichtliche Freisetzung von GVO[123] seitens des Landes Oberösterreich die einheitliche Anwendung des Gemeinschaftsrechts beeinträchtigt wird, und dass sich vom EG-Recht abweichende Rechtsvorschriften etablieren. Von Harmonisierungsmaßnahmen abweichende einzelstaatliche Bestimmungen nach Art. 95 Abs. 5 EGV[124] können durch neue wissenschaftliche Erkenntnisse und durch ein spezifisches Problem für einen Mitgliedstaat gerechtfertigt sein, wenn auch an eine Ausnahmegenehmigung der Kommission gebunden. Vorausgesetzt ist allerdings, dass die Partei, die sich auf Art. 95 Abs. 5 beruft, nachweist, dass die Anwendungsvoraussetzungen des Letzteren erfüllt sind. Dies habe das Land Oberösterreich laut EuGH ungenügend nachgewiesen.

Die Unabhängigkeit des EFSA-Gutachtens könnte in einem solchen Fall auch in Frage gestellt werden, da es lediglich die Position der europäischen Kommission wissenschaftlich belegt. Trotz der Entschlossenheit der europäischen Institutionen weigerte sich dennoch das Land Oberösterreich seine Position als gentechnikfreie Zone aufzugeben und initiierte einen breitflächigen Aufstand, indem es Bündnisse mit anderen europäischen Regionen aufbaute.

Jenseits dieser aufständischen Stimmung treten die zwanzig Unterzeichner der Charta von Florenz nicht als Gegner der europäischen Integration auf, sondern als Skeptiker, wenn nicht als entschlossene Gegner des Einsatzes von Gentechnik in der Landwirtschaft. So berufen sie sich auch auf das Gemeinschaftsrecht, um ihrer Entscheidung Kraft zu verleihen. Sie fordern nämlich die EU auf, das Gemeinschaftsrecht genauer anzuwenden und greifen dabei auf das Verursacherprinzip zurück, wie in Art. 174 EGV dargelegt: "demander à la Commission Européenne et aux autres Institutions communautaires de proposer un système de sanctions apte à attribuer les coûts et la responsabilité des dommages directs et indirects aux opérateurs qui les ont provoqués". Sie bedauern, dass die Richtlinie 2001/18/EG sich nicht auf das Verursacherprinzip stützt: „la Directive 2001/18/CE ne couvre pas la responsabilité civile des entreprises biotechnologiques en cas de contamination d'autres cultures et ne fait, dès lors, pas référence au principe "pollueur - payeur", énoncé à l'article 174 du Traité de l'Union".[125]

---

123 Die Definition von „absichtliche Freisetzung" wird Art. 2 Abs. 3 der Richtlinie 2001/18/EG entnommen: „jede Art von absichtlichem Ausbringen eines GVO oder einer Kombination von GVO in die Umwelt, bei dem keine spezifischen Einschließungsmaßnahmen angewandt werden, um ihren Kontakt mit der Bevölkerung und der Umwelt zu begrenzen und ein hohes Sicherheitsniveau für die Bevölkerung und die Umwelt zu erreichen".

124 Nun ist es Art. 114 Abs. 5 AEUV.

125 Punkt 10 der Charta von Florenz ebd..

Jenseits dieses Beispiels für interregionale Bündnisse hat die Rolle der Regionen auf der europäischen Ebene eine neue Entwicklung genommen. Durch die Veränderung des Vertrags von Lissabon bezüglich des Ausschusses der Regionen (Art. 305-307 AEUV) haben die Regionen an Gewicht und Bedeutung gewonnen. Nicht dass der Ausschuss der Regionen, wie seit seiner Gründung ersehnt, zum Rang einer europäische Institutionen gehoben wurde. Er hat jedoch zwei signifikante Rechte bekommen. Zum einen kann er vor dem EuGH auf die Wahrung seiner Rechte klagen.[126] Zum anderen kann er auch im Falle eines Verstoßes eines Gesetzgebungsakts – für den der Ausschuss gehört werden muss – gegen das Subsidiaritätsprinzip vor dem EuGH Klage erheben.[127] Das heißt, dass der Ausschuss der Regionen damit ein Kontrollrecht a posteriori erhält. Er gewinnt nun verstärkten Einfluss im Bereich der öffentlichen Gesundheit (Art. 168 Abs. 5 AEUV) und somit auch im Bereich der Lebensmittelsicherheit, da er in diesem Bereich von EP und Rat gehört werden muss. Es zeichnet sich hier womöglich eine Wende und eine weitere Entwicklung ab für die zwanzig Unterzeichner der Charta von Florenz und den Regionen ab[128]. So *Feral* über die mögliche Konsequenz dieses Kontrollrechts: „À ce sujet, le rôle potentiellement dévolu au Comité des Régions par le Projet en matière de contrôle du principe de subsidiarité pourrait aiguiser l'appétit des régions dotées de compétences législatives qui pourraient être tentées d'instrumentaliser le Comité pour beaucoup plus et beaucoup mieux faire valoir des revendications qu'elles auraient jugées insuffisamment prises en compte, soit par la Commission soit encore par leurs gouvernements respectifs dans le cadre du processus décisionnel communautaire".[129]

Wie sichtbar wird, liegen die Entscheidungsmöglichkeiten in den Händen verschiedener Organe und Behörden, die sich wiederum auf verschiedenen Ebenen befinden. Dadurch können leicht Interessenskonflikte hervorgerufen werden. Die zweite Schlussfolgerung zu diesem Punkt ist, dass dort, wo die Handlungsmöglichkeit so abgestuft ist, die Korrespondenz zwischen dem Modell der euro-

---

126 Art. 263 Abs. 3 AEUV: „Der Gerichtshof der Europäischen Union ist unter den gleichen Voraussetzungen zuständig für Klagen des Rechnungshofs, der Europäischen Zentralbank und des Ausschusses der Regionen, die auf die Wahrung ihrer Rechte abzielen".

127 Art. 8 Abs. 2 des Protokolls (Nr. 2) über die Anwendung der Grundsätze der Subsidiarität und der Verhältnismäßigkeit: „Nach Maßgabe des genannten Artikels können entsprechende Klagen in Bezug auf Gesetzgebungsakte, für deren Erlass die Anhörung des Ausschusses der Regionen nach dem Vertrag über die Arbeitsweise der Europäischen Union vorgeschrieben ist, auch vom Ausschuss der Regionen erhoben werden"

128 Siehe dazu Artikel von *Börnecke, Stefan,* Gentechnikfreie Zonen mit Segen der EU, in: Frankfurter Rundschau vom 04 Dezember 2008.

129 Siehe *Feral, Pierre-Alexis,* Retour en force du principe de subsidiarité dans le traité Constitutionnel: de nouvelles responsabilités pour les parlements nationaux et pour le Comité des Régions, in Revue du Marché Commun et de l'Union Européenne, Nr. 481, September 2004, S. 499.

päischen Kreise und dem europäischen Mehrebenensystem verdeutlicht werden kann. Die komplexe Vernetzung zwischen den unterschiedlichen Verhandlungsebenen wird dadurch gut erfasst.

3- Dritter und letzter Kreis: das Zentrum oder die Unionsebene

Dieser Kreis betrifft die Beziehungen zwischen den Mitgliedstaaten und der EU, sowie zwischen den mitgliedstaatlichen Institutionen und den Institutionen der Union.

a- Die Union als Zentrum der europäischen konzentrischen Kreise

Klassisch ist es in Untersuchungen über das europäische Mehrebenensystem, die Ebene des Territorialstaats als letzte Stufe zu betrachten. Markus Jachtenfuchs unterscheidet z.B. zwischen drei verschiedenen Arenen: das internationale System, die Europäische Union und der Territorialstaat.[130] Hier wird das Zentrum des Mehrebenensystems auf die Union verschoben. Die Verschiebung des Zentrums der Kreise-Architektur auf die Unionsebene und nicht auf die Ebene der Mitgliedstaaten wirft einmal mehr die Frage der Bundesstaatlichkeit bzw. bundesstaatlichen Züge der Union auf. Bleibt man der Kennzeichnung des Bundesverfassungsgerichts treu, nach dem die EU ein „Staatenverbund“[131] sei, sollte folglich das Zentrum der konzentrischen Kreise-Architektur von der mitgliedstaatlichen Ebene dargestellt werden. Denn nach dieser Auffassung sind die Mitgliedstaaten die wahren Träger der Hoheitsgewalt. Nur durch ihre politische Entschlossenheit hat die Union Zuständigkeiten bekommen. Die daraus entstandene Rechtsgemeinschaft wurde durch ein völkerrechtliches Abkommen begründet und ist nicht befähigt, über diesen Rahmen hinaus zu wachsen. Nun ist aber zu betonen, dass, obwohl die Mitgliedstaaten souveräne Staaten sind, sie ihre Souveränität selber einschränken, indem sie der Union immer mehr Kompetenzen übertragen haben. Folglich teilen sie nun ihre Hoheitsgewalt mit der Union, oder zumindest kann ein wichtiger Teil ihrer Hoheitsgewalt[132] nur im Rahmen des europäischen Zusammenschlusses ausgeübt werden kann. Die Bezeichnung „Staatenverbund“ und die damit verbundene Finalitätskonzeption der Union „passt nicht zur Gründung einer EU mit weitreichenden Befugnissen und ei-

130 Siehe *Jachtenfuchs, Markus*, Die Problemlösungsfähigkeit der EU: Begriffe, Befunde, Erklärungen, in: *Grande, Edgar/Jachtenfuchs, Markus* (Hrsg.), Wie problemfähig ist die EU?, Baden-Baden, 2000, S. 346.

131 Urteil des Bundesverfassungsgerichts vom 12. Oktober 1993, E 89, 155, S. 188

132 Man denke daran, dass im Bereich des Außenhandels die Union eine ausschließliche Zuständigkeit hat. Siehe dazu obige Ausführungen.

ner Hoheitsgewalt gegenüber den Mitgliedstaaten“,[133] wie es *Manfred Zuleeg* betont.

Und wenn man weiterhin mit *Zuleeg*[134] übereinstimmt, dass die Europäischen Gemeinschaften von Anfang an bundesstaatliche Züge trugen, ohne ein Bundesstaat zu sein, ist die Suche nach einem passenden Begriff eine schwierige Angelegenheit. Man ist tatsächlich befangen, wenn es darum geht, einen passenden Begriff für das Unionsgefüge auszuwählen. Denn der Begriff soll einerseits die organische Realität der Union widerspiegeln und andererseits dennoch relativ neutral klingen, damit er eine Mehrheit der Suffrage erhält. Wenn fest steht, dass die Union kein Staat, sondern ein Zusammenschluss von siebenundzwanzig Staaten ist, gehen die Meinungen bei der Frage, wie tief und wie hochgradig der daraus entstandene Zusammenschluss ist, weit auseinander. So fragt sich *Ulrich Haltern*: „Worüber sprechen wir, wenn wir über Europa sprechen“?[135] *Jean-Marc Ferry* spitzt diese Befangenheit bei der Begriffswahl etwas zu, indem er die Union als einen „objet politique non identifié“[136] darstellt, ein politisches und institutionelles UFO, dessen Identität noch zu erforschen ist. Im Grunde genommen kann man noch so vorsichtig bei dieser Auswahl[137] sein, es wird ver-

---

133 Siehe *Zuleeg, Manfred*, Der rechtliche Zusammenhalt der Europäischen Union, Baden-Baden, 2004, S. 37.

134 Siehe *Zuleeg, Manfred*, ebd., S. 38 ff.

135 Siehe *Haltern, Ulrich*, Finalitäten, in: *Bogdandy, Armin von/Bast, Jürgen (Hrsg.)*, Europäisches Verfassungsrecht, Theoretische und Dogmatische Grundzüge, Heidelberg, 2. Aufl., 2009, S. 281.

136 Siehe *Ferry, Jean-Marc*, Sur le sens politique de l'Europe: Les voies d'une constitution post-étatique, in: *Cheneval, F./Utzinger, A./Dänzer, S. (Hrsg.)*, Legitimationsgrundlagen der Europäischen Union, Münster, 2005, S. 47.

137 An dieser Stelle ist es nicht uninteressant zu bemerken, dass diese Schwierigkeit einer passenden Begriffswahl bereits vor Gründung der Europäischen Gemeinschaften existierte. Hier wird auf das „paneuropäische Projekt“ des *Grafen Richard N. Coudenhove-Kalergi* Bezug genommen. Das paneuropäische Einigungsmodell tendierte zur Gründung einer Konföderation der europäischen nationalstaatlichen Nationen. Obgleich die Gründungsväter Europas von der paneuropäischen Ideologie beeinflusst waren, sollte das Projekt, das *Coudenhove-Kalergi* in elf Kapiteln seines visionären Buches „Paneuropa“ von 1923 vorschlägt, nie umgesetzt werden. Der Begriff Paneuropa wurde von *Coudenhove-Kalergi* aus dem Begriff „Panamerika“ von *Alfred H. Frieds* (Vgl. *Conze, Vanessa*, Richard Coudenhove-Kalergi, Umstrittener Visionär Europas, S. 16) abgeleitet. Die Einigung der europäischen Staaten sollte für langfristige Entwicklungsperspektiven für Europa auf der militärischen, politischen und ökonomischen Ebene sorgen (s. *Pernhorst, Christian*, Das paneuropäische Verfassungsmodell des *Grafen Richard N. Coudenhove-Kalergi*, Baden-Baden, 2008, S. 98 ff.). Jedoch zeigt „insgesamt die Analyse der *Coudenhove-Kalergi* Schriften eine erstaunliche Sorglosigkeit in der Formulierung seines politischen Ziels: Er verwandte wahlweise und ständig wechselnd die Begriffe Konföderation, Föderation, Bund, Staatenbund, Union, Vereinigte Staaten von Europa oder Paneuropa“, wie Vanessa Conze feststellt (s. *Conze, Vanessa*, ebd., S. 17). Auch wenn das paneuropäische Einigungsmodell der europäischen Nationen mit der Zeit auf eine europäische Nation hinauslaufen sollte (vgl. *Pernhorst, Christian*, ebd., S.

mutlich nie Einigkeit darüber geben. Angelehnt an *Walter Hallsteins* Bezeichnung des „unvollendeten Bundesstaats“[138] spricht *Manfred Zuleeg* von dem „Bundesstaat im Werden“.[139] *Armin von Bogdandy* schlägt seinerseits „die supranationale Föderation“[140] vor. *Stefan Oeter* entscheidet sich für den Begriff „bündisches System“,[141] während *Doris König* das „föderale System“[142] wählt. All diese Begrifflichkeiten weisen feine oder große Unterschiede auf. Sie sind sich ähnlich, allerdings nicht gleich. Ihnen ist jedoch gemeinsam, dass sie die föderalen Aspekte des Unionsgefüges hervorheben, weshalb sie in dieser Arbeit einem Begriff wie „Staatenverbund“ vorgezogen werden.

Betont man die bundesstaatsähnliche Struktur oder zumindest die bundesstaatlichen Züge der EU, sollte zudem die Frage der Verfassung geklärt werden. Denn für einen Staat im klassischen Sinn bildet die Verfassung die „Grundlage für die Zuweisung von hoheitlichen Befugnisse(n)“.[143] Wie verhält es sich nun mit der Europäischen Union? Obgleich die These, dass die Union keine Verfassung habe – erst recht nach dem gescheiterten Verfassungs*vertrag,* der als ein völkerrechtliches Abkommen zwischen souveränen Staaten zu verstehen ist – als Mainstream gilt, verteidigte *Zuleeg* bereits vor dem Ratifikationsprozess des Verfassungsvertrags die Position, dass die Gründungsverträge der EG und der EU als Verfassung[144] zu betrachten seien. Durch die Verträge werden die Organe der damaligen Gemeinschaft zu Trägern von Hoheitsgewalt, darunter Rechtsetzungszuständigkeiten. Das daraus entstandene Recht, das Sekundarrecht, lässt sich wiederum an den Verträgen messen. Die gemeinschaftliche Rechtsetzung ist der Einhaltung des Primärrechts untergeordnet. Aus dieser Normenhierarchie und der Tatsache, dass die Verträge „über das gesamte Handeln eines Hoheits-

---

103), so war die genaue Kennzeichnung dieses Gefüges für *Coudenhove-Kalergi* alles andere als fest etabliert. Vielleicht war dies eine Vorahnung der künftigen Zeiten. Dies zeigt aber vor allem, dass die Auseinandersetzung über diese Bezeichnung eine extrem politisierte Übung und dabei abhängig von Meinungsunterschieden ist.

138 So der Titel von Walter Hallsteins Buch über die EWG in seiner ersten Auflage von 1969.

139 Siehe *Zuleeg, Manfred,* Der unvollendete Bundesstaat: Vision oder Realität?, in *Zuleeg, Manfred (Hrsg.),* Der Beitrag Walter Hallsteins zur Zukunft Europas, Baden-Baden, 2003, S. 103.

140 So der Titel des Aufsatzes von *Armin von Bogdandy*: Die Europäische Union als supranationale Föderation, in: Integration, 2/1999, S. 95-112.

141 Siehe *Oeter, Stefan,* Souveränität und Demokratie als Problem in der „Verfassungsentwicklung“ der Europäischen Union, ZaöRV, Bd. 55, 1995, S. 659-707.

142 *König, Doris,* Die Übertragung von Hoheitsrechten im Rahmen des Europäischen Integrationsprozesses – Anwendungsbereiche und Schranken des Artikels 23 des Grundgesetzes, Berlin, 2000, S.271-275.

143 Siehe *Zuleeg, Manfred,* ebd., S. 39.

144 *Zuleeg, Manfred,* ebd., S. 39 ff. Siehe auch sein Aufsatz „Die Vorzüge der Europäischen Verfassung“, in: in: *Bogdandy, Armin von/Bast, Jürgen (Hrsg.),* Europäisches Verfassungsrecht, Theoretische und Dogmatische Grundzüge, Heidelberg, 2. Aufl., 2009, S. 1045-1076.

trägers“[145] bestimmen, ergibt sich eine berechtigte Bezeichnung dieser Verträge als Verfassung. Das Inkrafttreten des Vertrags von Lissabon ändert an *Zuleegs* einleuchtenden Ausführungen ganz und gar nichts, so dass man davon ausgehen kann, dass der EUV und der AEUV als Verfassung der Europäischen Union bezeichnet werden können. Ein Inkrafttreten des Verfassungsvertrags hätte sicherlich eine höhere symbolische Bindekraft gehabt. Die verfassungsrechtlichen Züge des Vertrags wären nicht mehr anfechtbar gewesen, wenngleich eine Relativierung dieses neuen Integrationsschritts durch eine Betonung des völkerrechtlichen Aspektes des Vertrages leicht erfolgen konnte. Lehnt man sich allerdings an *Zuleegs* These an, fungieren bereits die derzeitigen Verträge als Verfassung.

Die EU kann als Gefüge mit bundesstaatsähnlicher Struktur gekennzeichnet werden, ein System im Föderalisierungsprozess. Überträgt man dieses Ergebnis auf das Modell der konzentrischen Kreise, ist es durchaus legitim, die Unionsebene als Zentrum des Modells zu betrachten. Die Mitgliedsstaaten haben sich entschieden, große Teile ihrer Hoheitsgewalt an die EU zu übertragen und haben somit ihre Souveränität eindeutig eingeschränkt. Infolgedessen ist es durchaus legitim, dass die EU als das Zentrum dieses Mehrebenensystems betrachtet wird, da sie der Raum ist, in der dieser Zusammenschluss von Hoheitsgewalt ausgeübt wird. Dieser strukturelle Faktor wirkt sich auf die Beziehungen zwischen der Union und den Mitgliedsstaaten aus.

b- Die leitende Rolle der Union in den Beziehungen Mitgliedstaaten-EU

Nimmt man Beispiele aus dem Referenzgebiet der Lebensmittelsicherheit, lassen sich Beziehungen zwischen der Europäischen Behörde für Lebensmittelsicherheit (European Food Safety Authority, im Folgenden EFSA) auf der Unionsebene und Institutionen wie z.B. der AFSSA (Agence française de sécurité sanitaire des aliments) oder dem Bundesamt für Verbraucherschutz und Lebensmittelsicherheit (BVL) auf der mitgliedstaatlichen Ebene beobachten.

Die Entscheidungen im Bereich der Lebensmittelsicherheit werden also auf verschiedenen Ebenen getroffen, wobei sich ein Entscheidungszentrum profiliert. Durch ihre zahlreichen Verordnungen und Richtlinien in diesem Bereich gibt die EU mehr als einen Impuls. Sie definiert und strukturiert die Lebensmittelsicherheits-Politiken der Mitgliedstaaten. Genauso wie die AFSSA oder das BVL eine fast konforme Kopie der EFSA auf mitgliedstaatlicher Ebene sind. Die Funktion der EFSA liegt hauptsächlich darin, „die wissenschaftlichen Ausschüsse zu koordinieren, für die Unabhängigkeit des Risk Assessments zu sorgen und die Er-

145 *Zuleeg, Manfred*, ebd., S.40.

gebnisse des Risk Assessments den Risikomanagern zur Entscheidung vorzulegen".[146]

Organisatorisch betrachtet ist das BVL „eine selbstständige Bundesoberbehörde im Geschäftsbereich des Bundesministeriums für Ernährung, Landwirtschaft und Verbraucherschutz (BMELV)".[147] Die Aufgaben des BVL sind wie folgt festgelegt: es „trägt mit vielfältigen Maßnahmen zur Lebensmittelsicherheit in Deutschland bei. Es spricht Zulassungen aus, koordiniert gemeinsam mit den Bundesländern Überwachungsprogramme, sorgt im Rahmen des europäischen Schnellwarnsystems für den Informationsfluss zwischen der EU und den Bundesländern, unterstützt das Bundesministerium für Ernährung, Landwirtschaft und Verbraucherschutz beim Krisenmanagement, begleitet Inspektionen der EU und von Drittstaaten in Deutschland und unterstützt über das Referenzlabor für Rückstände pharmakologisch wirksamer Stoffe die amtlichen Laboratorien der Lebensmittelüberwachung".[148] Das BVL ebenso wie die AFSSA[149] stützen sich auf behördliche Laboratorien, um die in der EU geltenden Standards durch regelmäßige Kontrollen zu gewährleisten sowie um hohe Lebensmittelsicherheitsstandards zu erreichen. Der Akzent wird dabei auf die Unabhängigkeit von deren Gutachten und Arbeit gesetzt. Das heißt, dass das BVL und die AFSSA unabhängig von den Lebensmittelkonzernen arbeiten sollen. Denn nur dadurch können die Verbraucher wahrheitsgetreu informiert und auch effizient geschützt werden. Sollte dennoch ein Verdacht bestehen, dass die Unabhängigkeit gegenüber dem einen oder anderen Lebensmittelkonzern nicht mehr gewährleistet ist, kann ein ganzes System wie ein Kartenspiel zusammenbrechen. Seine Glaubwürdigkeit als Überwachungsorgan wäre schwer in Mitleidenschaft gezogen, wenn diejenigen, die kontrolliert werden sollen, die Kontrollmaßstäbe – und sei es nur in geringem Maße – beeinflussen könnten.

Ein effizienter Schutz der nationalen Verbraucher ist auch nicht mit einer Koordinierung auf europäischer Ebene möglich. Daher ist ein arbeitsfähiges europäisches Schnellwarnsystem von großer Bedeutung. Das BVL und die AFSSA sind

---

146 Siehe *Gelbert, Julia*, Die Risikobewältigung im Lebensmittelrecht, S. 262.

147 Siehe: http://www.bvl.bund.de/cln_007/nn_495478/DE/07__DasBundesamt/03__Organisation/organisation__node.html__nnn=true

148 Siehe: http://www.bvl.bund.de/cln_007/nn_493788/DE/07__DasBundesamt/02__Aufgaben/aufgaben__node.html__nnn=true

149 Die Ziele und Aufgaben der AFSSA nähern sich sehr denen des BVL: „L'Afssa propose des solutions pour augmenter la performance de la décision publique et garantir un niveau de sécurité satisfaisant dans ses domaines d'expertise" (Siehe: http://www.Afssa.fr/). Nur die Organisation ist etwas anders, da die AFSSA wie alle französischen Institutionen und Behörden von der zentralistischen Organisation geprägt ist. Sie muss also nicht wie das BVL die Beziehungen zwischen Bund und Ländern koordinieren.

Teil einer europäischen Lebensmittelüberwachungskette. Sie sind für die Mitgliedstaaten wichtige Instrumente des Risiko- und Krisenmanagements im Bereich der Lebensmittelsicherheit. Für den Fall jedoch, dass eine große Lebensmittelkrise wie die BSE-Krise ausbrechen sollte, sollten sich die Mitgliedstaaten auf ihre Lebensmittelsicherheitsbehörde verlassen können, um diese Krise zu bewältigen. Mit anderen Worten, es wäre die Aufgabe des BVL oder der AFSSA, wirksame Gegenmaßnahmen zu treffen, um diese Krise mit einem geringstmöglichen Schaden zu beenden. Durch das europäische Schnellwarnsystem sollten auch die zu ergreifenden Maßnahmen im EU-Gebiet weitergeleitet werden. In der Logik einer Kompetenz- Aufteilung zwischen EU und Mitgliedstaaten im Bereich Lebensmittelsicherheit sind Koordinierung und Zusammenarbeit Bausteine im paneuropäischen Kreis.

Wichtig ist zudem das Erfordernis der Transparenz. Denn lediglich durch eine transparente Koordinierung und Zusammenarbeit können diese beiden Begriffe auch Wirkung entfalten. Dieses Erfordernis ist im Grunde auf die BSE-Krise zurückzuführen. Die BSE-Krise hat deutliche und nachhaltige Spuren hinterlassen. Sie zeigte wie kaum eine Krise zuvor, wie inkonsequent und unvorbereitet die europäischen Institutionen reagiert haben. Dass die EU auf politischer Ebene kaum eine bedeutende Macht im Vergleich zur Verteidigung des nationalen Interesses genoss, gehörte fast zum allgemeinen Verständnis Europas. Dass sie aber in Angelegenheiten der Organisation des Binnenmarktes so schwach war, blieb dennoch eine schlechte Überraschung. Von Anfang an und vor allem seit der EEA von 1986 war die Kompetenzübertragung für diese Zwecke immer stärker geworden. Dass sie genau in der Verwirklichung dieser Aufgabe versagte, erwies sich als eine unangenehme, enttäuschende Feststellung. Die Handlungsunfähigkeit und der Mangel an Entschlossenheit, mit dem sie vor allem gegenüber ihrem Mitgliedsstaat Großbritannien auf die Krise reagierte, blieben berechtigte Vorwürfe. So *Wolters*: „Die teilweise heftige Kritik – formuliert etwa vom Untersuchungsausschuss des Europäischen Parlaments (1996) – traf die britische Regierung, das britische Landwirtschaftsministerium und die Europäische Kommission“.[150] Das ganze Krisenmanagement-System sollte neu strukturiert werden, sowie die Rolle der EG im Lebensmittelrecht, die allmählich für die „Lebensmittelsicherheit“ zuständig wurde. Auch wenn die späteren Verträge die EU im Bereich Lebensmittelsicherheit nicht mit größeren Kompetenzen[151] ausstatteten, nahm ihr Handeln in diesem Bereich exponentiell zu. Sie entwarf auch Prinzipien wie das Vorsorgeprinzip und etablierte klare Ziele wie die Erreichung hoher Standards, die die Verbraucher besser schützen sollten. Wie

150 *Wolters, Christian*, Die BSE-Krise. Agrarpolitik im Spannungsfeld zwischen Handelsfreiheit und Konsumentenschutz, Frankfurt am Main, 1998, S. 11.

151 Die Maßnahmen der EU im Bereich der Lebensmittelsicherheit wurden auf der Basis des Art. 37 (Agrarpolitik), 152 (Gesundheitswesen) und 153 (Verbraucherschutz) ergriffen und sie bleiben hauptsächlich ergänzende Kompetenzen zu den mitgliedstaatlichen. Diese Situation bleibt mit dem Vertrag von Lissabon unverändert.

Gelbert unterstreicht, wurde wahrhaft die BSE-Krise „eine Chance für einen Neubeginn in der Politik zur Lebensmittelsicherheit".[152] Neben eher programmatischen Leitlinien, die die EU in Weißbüchern kundtat, entwickelte und verbreitete sie die Anwendung des Vorsorgeprinzips in dem bisher nicht betroffenen Bereich der Lebensmittelsicherheit.

Die EU ist das Bindungselement dieses letzten Kreises. Zwar gibt es verschiedene Instanzen (seien es die Mitgliedstaaten selbst oder deren lebensmittelsicherheitsspezifische Institutionen), die in den Bereich der Lebensmittelsicherheit intervenieren können. Sie sind dennoch von der Entscheidungskraft der EU einerseits abhängig und andererseits geleitet.

152 Siehe *Gelbert, Julia*, Die Risikobewältigung im Lebensmittelrecht, S. 264.

B- Die europäischen Kreise und die Möglichkeit eines „Mehrebenensystems der Integration“

I- Föderalisierungsprozess durch differenzierte Integrationsniveaus

1- Von differenzierter Integration[153] und differenzierten Integrationsniveaus

Die EU ist nicht ein Staat, sie besteht aus siebenundzwanzig Staaten mit verschiedenen politischen und verfassungsrechtlichen Organisationen und Traditionen. Ob sie jemals ein föderaler Staat im Sinne der staatsrechtlichen Lehre werden kann, bleibt weiterhin fraglich. Wahrscheinlicher könnte sich die Union zu einer föderalistischen Struktur sui generis[154] mit angepasster und innovativer „staatlicher“ Organisation verwandeln, wenn diese Option überhaupt eingeschlagen werden sollte. Der föderalistische Gedanke oder vielmehr der Föderalisierungsgedanke war schon bei den Gründungsvätern der europäischen Einigung vorhanden. Schon im Jahre 1950 verkündete Jean Monnet seine Wünsche einer „amorce d'une fédération“[155] für Europa. Eine große Wirkkraft in diese Richtung kam auch von Walter Hallstein, der die EWG als einen „unvollendeten Bundesstaat“[156] sah. Dass die Finalität der europäischen Einigung eine europäische Föderation sein sollte, stellt jedoch weiterhin keinen Konsens dar. Für viele Staatsmänner oder Wissenschaftler soll die Entwicklung der europäischen Einigung nicht das Stadium eines „Staatenverbunds“ wie von *Paul Kirchhof*[157] verteidigt - mit den Worten des Generals De Gaulle: eines „Europe des Nations“ - überschreiten. Das heißt, dass die Grundsouveränität jedes Mitgliedstaates weiterhin der Sockel der Einigung bleiben soll, so dass die europäische Integration diese nationale Souveränität nicht grundlegend in Frage stellen sollte.

So pendelt die europäische Einigung zwischen diesen zwei Modellen, ohne sehr deutlich eine klare Leitlinie zu verfolgen, so dass in den Verträgen beide Modelle Ausdruck finden. Die Konsequenzen dieser Zweideutigkeit schlagen sich auf

---

153 Für eine Definition s. *Manin, Philippe*: „L'on entend par intégration différenciée le fait qu'à l'intérieur de l'Union et des Communautés, des Etats ou des groupes d'Etats sont ou peuvent être régis par des règles différentes des règles considérées comme générales, c'est à dire censées s'appliquer à tous“, in: Manin, Les aspects juridiques de l'intégration différenciée, in: Manin/Louis (Hrsg.), Vers une Europe différenciée? Possibilité et limite, Paris 1996, S. 9.

154 In Anlehnung an die Kennzeichnung der EU als ein Gebilde sui generis.

155 Conversations sur le Plan Schuman, 3 juillet 1950; abgedruckt in Schulze/Hoeren (Hrsg.), Dokumente zum Europäischen Recht, Bd. 1, 1999, S. 66 (72).

156 *Walter Hallstein*, Der unvollendete Bundesstaat, 1. Aufl. Düsseldorf, 1969.

157 Dazu z. B. *Kirchhof, Paul* Die rechtliche Struktur der Europäischen Union als Staatenverbund, in: *Bogdandy, Armin von* (Hrsg.), Europäisches Verfassungsrecht, Theoretische und dogmatische Grundzüge, 2003: „Die Europäische Gemeinschaft ist ein 'Staatenverbund zur Verwirklichung einer immer engeren Union der – staatlich organisierten – Völker Europas'“, S. 904. Dabei stützt sich *Kirchhof* auf BVerfGE 89, S. 155.

die Kompetenzverteilung nieder. Geht man von einer Föderalisierung der EU aus, so soll langfristig die Kompetenzübertragung von den Mitgliedstaaten auf die Union am stärksten sein. Ein Ansatz dieser Föderalisierung wurde in der Einführung des Prinzips der begrenzten Einzelermächtigung gesehen, das als föderalistisches Prinzip per se ausgelegt wird. Ein weiterer Schritt in diese Richtung ist die Einführung eines Kompetenzkatalogs in den Vertrag von Lissabon. Im zweiten Modell spielt das Prinzip der begrenzten Einzelermächtigung als Kompetenzbegrenzung eine große Rolle. Das Wort „begrenzt" wird zum Hauptbestandteil des Begriffs, so dass die EU nur begrenzter handeln sollte. Weiterhin wird die Kompetenzverteilung stark durch die zwei weiteren Prinzipien eingerahmt. Das Subsidiaritätsprinzip, das in dem Minimal-Verständnis des Prinzips als Schutz für das Handeln der Mitgliedstaaten betrachtet wird, da immer das untere Handlungsniveau privilegiert sein soll, und das Verhältnismäßigkeitsprinzip stellen in der traditionellen Auslegung Kompetenzausübungsschranken[158] dar. Die Tatsache, dass die EU nur handeln kann, wenn sie die Zuständigkeit dafür durch den Vertrag bekommen hat und dass sie nicht in der Lage ist, ihre Zuständigkeiten selbst zu bestimmen, ist deutlich ein Ausdruck des Einflusses des „Staatenverbund"-Modells. Der Unterschied zwischen einem föderalen Staat wie z. B. der Bundesrepublik Deutschland und der EU liegt folglich darin, dass laut Art. 70 GG die Länder dem Handeln des Bundes zugeordnet und hierin eher die Länder begrenzt sind. Im Gegensatz dazu ist die EU dem Handeln der Mitgliedstaaten zugeordnet und folglich eher die EU begrenzt.

Die Dualitäten der europäischen Modelle prägen somit stark die Organisation der Verteilung der Kompetenz zwischen der EU und ihren Mitgliedstaaten. Die Unmöglichkeit, sich deutlich für ein Modell zu entscheiden und die Notwendigkeit, beiden Ideologien gleichmäßig entgegenzukommen, führen dazu, dass diese Dualität weiterhin in den Verträgen Ausdruck findet. Dies führt zu dem eindeutigen Ergebnis der Unlesbarkeit und Auslegungsschwierigkeit der Verträge. Die föderale Variante der Finalität der europäischen Einigung scheint dennoch einen gewichtigen Nachteil zu haben. Diese Föderalisierung oder besser: dieser Föderalisierungsprozess entspricht nicht dem Ideal vieler Mitgliedstaaten (im Grunde eine Mehrheit) und einer beträchtlichen Zahl von Politikern und Bürgern. Da so viele Divergenzen zwischen den zwei europäischen Projekten und auch zwischen den Mitgliedstaaten bestehen, fragen sich manche Autoren, wie *Streinz*, „ob die Frage nach der Finalität der Europäischen Union befriedigend beantwortet werden kann oder auch werden muss".[159] Diese Debatte über die Finalität der EU kann nämlich durch die geschickten Kompromisse der Union als Wertegemeinschaft noch umgangen werden. Denn Verteidiger eines „Europe

158 Siehe *Streinz, Rudolf*, Europarecht, 2008, S. 64.

159 Siehe *Streinz, Rudolf,* Der europäische Verfassungsprozess, Grundlagen, Werte und Perspektiven nach dem Scheitern des Verfassungsvertrags und nach dem Vertrag von Lissabon, 2008, S. 16.

des nations“ oder diejenigen einer schrittweisen Föderalisierung können sich darüber einigen, dass die Mitgliedsstaaten der EU durch gemeinsame Werten vereinigt sind, und dass darin die Kraft der europäischen Einigung liege. Unter „Wertegemeinschaft“ ist, wie es *Kadelbach* zum Ausdruck bringt, zu verstehen: „Für die Europäische Union wird an ehesten Einigkeit darüber zu erzielen sein, dass gemeinsame Verfassungsprinzipien, wie sie in den Gründungsverträgen aufgeführt sind, ihre Grundlage bieten. Dies gilt für Breite und Tiefe der Integration gleichermaßen. Die Achtung der Grund- und Menschenrechte, der Demokratie und der Rechtsstaatlichkeit entscheidet sowohl über die Zulassung eines Landes zur Union (Art. 49 i.V.m. Art. 6 I EUV) als auch über den Fortbestand der vollwertigen Mitgliedschaftsrechte (Art. 7 i.V.m. 6 I EUV). Dieses Europa als ‘Wertegemeinschaft’ kann und soll indes unionsverfassungsrechtlich gesehen nicht mehr sein als ein äußerer Rahmen, mit dem das an die Union gerichtete Gebot zur Deckung zu bringen ist, ‘die nationale Identität ihrer Mitgliedstaaten’ zu achten (Art. 6 III EUV)“.[160] Zurzeit sind, wie oben unterstrichen, diese Werte in Art. 2 EUV[161] verankert. Mit dem Reformvertrag von Lissabon bekommen sie eine bedeutendere Stellung. Festgelegt werden sie feierlich in der Präambel[162] des Reformvertrags, und Art. 2 EUV[163] führt ausdrücklich diese Werte an.

In diesem Kontext und mit dem Scheitern des Verfassungsvertrags, der der EU zum ersten Mal so deutlich verfassungs- bzw. staatsähnliche Züge verleihen sollte, könnte der Vorschlag von *Sidjanski* eine Alternative darstellen: „Un noyau fédérateur institutionnel permettrait de franchir le seuil de l'intégration politique et de former une fédération européenne originale”[164]. Die Mitgliedstaaten, die sich für das Stadium einer Föderalisierung bereit fühlen, könnten folglich

160 Siehe *Kadelbach, Stefan*, Einleitung, in *Kadelbach, Stefan (Hrsg.)* Europäische Identität, Baden-Baden, 2008, S. 12.

161 Art.2 EUV: „Die Werte, auf die sich die Union gründet, sind die Achtung der Menschenwürde, Freiheit, Demokratie, Gleichheit, Rechtsstaatlichkeit und die Wahrung der Menschenrechte einschließlich der Rechte der Personen, die Minderheiten angehören. Diese Werte sind allen Mitgliedstaaten in einer Gesellschaft gemeinsam, die sich durch Pluralismus, Nichtdiskriminierung, Toleranz, Gerechtigkeit, Solidarität und die Gleichheit von Frauen und Männern auszeichnet.“

162 Art. 1 Abs. a der Präambel des EUV: „Schöpfend aus dem kulturellen, religiösen und humanistischen Erbe Europas, aus dem sich die unverletzlichen und unveräußerlichen Rechte des Menschen sowie Freiheit, Demokratie, Gleichheit und Rechtsstaatlichkeit als universelle Werte entwickelt haben“.

163 Art. 1 Abs. 1 EUV: „Die Werte, auf die sich die Union gründet, sind die Achtung der Menschenwürde, Freiheit, Demokratie, Gleichheit, Rechtsstaatlichkeit und die Wahrung der Menschenrechte einschließlich der Rechte der Personen, die Minderheiten angehören. Diese Werte sind allen Mitgliedstaaten in einer Gesellschaft gemeinsam, die sich durch Pluralismus, Nichtdiskriminierung, Toleranz, Gerechtigkeit, Solidarität und die Gleichheit von Frauen und Männern auszeichnet“.

164 Vgl. *Dusan Sidjanski*, L’approche fédérative de l’Union Européenne ou la Quête d’un fédéralisme européen inédit, in Etudes et Recherches n°14, Juillet 2001, S. 79.

entscheiden, die Integration in die gewünschte Föderalisierungsrichtung zu führen. Ein Kern von Mitgliedstaaten könnte entscheiden, die Integration so fortzusetzen, dass sie einen integrativeren Kreis bilden würden, während der Rest der Mitgliedstaaten weiterhin das „allgemeine“ Unionsrecht anwenden würde. Es würden dann mehrere Ebenen der Integration oder mit anderen Worten differenzierte Integrationsniveaus entstehen, eine stark integrative Ebene und eine „allgemeine“ integrative Ebene.

Die Struktur des europäischen Mehrebenensystems würde dann eine neue Dimension gewinnen. Es gäbe nicht nur verschiedene Verhandlungsebenen, wie in obigem Kapitel[165] betrachtet, sondern auch Kreise, die man als differenzierte Integrationskreise benennen könnte. Diese zwei neuen Kreise würden die zwei verschiedenen Stufen der europäischen Integration darstellen, und zwar wie oben spezifiziert, die stark integrative und die „allgemein“ integrative Ebene. Übertragen auf das Modell der europäischen Kreise bedeutet dies eine Überlagerung der konzentrischen Kreise. Jeder Hauptkreis (erster, zweiter und letzter) wäre verdoppelt: ein äußerer und ein innerer Kreis. Konkret bedeutet dies: außerhalb gibt es einen allgemeinen integrativen ersten Kreis und innerhalb einen stark integrativen ersten Kreis usw., bis zum Zentrum der Struktur.

Nicht nur im Kontext eines stärkeren integrativen Willens eines Kerns von Mitgliedstaaten ist das Model von *Sidjanski* von Interesse, sondern auch, wenn man die Schwierigkeiten bei der Ratifikation des Reformvertrags berücksichtigt.[166] Wenn 26 Mitgliedstaaten von einem Mitglied am Handeln gehindert worden sind, könnten einige geneigt sein, eine Gruppe zu bilden, um die notwendigen institutionellen Reformen verwirklichen zu können. Es bliebe dann dieser Gruppe von Mitgliedstaaten die Möglichkeit, sich innerhalb des von den Verträgen gegebenen institutionellen Rahmens für ein Modell zu entscheiden.

2- Der institutionelle Rahmen der differenzierten Integration

Der Vorschlag einer differenzierten Integration ist in der Tat eine häufig debattierte Frage. So wird sie von *Manin* wie folgt definiert: „L'on entend par intégration différenciée le fait qu'à l'intérieur de l'Union et des communautés, des Etats ou des groupes d'Etats sont ou peuvent être régis par des règles différentes des règles considérées comme générales, c'est à dire censées s'appliquer à

165 Siehe Teil I, A-II.

166 Am 12. Juni 2008 lehnten die Iren die Ratifikation des Vertrags von Lissabon per Volksabstimmung ab und blockierten somit die übrigen 26 Mitgliedsstaaten..
Dazu s.z. B. den Artikel von *Renterghem, Marion van*, Tchèques + Irlandais = euroscepticisme, Le Monde vom 13. Januar 2009.

tous".[167] Die Tatsache, dass innerhalb der Union die Integration nicht immer einheitlich und simultan verläuft, ist ein längst beobachtetes Phänomen. 1984 sprachen *Eberhard Grabitz* und *Constantin Iliopoulos* eher von abgestufter Integration, die „eine Spielart unvollständiger Integration"[168] darstelle. Sie erklärten diese uneinheitliche Integration wie folgt: „Der prozesshafte Charakter der europäischen Integration weist aber noch einen weiteren Aspekt auf. Integration der Volkswirtschaften bedeutet nicht stets Uniformität, die sich vor allem in *Einheitlichkeit* der neuen europäischen Rechtsordnung manifestiert. Bei näherer Analyse des Integrationsprozesses ist festzustellen, dass nicht alle Bereiche der Gemeinschaftspolitik einer in diesem Sinne *vollständigen Integration* unterworfen sind. *Eine vollständige Integration liegt nur vor, wenn eine Regelung von allen Mitgliedstaaten gleichzeitig angewandt wird*".[169] In den aufeinander folgenden Revisionen der Verträge hat sich jedoch das Spektrum der Möglichkeiten der differenzierten Integration vervielfältigt und verändert. Der Kern der Differenzierung hat sich von dem Unterschied zwischen vollständiger und unvollständiger Integration auf den Unterschied zwischen fortschrittlicher und minimaler Integrationsstufe verlagert. Es steht nun jedoch aus, den institutionellen Rahmen der differenzierten Integration festzustellen.

Seit dem Vertrag von Maastricht[170] ist der Begriff der „differenzierten Integration" mit dem Begriff „verstärkte Zusammenarbeit" in Verbindung gebracht worden. Dies bedeutet nicht, dass vor dem Vertrag von Maastricht die Logik der differenzierten Integration unbekannt war. Der Unionsvertrag beschränkt auch die differenzierte Integration nicht auf den Mechanismus der verstärkten Zusammenarbeit. Vielmehr ermöglicht der Unionsvertrag der differenzierten Integration eine bedeutende Entwicklung, die sich durch die Vielfalt der Mechanismen ausdrücken lässt. Es ist aber zu bemerken, dass durch die Einführung im Vertrag von Amsterdam[171] der Art. 43- 45 EUV und Art. 11 und 11a EGV die verstärkte Zusammenarbeit eine privilegierte Rahmenbedingung der differenzierten Integration darstellt.

---

167 „Unter differenzierter Integration versteht man, dass Staaten oder Staatengruppen innerhalb der Union und der Gemeinschaften von anderen Regeln bestimmt werden können oder sind, als die Regeln, die als allgemein gelten, das heißt für jeden anwendbar" (Übersetzung der Autorin), in: *Manin, Philippe*, Les aspects juridiques de l'intégration différenciée, in: Vers une Europe différenciée? Possibilité et limite, Paris, 1996, S. 9.

168 Siehe *Grabitz, Eberhard/ Iliopoulos, Constantin,* Typologie der Differenzierungen und Ausnahmen im Gemeinschaftsrecht, in: *Grabitz, Eberhard*, Abgestufte Integration, Kehl am Rhein, 1984, S. 32.

169 Siehe *Grabitz, Eberhard/ Iliopoulos, Constantin*, ebd., S. 32.

170 Der am 7. Februar 1992 in Maastricht unterzeichnete Vertrag über die Europäische Union trat am 1. November 1993 in Kraft.

171 Der am 2. Oktober 1997 unterzeichnete Vertrag von Amsterdam trat am 1. Mai 1999 in Kraft.

Eine Typologie der verschiedenen Formen der differenzierten Integration kann nach verschiedenen Schlüsseln erfolgen. Man könnte z. B. chronologisch vorgehen und eine Unterteilung zwischen der Zeit vor dem Unionsvertrag – der eine deutliche Änderung in dieser Problematik mit sich bringt – und der Zeit ab dem Unionsvertrag vornehmen. Hier wird jedoch eine andere Klassifizierung gewählt. Es wird zwischen der „negativen" und der „positiven" differenzierten Integration unterschieden.[172] Nach Untersuchung der verschiedenen Mechanismen, die zu einer differenzierten Integration führen, wurde klar, dass manche Mechanismen eher zum Ziel haben, eine abweichende Situation – meist weniger integrativ – als die gemeinschaftliche Situation zugunsten eines oder mehrerer Mitgliedstaaten zu schaffen. Hingegen fördern andere Mechanismen eher die Erreichung von integrativeren und höheren Zielen als in den Verträgen vorgesehen ist. Mit anderen Worten kann manche differenzierte Integration als negativ bezeichnet werden, da sie auf einen Ausschluss einer bestimmten Integrationsstufe – auch wenn dieser Ausschluss auf dem Willen der betroffenen Mitgliedstaaten beruht – eines oder mehrer Mitgliedstaaten basiert. Hingegen ist manche differenzierte Integration positiver Natur, da sie zu einer weiter fortgeschrittenen Integration tendiert.

Die von *Manin*[173] genannten zwei Triebkräfte der differenzierten Integration verstärken die Relevanz dieser Typologieauswahl. Zum einen ist die differenzierte Integration durch die Tatsache motiviert, dass nicht alle Mitgliedstaaten sich an einer anspruchsvollen gemeinschaftlichen Politik beteiligen möchten oder können, wie dies bei der Währungsunion der Fall ist. Daher entstehen differenzierte Integrationen, die im kommenden Abschnitt erläutert werden. Zum anderen haben bestimmte Mitgliedstaaten den politischen Willen und die Möglichkeit, eine engere europäische Integrationsstufe zu erreichen. Da dieser Wille nicht allen Mitgliedstaaten gemeinsam ist, ist es in diesem Fall naheliegend, diese höhere europäische Integration zunächst einmal untereinander, d.h. unter den Staaten, die den Willen dazu haben, zu verwirklichen. Somit entsteht eine positive differenzierte Integration.

Zusammengefasst kann die negative differenzierte Integration wie folgt definiert werden: durch Ausnahmen zugunsten eines oder mehrerer Mitgliedstaaten werden europäische Regelungen nicht gleichzeitig von allen Mitgliedstaaten ange-

172 Diese Typologie ist ein Vorschlag der Verfasserin und von den Begriffen „vollständige" und „unvollständige" Integration von *Grabitz* und *Iliopoulos* abgeleitet. Siehe ebd., S. 32. Dieter Freiburghaus spricht auch von der „negativen Integration", allerdings um die wirtschaftliche Integration zu bezeichnen. Näheres in: *Freiburghaus, Dieter,* Was ist negativ an der negativen Integration? Zur wirtschaftlichen Legitimation der europäischen Integration, in: *Cheneval, F./Utzinger, A./Dänzer, S. (Hrsg.),* Legitimationsgrundlagen der Europäischen Union, Münster, 2005, S. 79-94.

173 Siehe *Manin, Philippe*, ebd., S. 10.

wandt, um an die Theorie von *Grabitz* und *Iliopoulos*[174] anzuknüpfen. Die entstehende Differenzierung führt zu einer unvollständigen Integration und kann somit als negative differenzierte Integration bezeichnet werden. Demgegenüber ist im Falle einer positiven differenzierten Integration die Integration vollständig und die Mitgliedstaaten, für die die Differenzierung gilt, können über diese Integration hinausgehen, in dem sie untereinander eine noch engere Integration ins Leben rufen. Es entsteht eine positive differenzierte Integration.
Es geht hier dennoch nicht um eine erschöpfende und ausführliche Studie über die verschiedenen Mechanismen und Situationen, die zu einer differenzierten Integration geführt haben, was den Rahmen dieser Arbeit deutlich sprengen würde, sondern lediglich um eine Auswahl von solchen Mechanismen. Die Fälle werden daher im Folgenden nur grob skizziert.

a- Die " negativ" differenzierte Integration

Zunächst einmal kann man bemerken, dass die negative differenzierte Integration in der Dauer eher begrenzt (siehe z. B. Übergangsregelungen bei Beitrittsverträgen) sowie in ihrer Geltung zweckgebunden ist. D. h., dass sie nicht allgemein gelten, sondern dass sie eng an einen bestimmten Bereich gebunden sind. Dabei ist das Ziel nicht die Förderung von verschiedenen Integrationsniveaus, sondern die Erreichung einer einheitlichen Integration. Daher soll für die Mitgliedstaaten, die eine unionsrechtliche Abweichung verhandeln, die Möglichkeit erhalten bleiben, sich sobald wie möglich an die anderen Mitgliedstaaten anzuschließen. Somit ist diese Art von differenzierter Integration als in der Dauer begrenzt vorgesehen. Sie ist eher als Stufe zur Angleichung des Integrationsstands in der Union anzusehen.

(1)- Die Situation vor dem Unionsvertrag am Beispiel der ordre public-Vorbehalte der Grundfreiheiten

Die ordre public-Vorbehalte der Grundfreiheiten gestatten den Mitgliedstaaten von bestimmten gemeinschaftlichen Regelungen abzuweichen, insofern der oder die betroffenen Mitgliedstaaten die erforderlichen Bedingungen erfüllen oder sich eine bestimmte Situation zunutze machen können Diese Vorbehalte sind in den Verträgen vorgesehen, wie z. B. im freien Warenverkehr des Art. 36 AEUV. Sie stellen die niedrigste Stufe der differenzierten Integration dar. Fraglich ist zudem, ob sie unter die Bezeichnung der differenzierten Integration fallen, da sie eben von den Verträgen unter Erfüllung von bestimmten Bedingungen vorgesehen sind und alle diese Möglichkeiten für jeden Mitgliedstaat, der die erforderlichen Bedingungen erfüllt, offen sind. Sie stellen insofern keinen ausdrück-

---

174 Siehe *Grabitz, Eberhard/ Iliopoulos, Constantin*, ebd., S. 32.

lichen Willen eines bestimmten Mitgliedstaates dar, an einer oder eben nicht an einer solchen Entwicklung teilzunehmen. Vielmehr erlauben sie es jedem Mitgliedsstaat, in einer bestimmten Situation davon Gebrauch zu machen, vorausgesetzt, dass er die erforderlichen Bedingungen erfüllen kann. *Manin*[175] erkennt dennoch an, dass die ordre public-Vorbehalte der Grundfreiheiten die Möglichkeit einer differenzierten Integration erzeugen kann, wenn auch meist sowohl in der Dauer als auch im betroffenen Bereich eher begrenzt. Manche abweichende Klauseln, die auch schon früher in angehängten Protokollen festgelegt wurden, fallen eindeutig unter die Kategorie der differenzierten Integration, wie z. B. das Protokoll über den innerdeutschen Handel.[176] Zusammenfassend kann bemerkt werden, dass die abweichenden Klauseln die minimale Form der differenzierten Integration darstellen, auch wenn zahlreiche Beispiele ihrer Anwendung zu finden sind.

(2)- Die Entwicklung der negativen differenzierten Integration ab dem Unionsvertrag

(a)- Die Opt Out-Klausel

Die Opt Out-Klausel erlaubt einem oder mehreren Mitgliedstaaten, abseits einer gemeinschaftlichen Entwicklung zu bleiben. Im Gegensatz zu der abweichenden Klausel ist die Opt Out-Klausel dennoch stärker zweckgebunden. Sie ist ebenfalls nicht an die Erfüllung von Kriterien gebunden, sondern ist Ausdruck des Willens eines oder mehrerer Mitgliedstaaten, für eine unbestimmte Zeit gezielt an den betreffenden Integrationsschritten nicht teilzunehmen. Diese Klausel wird anhand eines Protokolls an die Verträge angehängt. Wenn sie also in ihrer Geltung und/oder Dauer eher begrenzt ist, produziert sie de facto eine differenzierte Integration, da neben der üblichen gemeinschaftsrechtlichen Situation in einem gegebenen Bereich eine außerordentliche Rechtslage für den oder die betroffenen Mitgliedstaaten entsteht. Die Opt Out-Klausel fällt eindeutig unter die Typologie der negativen differenzierten Integration, da die entstandene außerordentliche Rechtslage als erklärtes Ziel den Ausschluss aus einer fortschrittlicheren Integrationsstufe für den oder die betroffenen Mitgliedstaaten hat. Diese bleiben meistens für eine unbestimmte Zeit außerhalb der allgemeinen Entwicklung. Die entstandene Differenzierung in den Integrationsniveaus ist das Ergebnis eines Ausschlussmechanismus und ist somit negativ. Ein klassisches Beispiel dafür wäre die Opt Out- Klausel zugunsten Großbritanniens und Dänemarks im Rahmen der dritten Verwirklichungsphase der Wirtschafts- und Währungsunion-.

---

175 Siehe *Manin, Philipp*, ebd., S. 11-13.

176 Siehe Anhänge zum Vertrag zur Gründung der Europäischen Wirtschaftsgemeinschaft von 1957.

Die Klausel räumte für diese beiden Mitgliedstaaten die Möglichkeit ein, sich an der dritten Phase der Wirtschafts- und Währungsunion- zu beteiligen, nur wenn sie sich dafür aussprechen. So das Protokoll 25, angehängt an den EGV (Fassung 1992): „das Vereinigte Königreich [ist] nicht gezwungen oder verpflichtet, ohne einen gesonderten diesbezüglichen Beschluss seiner Regierung und seines Parlaments in die dritte Stufe der Wirtschafts- und Währungsunion einzutreten". Zur Dauer dieser Situation sieht Art. 1 des Protokolls 25 vor, dass „das Vereinigte Königreich dem Rat [notifiziert], ob es den Übergang zur dritten Stufe beabsichtigt, bevor der Rat die Beurteilung nach Artikel 121 Absatz 2 dieses Vertrags vornimmt. Sofern das Vereinigte Königreich dem Rat nicht notifiziert, dass es zur dritten Stufe überzugehen beabsichtigt, ist es dazu nicht verpflichtet". Ähnlich Art. 1 des Protokolls 26, angehängt an den EGV (Fassung 1992): „Die dänische Regierung notifiziert dem Rat ihren Standpunkt bezüglich der Teilnahme an der dritten Stufe, bevor der Rat seine Beurteilung nach Artikel 121 Absatz 2 dieses Vertrags vornimmt". Infolgedessen sieht Art. 2 des Protokolls 26 Folgendes vor: „Falls notifiziert wird, dass Dänemark nicht an der dritten Stufe teilnehmen wird, gilt für Dänemark eine Freistellung. Die Freistellung hat zur Folge, dass alle eine Ausnahmeregelung betreffenden Artikel und Bestimmungen dieses Vertrags und der Satzung des ESZB auf Dänemark Anwendung finden". Die Dauer der außerordentlichen Rechtslage für Dänemark ist wie im Fall Großbritanniens nicht vorgesehen. Nur im Falle eines ausdrücklichen Antrags Dänemarks kann es künftig zur dritten Stufe der Währungsunion übergehen. So Art. 4 des Protokolls 26: „Zur Aufhebung der Freistellung wird das Verfahren nach Artikel 121 Absatz 2 nur dann eingeleitet, wenn Dänemark einen entsprechenden Antrag stellt".[177]

Zu bemerken ist, dass es sich hierbei um zwei Protokolle mit unterschiedlichem Wortlaut handelt und nicht um ein Protokoll für beide Mitgliedstaaten oder auch zwei Protokolle mit demselben oder sehr ähnlichem Wortlaut. Es unterstreicht, dass die Opt Out-Klausel fallgebunden ist, und dass sie insbesondere den Willen eines Mitgliedstaats widerspiegelt. Wenn die Form der Protokolle 25 und 26 sich dennoch deutlich unterscheiden lässt, der Inhalt selbst weist kaum Unterschiede auf. Jedoch gibt es möglicherweise eine größere und deutlichere Abneigung – fast eine Ablehnung – der Teilnahme an einer dritten Stufe der Währungsunion im Fall Großbritanniens. Dies zeigt sich durch die Wahl einer Art Protokollspräambel, die festlegt - wie oben bereits zitiert -, dass „das Vereinigte Königreich nicht gezwungen oder verpflichtet [ist], ohne einen gesonderten diesbezüglichen Beschluss seiner Regierung und seines Parlaments in die dritte Stufe der Wirtschafts- und Währungsunion einzutreten".

177 Näheres dazu in *Manin, Philippe*, Les aspects juridiques de l'intégration différenciée, in: Vers une Europe différenciée? Possibilité et limite, Paris, 1996, S. 16.

Das Beispiel der Opt Out-Klausel zugunsten Großbritanniens und Dänemarks im Rahmen der dritten Verwirklichungsphase der Wirtschafts- und Währungsunion zeigt deutlich, inwiefern die Ablehnung einer oder mehrerer Mitgliedstaaten zu einer engeren Integrationsstufe überzugehen zu einer gestuften Integration führt, d.h. zu einer negativen differenzierten Integration.

(b)- Differenzierte Integration durch spezielle Abkommen

Als Beispiel für diesen Mechanismus kann der Abschluss eines Abkommens über die Sozialpolitik zwischen elf Mitgliedstaaten ohne Großbritannien genannt werden. Bei der Verhandlung über den Unionsvertrag zeigte sich Großbritannien abgeneigt, die gemeinschaftliche Kompetenz für die Sozialpolitik zu erweitern. Die übrigen Mitgliedstaaten wollten hingegen die EG mit Kompetenzen ausstatten, die in damaligen Art. 117-122 EGV (konsolidierte Fassung 1992)[178] nicht in ihrem Kompetenzbereich lagen. Nicht die Option der Opt Out-Klausel wurde diesmal in Erwägung gezogen, sondern ein anderer Mechanismus, um für die elf anderen Mitgliedstaaten einen weiteren Integrationsschritt nicht zu verhindern. Und zwar wurde ein Abkommen zwischen „den Mitgliedstaaten der Europäischen Gemeinschaft mit Ausnahme des Vereinigten Königreichs Großbritannien und Nordirland“[179] über die Sozialpolitik abgeschlossen. Diese elf Mitgliedstaaten – das Königreich Belgien, das Königreich Dänemark, die Bundesrepublik Deutschland, die Griechische Republik, das Königreich Spanien, die Französische Republik, die Republik Irland, die Italienische Republik, das Großherzogtum Luxemburg, das Königreich der Niederlande und die Portugiesische Republik – erweiterten also dadurch die Kompetenzen der EG in der Sozialpolitik durch weitere Bereiche, die nicht durch den EGV abgedeckt waren.[180] Diese Mitgliedstaaten waren durch das Protokoll über die Sozialpolitik ermächtigt, „die Organe, Verfahren und Mechanismen des Vertrags in Anspruch zu nehmen, um die erforderlichen Rechtsakte und Beschlüsse zur Umsetzung des genannten Abkommens untereinander anzunehmen und anzuwenden, soweit sie betroffen sind“. Das Protokoll sah weiterhin vor, dass „das Vereinigte Königreich Großbritannien und Nordirland nicht beteiligt ist, wenn der Rat über die Vorschläge, welche die Kommission aufgrund dieses Protokolls und des genannten Abkommens unterbreitet, berät und diese annimmt“.[181] Als direkte Konsequenz hiervon ist die Stimmengewichtung der qualifizierten Mehrheit in diesem Bereich geändert.

---

178 Siehe Art. 117-122 EGV konsolidierte Fassung 1992, Amtsblatt vom 31. August 1992 Nr. C 224, S. 45-46.

179 Siehe Protokoll über die Sozialpolitik, ebd., S. 126.

180 Siehe *Manin, Philippe*, ebd., S. 17-18.

181 1 und 2 des Protokolls über die Sozialpolitik, ebd., S. 126.

Die elf Mitgliedstaaten und die Gemeinschaft haben als Ziele „die Förderung der Beschäftigung, die Verbesserung der Lebens- und Arbeitsbedingungen, einen angemessenen sozialen Schutz, den sozialen Dialog, die Entwicklung des Arbeitskräftepotentials im Hinblick auf ein dauerhaft hohes Beschäftigungsniveau und die Bekämpfung von Ausgrenzungen".[182] Die Kompetenzerweiterung bleibt dennoch eher von begrenzter Natur. Die erweiterten Kompetenzen der Gemeinschaft im Bereich der Sozialpolitik gehören vielmehr der Kategorie der unterstützenden Zuständigkeiten[183] an. Sie „unterstützt und ergänzt [...] die Tätigkeit der Mitgliedstaaten" [184] und sie fördert „den Dialog zwischen den Sozialpartnern"[185]. Infolgedessen besteht ihre Rechtsetzungsmacht im Erlass von Richtlinien nach „dem Verfahren des Artikels 189 c"[186] EGV, die Mindeststandards unter Berücksichtigung der in den einzelnen Mitgliedstaaten bestehenden Bedingungen und technischen Regelungen festlegen. In sensibleren Bereichen, wie z. B. dem Schutz der Arbeitnehmer bei Beendigung des Arbeitsvertrags oder Beschäftigungsbedingungen der Staatsangehörigen dritter Länder, die sich rechtmäßig im Gebiet der Gemeinschaft aufhalten, beschließt der Rat dagegen einstimmig. [187] Die Vorsicht und die Abgrenzung lassen sich leicht durch die große Heterogenität in der Organisation der jeweiligen nationalen Sozialpolitiken erklären, die stets einer tiefgehenden Harmonisierung im Wege steht. Teil dieser Problematik ist auch die Materie selbst, die die oft angespannten Beziehungen zwischen den Sozialpartnern widerspiegelt. Dennoch wollten elf Mitgliedstaaten einen Versuch machen, ein engeres Integrationsniveau im Bereich der Sozialpolitik zu erreichen. Die Mitgliedstaaten sollten nicht durch die Abneigung eines Mitgliedstaates aufgehalten werden, weitere Schritte in Richtung einer engeren Integration in diesem Bereich zu wagen.

---

182 Art. 1 des Abkommens zwischen den Mitgliedstaaten der Europäischen Gemeinschaft mit Ausnahme des Vereinigten Königreichs Großbritannien und Nordirland über die Sozialpolitik beigefügt zum Protokoll über die Sozialpolitik, Amtsblatt vom 31. August 1992 Nr. C 224, S. 127.

183 Nach der Klassifikation von *Streinz, Rudolf/Ohler, Christoph/Herrmann, Christoph,* Der Vertrag von Lissabon zur Reform der EU, Einführung mit Synopse, München, 2. Aufl., 2010, S. 109.

184 Art. 2 Abs. 1 des Abkommens zwischen den Mitgliedstaaten der Europäischen Gemeinschaft mit Ausnahme des Vereinigten Königreichs Großbritannien und Nordirland über die Sozialpolitik beigefügt zum Protokoll über die Sozialpolitik, ebd., S. 127.

185 Art. 3 des Abkommens zwischen den Mitgliedstaaten der Europäischen Gemeinschaft mit Ausnahme des Vereinigten Königreichs Großbritannien und Nordirland über die Sozialpolitik beigefügt zum Protokoll über die Sozialpolitik, ebd., S. 128.

186 Art. 2 Abs. 2 des Abkommens zwischen den Mitgliedstaaten der Europäischen Gemeinschaft mit Ausnahme des Vereinigten Königreichs Großbritannien und Nordirland über die Sozialpolitik beigefügt zum Protokoll über die Sozialpolitik, ebd., S. 127.

187 Art. 2 Abs. 3 des Abkommens zwischen den Mitgliedstaaten der Europäischen Gemeinschaft mit Ausnahme des Vereinigten Königreichs Großbritannien und Nordirland über die Sozialpolitik beigefügt zum Protokoll über die Sozialpolitik, ebd., S. 127.

Im Bereich der Sozialpolitik entstand de facto eine differenzierte Integration, da in diesem Bereich elf Mitgliedstaaten eine stärkere Kompetenzübertragung zugunsten der EG durch den Abschluss eines speziellen Abkommens als Vertragzusatz veranlasst hatten, während Großbritannien außerhalb dieser Entwicklung blieb. Die Tatsache, dass es sich im Gegensatz zu der Verwirklichung der dritten Phase der Währungsunion hier nicht um einen ganzen Bereich handelte, sondern um eine bestimmte Kompetenzerweiterung innerhalb eines Bereichs, erklärt möglicherweise, warum die Mitgliedstaaten nicht die Option der Opt Out Klausel gewählt haben. Anstelle dessen haben die elf Mitgliedstaaten, die für diesen Schritt bereit waren, ein spezielles Abkommen abgeschlossen, das die erzielte Kompetenzübertragung zugunsten der EG ermöglichte.

Weniger deutlich als im Falle der Opt Out-Klausel ist im Falle des speziellen Abkommens, ob die Klassifizierung als negative differenzierte Integration zutreffend ist. Da der Hintergrund dieses Abkommens der Wille von elf Mitgliedstaaten war, eine fortschrittliche Integrationsstufe im Bereich der Sozialpolitik zu erreichen, kann dieser Mechanismus der Typologie der positiven differenzierten Integration zugeordnet werden. Ausschlaggebend ist hier aber, dass dieses spezielle Abkommen ausdrücklich abgeschlossen wird, um einen Mitgliedstaat[188] auszuschließen. Ein Ausschluss, der wiederum notwendig geworden ist, durch die unüberwindbare Ablehnung des ausgeschlossenen Mitgliedstaats, der EG erweiterte Kompetenzen zu verleihen. Damit es eine fortschrittlichere Integrationsstufe geben kann, muss ein Mitgliedstaat ausgeschlossen werden. Daher wird eine Anbindung an die Typologie der negativen differenzierten Integration gewählt. Dafür spricht auch, dass im Gegensatz zur Opt Out-Klausel hier kein Ende dieser Differenzierung vorgesehen ist. In den oben dargestellten Beispielen war in den Klauseln eine Möglichkeit für die betroffenen Mitgliedstaaten festgelegt, nach ausdrücklichem Wunsch die Freistellung aufzuheben. Hier ist es nicht der Fall und es unterstreicht die Ablehnung von Großbritannien gegenüber dem Vorhaben der elf anderen Mitgliedstaaten, das sich nicht einmal in unbestimmter Zukunft eine Beteiligung an dieser Integrationsstufe vorstellen will. Die Geltung und die Dauer dieses Mechanismus sind daher von verbindlicher und tiefgehender Natur. Um diese Situation zu ändern, d.h. um die Kompetenzerweiterung zugunsten der EG an Großbritannien zu erweitern, sollte das spezielle Abkommen von den elf Mitgliedstaaten aufgehoben und gleichzeitig der EGV verändert werden,[189] damit die neue Regelung für alle Mitgliedstaaten in Kraft treten konnte. Dies sollte sich mit dem Vertrag von Amsterdam[190] verwirklichen. Tatsächlich wurden die Art. 117-120 EGV von dem Vertrag von Amsterdam so

188 Siehe Wortlaut des Abkommens: „Abkommen zwischen den Mitgliedstaaten der Europäischen Gemeinschaft mit Ausnahme des Vereinigten Königreichs Großbritannien und Nordirland“, Protokoll über die Sozialpolitik, ebd., S. 127.

189 Siehe *Manin, Philippe*, ebd., S. 18.

190 Der Vertrag von Amsterdam wurde am 2. Oktober 1997 unterzeichnet und trat am 1. Mai 1999 in Kraft.

verändert, dass die Bestimmungen des speziellen Abkommens über die Sozialpolitik zwischen elf Mitgliedstaaten weitgehend übernommen worden sind. Ein bedeutsamer Unterschied bleibt die Bedeutung, die der Sozialcharta von 1989 zuerkannt wird. Während das Abkommen in seinen Erklärungen[191] der Sozialcharta einen prägenden Rang verleiht, weist Art. 117 EGV (nun Art. 151 AEUV) darauf hin, dass die „Gemeinschaft und die Mitgliedstaaten eingedenk der sozialen Grundrechte, wie sie [...] in der Gemeinschaftscharta der sozialen Grundrechte der Arbeitnehmer von 1989 festgelegt sind, folgende Ziele verfolgen.[192] Diese Wortlautänderung ist eine Konzession an Großbritannien, das keineswegs für eine künftige umfassende Umsetzung auf gemeinschaftlicher Ebene der Sozialcharta von 1989 bereit war. Auch wenn hier die differenzierte Integration an die Typologie der negativen differenzierten Integration angegliedert ist, wird deutlich, dass eine solche Differenzierung den Weg zu einer engeren Integration in einem bestimmten Bereich lang- oder mittelfristig ebnen kann.

Abschließend zu Punkt a kann bemerkt werden, dass es das Hauptinteresse ist, verschiedene Integrationsniveaus entstehen zu lassen – auch wenn sie zunächst einmal durch eine Ablehnung eines oder mehrerer Mitgliedstaaten motiviert sind, eine engere Integrationsstufe zu erreichen –, damit sich die Dynamik des integrativeren Kreises auf den weniger integrativen Kreis übertragen kann, um wieder an der Theorie von *Sidjanski*[193] anzuknüpfen. Ziel einer solchen Differenzierung ist sicherlich die Anbindung des weniger integrativen Kreises an den integrativeren Kreis, jedoch nicht auf Dauer die Koexistenz von allgemeinen und außerordentlichen gemeinschaftlichen Regelungen, die unvermeidbar zu einem *Europe à la carte* führen würden, und somit die Realität des gemeinschaftlichen Besitzstands erschüttern würden.

b- Die „positiv“ differenzierte Integration

Die positiv differenzierte Integration erfolgt, wenn eine Gruppe von Mitgliedstaaten sich zusammenschließt, um in einem bestimmten Bereich höhere und integrativere Ziele zu erreichen, als sie in diesen Verträgen vorgesehen sind. Dadurch entstehen verschiedene Integrationsstufen, da für die beteiligten Mitgliedstaaten nach eigenem Wunsch integrativeres Unionsrecht gilt, während für die nicht beteiligten Mitgliedstaaten das Integrationsmaß nicht über den in den Verträgen festgelegten Maßstab hinausgeht. Ausschlaggebend ist für die Bezeichnung „positiv“, dass die Motivation des Zusammenschlusses der beteiligten

191 „In dem Wunsch, die Sozialcharta von 1989 ausgehend vom gemeinschaftlichen Besitzstand umzusetzen“, Abkommen über die Sozialpolitik, in: Protokoll über die Sozialpolitik, Amtsblatt Nr. C 191, S. 90-93.

192 Siehe EGV (Fassung 1997), Amtsblatt Nr. C. 340.

193 Siehe *Sidjanski, Dusan*, L'approche fédérative de l'Union Européenne ou la Quête d'un fédéralisme européen inédit, in: Etudes et Recherches n°14, Juillet 2001, S. 79.

Mitgliedstaaten die Erreichung eines fortschrittlicheren Stadiums der europäischen Integration ist. Solche differenzierten Integrationen sind normalerweise zeitlich dauerhafter als die negative differenzierte Integration, da sie eine Art Integrationslabor darstellen. Die daraus gewonnenen Erfahrungen sollen dazu dienen, mittel- oder langfristig das Bestehen der verschiedenen Integrationskreise zu überwinden. Ziel ist es, die Mitgliedstaaten des weniger integrativen Kreises für eine Anhebung des Integrationsniveaus innerhalb der ganzen EU zu gewinnen. Die an dem Zusammenschluss beteiligten Mitgliedstaaten müssen oder sollten daher Möglichkeiten für die nicht beteiligten Mitgliedstaaten herstellen, sich an der Entwicklung zu beteiligen.
Diese Erfordernisse finden sich in den Worten des belgischen Ministerpräsidenten *Tindemans*[194] in seinem bekannten Bericht von 1975:

> „Il faut admettre que:
> - dans le cadre communautaire d'une conception d'ensemble de l'Union européenne…
> - et sur la base d'un programme d'action établi dans un domaine déterminé par les institutions communes et admis quant à son principe par tous
> 1) Les Etats qui sont en mesure de progresser ont le devoir d'aller de l'avant,
> 2) Les Etats qui ont des motifs que le Conseil, sur proposition de la Commission, reconnaît comme objectivement valables de ne pas progresser ne le font pas,
> - tout en recevant des autres Etats, l'aide et l'assistance qu'il est possible de leur donner afin qu'ils soient en mesure de rejoindre les autres
> - et en participant au sein des institutions communes à l'évaluation des résultats obtenus dans le domaine considéré.
> Il ne s'agit pas ici d'une Europe à la carte: l'accord de tous dans le but final à atteindre en commun lie chacun, ce n'est que l'exécution qui est échelonnée dans le temps".

Tindemans verteidigt eine pragmatische Sichtweise der differenzierten Integration. Manche gemeinschaftlichen Ziele können nicht auf einen Schlag erreicht werden. Die Differenzierung bezieht sich nicht auf die Endziele (höhere Integrationsstufen), die alle Mitgliedstaaten binden, sondern auf die Durchführung dieser Ziele. Diese Durchführung kann in der Zeit abgestuft sein, da manche Mitgliedstaaten schneller und manche langsamer diese Ziele erreichen können („ce n'est que l'exécution qui est échelonnée dans le temps"). Auch positive differenzierte Integrationen sollten nicht auf Dauer parallel zu der üblichen gemeinschaftlichen Integration existieren. Vielmehr sollten sie als Möglichkeit gesehen werden, weitere Integrationsschritte zu bereiten.

---

194 Zitiert von *Jacqué, Jean-Paul*, L'intégration différenciée de lege ferenda, in: L'intégration différenciée, Brussel, 1986, S. 19-20.

An dieser Stelle geht die Analyse in die Betrachtung von konkreten Beispielen über.

(1)- Der Fall von regionalem Zusammenschluss zwischen Mitgliedstaaten

Ein Beispiel dieser Kategorie von differenzierter Integration stellt der Zusammenschluss zwischen Belgien, den Niederlanden und Luxemburg dar.
So stipuliert Art. 350 AEUV: „Dieser Vertrag steht dem Bestehen und der Durchführung der regionalen Zusammenschlüsse zwischen Belgien und Luxemburg sowie zwischen Belgien, Luxemburg und den Niederlanden nicht entgegen, soweit die Ziele dieser Zusammenschlüsse durch Anwendung dieses Vertrags nicht erreicht sind".
Diese Bestimmung will verhindern, dass der regionale Zusammenschluss zwischen diesen drei Mitgliedstaaten durch die Anwendung des Gemeinschaftsrechts aufgelöst oder in seiner Entwicklung behindert wird. Aufgrund dieser Vorschrift können die drei betroffenen Mitgliedstaaten deshalb, abweichend von den gemeinschaftsrechtlichen Vorschriften, die im Rahmen ihres Zusammenschlusses geltenden Vorschriften anwenden, soweit dieser Zusammenschluss weiter fortgeschritten ist als die Errichtung des Gemeinsamen Marktes".[195] Der EuGH sieht im Urteil Pakvries als zentrales Gültigkeitskriterium für den Benelux-Zusammenschluss an, dass der Entwicklungstand dieses Zusammenschlusses weiter fortgeschritten sein soll als der des Gemeinsamen Marktes. Nur wenn die Ziele des regionalen Zusammenschlusses in den bestehenden Verträgen nicht erreicht sind, können die Benelux-Staaten vom Gemeinschaftsrecht abweichende Regelungen anwenden. Somit wird ein engerer Integrationsschritt nicht verhindert. Sobald dennoch diese abweichenden Regelungen auch von Gemeinschaftsrecht abgedeckt werden, können sie nicht mehr gerechtfertigt werden. Sie können sogar gemeinschaftsrechtwidrig sein, da sie einer einheitlichen Auslegung und Anwendung des Gemeinschaftsrechts zuwiderlaufen können.

Mit den Integrationsfortschritten, vor allem bezüglich der Entwicklung der Freizügigkeit im Binnenmarkt, verliert de facto eine solche differenzierte Zusammenarbeit an konkreter Spezifizität, da die gemeinschaftlichen Regelungen genauso, wenn nicht sogar weiter fortgeschritten sind als die des besagten regionalen Zusammenschlusses.[196] Je mehr die Ziele dieses Zusammenschlusses durch die gemeinschaftlichen Regelungen erfasst und erreicht werden, desto mehr an Relevanz verlieren sie. Dennoch besteht der Zusammenschluss von Benelux heute noch und wird im Art. 350 AEUV festgelegt. Insofern ist dieser Mecha-

---

195 EuGH, Rs. 105/83 vom 16. Mai 1984, Pakvries, Slg. 1984, S. 2101.

196 Näheres dazu in *Manin, Philippe*, Les aspects juridiques de l'intégration différenciée, in Vers une Europe différenciée? Possibilité et limite, Paris, 1996, S. 13.

nismus in seiner Dauer nicht von begrenzter Natur, da der Zusammenschluss zwischen den Benelux-Staaten seit dem EWG-Vertrag besteht. Die dadurch entstehende Differenzierung ist in der Tat kontinuierlich und besteht parallel zu der üblichen europäischen Integration. Man sollte dennoch nicht zu dem Schluss kommen, dass im Gegensatz zu der Doktrin von *Tindemans* diese Differenzierung ohne Bestrebungen, das gemeinschaftliche Integrationsniveau anzugleichen, weiter besteht. In der Tat sind die Integrationsunterschiede zwischen den Benelux-Staaten und den anderen Mitgliedstaaten durch die Entwicklung der europäischen Integration im Vergleich zur ursprünglichen Bedeutung des Zusammenschlusses abgeschwächt worden, so dass viele einstige Errungenschaften dieses Zusammenschlusses nun in den gemeinsamen Topf des Unionsrechts gefallen sind.

Der Fall des regionalen Zusammenschlusses der Benelux-Union ist jedoch nicht nur unter historischem Blickwinkel interessant. Er kann quasi als Vorläufer der später festgelegten und verallgemeinerten verstärkten Zusammenarbeit gelten. Vor allem die vom EuGH ausgelegten und weiter entwickelten Kriterien[197] dienen als Grundlage für den durch den Unionsvertrag eingeführten Mechanismus der verstärkten Zusammenarbeit (siehe kommender Punkt).

(2)- Verallgemeinerung und Anerkennung der differenzierten Integration durch den Unionsvertrag: die verstärkte Zusammenarbeit

(a)- Die Entwicklung der verstärkten Zusammenarbeit in den aufeinander folgenden Verträgen

Zunächst einmal handelt es sich hier nicht um eine umfassende Darstellung der Entwicklung der verstärkten Zusammenarbeit, sondern vielmehr um eine Skizzierung dieser Entwicklung.

Das Konzept von verstärkter Zusammenarbeit wurde von dem Vertrag von Maastricht in Titel IVa. eingeführt. Ergänzt und verdeutlicht wurde das Konzept in den folgenden Verträgen. Derzeit ist der Rahmen der verstärkten Zusammenarbeit in Art. 20 EUV und Art 326-334 AEUV festgelegt.

Der herausragende Unterschied zwischen dem Verfahren des Art. 20 EUV und der oben beschriebenen Differenzierung der Integration besteht darin, dass es nun ein allgemeines Verfahren einführt, das differenzierte Integration erzeugen kann. Die bisherigen Mechanismen sind sozusagen eher in der Logik des Moments entstanden. Denkt man lediglich an die Opt Out-Klausel, stellen sie meis-

197 Z.B. in Urteil Pakvries ebd. oder in Urteil Nederlandse spoorwegen vom 19. November 1975, EuGH, Rs. 38/75, Slg. 1975, S. 1439.

tens Kompromisse dar, die eine gemeinsame Entwicklung der europäischen Einigung ermöglichen können. Die Kodifizierung des Verfahrens der verstärkten Zusammenarbeit in den Verträgen bietet nun für die Mitgliedstaaten eine anspruchvollere Dimension. So *Brackhane*: „Von den bis zu diesem Zeitpunkt praktizierten Anwendungsfällen differenzierter Integration unterscheiden sich jedoch die durch den Vertrag von Amsterdam neu in die Verträge aufgenommenen und durch den Vertrag von Nizza weiterentwickelten vertraglichen Differenzierungsermächtigungen dadurch, dass es sich bei ihnen um allgemeine Differenzierungsermächtigungen handelt, die sich nicht auf Ausnahmeregelungen für einzelne Bereiche beschränken, sondern die grundsätzliche Möglichkeit des Rückgriffs auf differenzierte Integration als Integrationsstrategie eröffnen“.[198] Wie Daniel Thym es zusammenfasst ist „hiernach [...] die verstärkte Zusammenarbeit überall dort zulässig, wo die Vorraussetzung des Art. [20 EUV] nicht entgegenstehen und die Institutionen die Errichtung einer verstärkten Zusammenarbeit für wünschenswert erachten“.[199]

(b)- Die Kernbedeutung der verstärkten Zusammenarbeit

Auch wenn *Schuman* bewusst war, dass „Europa sich nicht mit einem Schlage herstellen lässt und auch nicht durch eine bloße Konstruktion“, war die Errichtung eines *Europe à la carte* sicherlich nicht das Ziel der Gründungsväter, als sie die europäische Einigung planten und später durch die Verträge von Paris und Rom verwirklichten. Mit den Bestimmungen des Art. 20 EUV stellt sich die Frage, ob nicht dadurch ein Paradigmenwechsel eingetreten ist. In der Tat stellt die Anerkennung einer allgemeinen differenzierten Integrationsmöglichkeit, wie aus dem Art. 20 EUV zu entnehmen ist, einen Mentalitätswechsel dar. Denn darin liegt der gravierende Unterschied zu allen bis jetzt benutzten Mechanismen, die zur differenzierten Integration geführt haben. Deren Geltung war per se nicht allgemein. Deren Grenzen waren deutlich und nicht ausdehnbar. Dennoch soll der Begriff der Verallgemeinerung der differenzierten Integration, die durch den Mechanismus der verstärkten Zusammenarbeit eingeführt ist, nicht in die Irre führen. Eine Blanko-Unterschrift wird dadurch nicht an die Mitgliedstaaten gegeben, sich von allen verfolgten Zielen der EU und gemeinschaftlichen Verpflichtungen loszusprechen. Denn die Möglichkeiten, die die verstärkte Zusammenarbeit den Mitgliedstaaten bietet, sind streng gefasst. Das Prinzip der Unionstreue des Art. 4 Abs. 3 EUV verpflichtet weiterhin die Mitgliedstaaten, die eine verstärkte Zusammenarbeit begründen wollen. Auch kann durch eine solche

---

198 Siehe *Brackhane, Birgit,* Differenzierte Integration im Recht der Europäischen Union, Baden-Baden, 2008, S.

199 Siehe, *Thym, Daniel*, Ungleichzeitigkeit und europäisches Verfassungsrecht, Die Einbettung der verstärkten Zusammenarbeit, des Schengener Rechts und anderer Formen von Ungleichzeitigkeit in den Einheitlichen rechtlichen institutionellen Rahmen der Europäischen Union, Baden Baden, 2003, S. 45.

Zusammenarbeit eine Abweichung vom gemeinschaftlichen Besitzstand erreicht werden.

Beruhend auf der bis dahin gesammelten Erfahrung und der gemeinschaftlichen Rechtsprechung[200] bietet Art. 20 EUV, ergänzt in Art. 326-334 AEUV, eine Möglichkeit für die Mitgliedstaaten, „die untereinander eine verstärkte Zusammenarbeit [...] begründen wollen, [...] die Organe der Union in Anspruch [zu] nehmen“, sofern die verstärkte Zusammenarbeit dazu dient „die Verwirklichung der Ziele der Union zu fördern, ihre Interessen zu schützen und ihren Integrationsprozess zu stärken“. Der Reformvertrag setzt den Akzent auf die Verwirklichung der Ziele der Union, während es der ehemalige Art. 43 lit. a EUV lediglich auf die Förderung der Ziele der Union und der Gemeinschaft abgesehen hatte. Die Einführung des Wortes „Verwirklichung“ setzt hingegen eine pragmatische Nutzung des Verfahrens voraus.

Nicht ohne Grund wurde in dieser Arbeit die verstärkte Zusammenarbeit in die Kategorie positive differenzierte Integration eingeordnet. Ausschlaggebend für die Begründung einer solchen Zusammenarbeit, in Abgrenzung zu der bereits geltenden, ist der Wille der beteiligten Mitgliedstaaten für eine fortschrittlichere Integration.

Die sukzessiven Ratifizierungskrisen (des Verfassungsvertrags und danach des Reformvertrags) sowie ein offensichtliches Defizit im einheitlichen Auftreten in Fragen der Außenpolitik (z.B. Irak-Krieg) waren Anlass dafür, die Triftigkeit des „Europas der verschiedenen Geschwindigkeiten“[201] zu überprüfen und zu debattieren. Bei dieser Frage gewann der Mechanismus der verstärkten Zusammenarbeit an Anwendungsperspektiven. Denn die Idee, dass eine Gruppe von Mitgliedstaaten „dem Integrationsprozess den notwendigen Impuls“[202] geben könne, zeigte sich da als attraktiv, wo die Einheitsdefizite offensichtlich wurden. Ob unter dem Begriff „Kerneuropa“ [203] oder „noyau fédérateur“, die Alternative eines „Europa der verschiedenen Geschwindigkeiten“ wurde wie eine „Lokomotive“[204]gesehen, die die europäische Integration vorantreiben sollte.

Durch das Inkrafttreten des Reformvertrags haben diese Fragen, zumindest für die Außendarstellung der EU, an Bedeutung verloren. Es gibt das Amt des Au-

200 Z.B. s. dazu Pakvries, ebd..

201 Siehe z.B. *Derrida, Jacques/Habermas Jürgen,* Unsere Erneuerung, Nach dem Krieg: Die Wiedergeburt Europas, Frankfurter Allgemeine Zeitung vom 31. Mai 2003, S. 33.

202 Siehe: *Rudolph, Enno,* Kerneuropa – Chance oder Hypothek?, in: *Cheneval, F./Utzinger, A./Dänzer, S. (Hrsg.),* Legitimationsgrundlagen der Europäischen Union, Münster, 2005, S. 273.

203 Zum Begriff „Kerneuropa“ s. den Aufsatz von *Rudolph, Enno,* ebd., S. 275 ff.

204 Siehe *Habermas, Jürgen,* Der gespaltene Westen, Frankfurt am Main, 1. Aufl., 2004, S. 45

ßenvertreters der EU: Catherine Ashton fungiert als Hohe Vertreterin der Union für Außen- und Sicherheitspolitik als die Stimme der EU in diesem Bereich. *Jacques Derrida* und *Jürgen Habermas* hatten jedoch in der Folge der durch den Irak-Krieg ausgelösten Krise Zweifel in Bezug auf die Einführung dieses neuen Amts geäußert.[205] Für sie half diese künftige Institution nicht, solange die Regierungen der Mitgliedstaaten sich nicht auf eine „gemeinsame Politik einigen".[206] Daher bevorzugten sie die Möglichkeit des Mechanismus der verstärkten Zusammenarbeit, um das Auseinanderfallen der Union zu verhindern. Denn wenn eine Gruppe von Mitgliedstaaten den Weg einer gemeinsamen Außen-, Sicherheits- und Verteidigungspolitik im Rahmen einer verstärkten Zusammenarbeit aufgezeigt hätte, wäre davon „eine Sogwirkung [ausgegangen], der sich die anderen Mitglieder (...) nicht auf Dauer [hätten] entziehen können".[207] Dies setzte voraus, dass dieses „avantgardistische Kerneuropa" sich nicht zu einem „Kleineuropa" verfestigte. Das heißt, dass diese Gruppe die „Türen offenhalten" sollte, wie vom Wortlaut des Art. 43b EUV auszugehen war. Dies knüpft an die Theorie von *Sidjandski* an, wonach ein integrativerer Kreis von Mitgliedstaaten den Föderalisierungsprozess beflügeln kann. *Sidjandski* schlägt vor, dass „[le noyau fédérateur] se doit non seulement de laisser la porte ouverte aux autres membres de l'Union, mais encore de les attirer à s'associer à l'aventure fédérale de ce centre de gravité".[208] *Enno Rudolph* hingegen bewertet die Entstehung eines Kerneuropa eher als Hypothek auf die Zukunft der europäischen Integration. Denn „eine akzelerierende europäische Integration ohne die Begleitung einer konstruktiv kritischen Öffentlichkeit hinge in der Luft".[209] Wie weiter oben bemerkt, hat das Inkrafttreten des Reformvertrags den Vorzug der Anwendung des Mechanismus der verstärkten Zusammenarbeit im Bereich der Außenpolitik erheblich vermindert.

Was die zweite Anwendungsmöglichkeit der verstärkten Zusammenarbeit angeht, so war ihre Begründung vor dem Inkrafttreten des Vertrags von Lissabon fraglich. Als es noch Zweifel gab über den Ausgang des Plan B – damit ist die Ratifizierungskrise des Reformvertrags gemeint, der als Plan B des gescheiterten Verfassungsvertrags galt – wurde auch intensiv über den Vorzug eines Kerneuropas nachgedacht. Dass jedoch der Mechanismus der verstärkten Zusammenarbeit angewendet werden konnte, um die Ratifikationskrise zu beheben, kam kaum in Frage. Zwar erstreckte sich der Anwendungsbereich der verstärkten Zusammenarbeit auf den „gesamten Regelungsbereich des EG und EU-Vertrags"[210], jedoch kann die verstärkte Zusammenarbeit „eine praktische Bedeutung [...] aber nur in denjenigen Sachbereichen entfalten, in denen noch kein

205 Sie nehmen dabei Bezug auf den Entwurf eines Verfassungsvertrags.
206 Siehe *Derrida, Jacques* und *Habermas, Jürgen*, ebd., S. 33.
207 Siehe *Derrida, Jacques* und *Habermas, Jürgen*, ebd., S. 33.
208 Siehe *Sidjanski, Dusan*, ebd., S. 79.
209 Siehe *Rudolph, Enno*, ebd. S. 275.
210 Siehe Thym, Daniel, ebd., S. 76.

umfassender gleichzeitiger Besitzstand existiert",[211] wie *Daniel Thym* es zusammenfasst. Dieses Verfahren hat keine allgemeine Wirkung, sondern seine Anwendung ist auf einen bestimmten Bereich beschränkt.[212] Eine gesamte ebenso wie eine beschränkte (nur in bestimmten Tätigkeitsbereichen der Union wirksame) Anwendung des Vertrags von Lissabon durch die Gründung einer verstärkten Zusammenarbeit zwischen den Mitgliedstaaten, die ihn bereits ratifiziert hatten, wäre unweigerlich an institutionelle Grenzen gestoßen. Denn sowohl die gesamte als auch die teilweise Übernahme des Reformvertrags im Rahmen einer verstärkten Zusammenarbeit bedeutet *de facto* die Entstehung von zwei getrennten Rechtsordnungen. Die daraus entstandene institutionelle Verflechtung war kaum vorstellbar. Lehnt man sich an das Konzept der verschiedenen Integrationskreise an, ist festzustellen, dass eine solche Lösung weit über die Entstehung von verschiedenen Integrationskreisen hinausgegangen wäre. Diese Lösung hätte nicht zur Entstehung eines „Europa der verschiedenen Geschwindigkeiten"[213] geführt sondern zum Chaos. Im Übrigen wurde das Verfahren der verstärkten Zusammenarbeit in den Verträgen nicht festgelegt, um die Union zu spalten, sondern um zu ermöglichen, dass manche Mitgliedstaaten den institutionellen Rahmen der EU benutzen können, um in der Durchführung der gemeinschaftlichen Politiken weiter zu gehen – wieder dem Ausdruck von *Tindemans* folgend.[214]

Es sollte daraus dennoch nicht geschlossen werden, dass die Möglichkeit einer verstärkten Zusammenarbeit nicht zu verwirklichen sei. *Thym* betont z. B., dass die Vertiefung der wirtschaftspolitischen oder umweltpolitischen Kooperation der Euro-Gruppe oft als mögliche Anwendungsfelder erwähnt wird.[215] Auch wenn bis jetzt die verstärkte Zusammenarbeit nicht angewendet wurde[216], bleibt die Möglichkeit, die von Art. 20 EUV eröffnet wird, eine spannende Frage. Denn sie räumt manchen Mitgliedstaaten die Möglichkeit ein, in bestimmten Bereichen eine schnellere und engere Integration zu fördern. Die verstärkte Zusammenarbeit reiht sich in die Linie von Ansätzen eines „avantgardistischen Kerneuropa" ein, da dieser Kern als Triebkraft für die europäische Integration gedacht wird. In der Tat sollen die an der verstärkten Zusammenarbeit beteiligten Mitgliedstaaten dafür sorgen, dass eine Einbindung für die Mitgliedstaaten

---

211 Siehe Thym, Daniel, ebd., S. 76.

212 Jedoch sind mehrere Formen der verstärkten Zusammenarbeit in unterschiedlichen Tätigkeitsbereichen der Union möglich, obgleich unwahrscheinlich. In der Tat wurde bis jetzt dieses Verfahren nie benutzt. Daher schwindet die Wahrscheinlichkeit von gleichzeitig mehreren Gründungen von verstärkter Zusammenarbeit.

213 Siehe Fußn. 201.

214 Siehe dazu *Sauron, Jean-Luc*, Comprendre le traité de Lisbonne. Texte consolidé intégral des traités. Explications et commentaires, Paris, 2008, S. 81 ff.

215 Vgl. *Thym, Daniel*, ebd., S. 45.

216 *Thym* spricht von der hemmenden Symbolkraft des Mechanismus, um dies zu erklären. Vgl. *Thym, Daniel*, ebd., S. 47.

des weniger integrativen Kreises in die daraus entstandene engere Integration jederzeit möglich ist.

Zusammenfassend zu Kapitel I kann bemerkt werden, dass die EWG, dann die EU mit EG sowie zweiter und dritter Säule durch vielfältige Mechanismen einen institutionellen Rahmen angeboten haben, der zur differenzierten Integration innerhalb der europäischen Einigung geführt hat. Diese Differenzierung entstand oder entsteht, da an bestimmten Stadien der Entwicklung dieser Einigungsprozess manche Mitgliedstaaten für ein fortschrittlicheres Integrationsniveau bereit sind, während manche anderen es nicht sind. Um die Doktrin von *Tindemans* erneut aufzugreifen, ist es die Pflicht der Mitgliedstaaten, die eine Vertiefung der europäischen Integration wollen, diese zu verwirklichen. Hingegen sollen die Mitgliedstaaten, die objektive Gründe gegen eine solche Entwicklung haben, außerhalb diese Entwicklung bleiben, solange diese Gründe bestehen. Eine Differenzierungsmöglichkeit wird dennoch nicht eingeräumt, damit nicht der europäische Einigungsprozess im Chaos eines Europe à la carte oder ein Europa der zwei Geschwindigkeiten zerfällt. Daher sollte es klar sein, dass die Differenzierung sich nicht auf die Endziele (höheren Integrationsstufen) beziehen sollte, die alle Mitgliedstaaten bindet, sondern auf die Durchführung dieser Ziele. Diese Durchführung kann in der Zeit abgestuft sein, da manche Mitgliedstaaten schneller und manche langsamer diese Ziele erreichen können. Diese Logik liegt Art. 20 EUV zugrunde.
Durch die Rechtsprechung zuerst und dann durch die Kodifizierung des Prinzips bewahren die europäischen Institutionen die Möglichkeit der differenzierten Integration, wenn diese sich als eine positive differenzierte Integration herausstellt. In der Tat, die Mechanismen, die eher eine negative differenzierte Integration entstehen lassen, sollten die Ausnahmen bleiben. Die Bestimmungen des Art. 20 EUV zeigen, welches Verständnis der differenzierten Integration gewählt wurde. Das „ungleichzeitige Europarecht“[217] der verstärkten Zusammenarbeit sollte nicht dauerhaft sein, sondern vielmehr als treibende Kraft dienen. Die engere Integration soll sich auch in den weniger integrativen Kreisen ausbreiten, damit sich alle Mitgliedstaaten so schnell wie möglich wieder auf dem gleichzeitigen Besitzstand der Union wiederfinden.

217 Siehe *Thym, Daniel*, ebd., S. 76.

II- Möglichkeiten und Grenzen einer verstärkten Zusammenarbeit im Rahmen des europäischen Mehrebenensystems

1- Die Voraussetzungen einer verstärkten Zusammenarbeit

Die Mitgliedstaaten, die beabsichtigen, untereinander eine bereichsgebundene verstärkte Zusammenarbeit zu begründen, müssen strenge Voraussetzungen erfüllen. Denn es soll sichergestellt werden, dass die Durchführung einer verstärkten Zusammenarbeit nach dem Wortlaut des Art. 43 EUV den Interessen und Zielen der Union dient und diese fördert.

Die zuerst vom EuGH[218] herausgearbeiteten Kriterien wurden im Laufe der Integrationsvertiefung weiterentwickelt und finden nun in Art. 20 EUV und in Art. 326-334 AEUV einen klaren und präzisen Ausdruck. So findet man die Anforderung wieder, wonach eine verstärkte Zusammenarbeit ein Fortschritt im Vergleich zu bestehenden Situation solle, in der Formulierung des Art. 20 EUV: eine verstärkte Zusammenarbeit soll „die Verwirklichung der Ziele der Union fördern (…) und ihren Integrationsprozess stärken". *A contrario* können Mitgliedstaaten nicht eine verstärkte Zusammenarbeit beschließen, die eine Minderung der Anwendung des Gemeinschaftsrechts zum Ziel hätte. Dies wird durch den Wortlaut des Art. 20 EUV verdeutlicht, nach dem die Mitgliedstaaten die Interessen der Union und der Gemeinschaft zu schützen haben. Denn die Möglichkeit einer verstärkten Zusammenarbeit ist gegeben, um das Gemeinschaftsrecht zu stärken und ggfs. zu ergänzen und nicht zu schwächen oder zu neutralisieren. Ein Selbstschutzmechanismus, der nicht grundlos erscheint, bedenkt man die „Begeisterungsschwankungen" der Mitgliedstaaten und deren Bevölkerungen gegenüber dem europäischen Einigungsprozess. Populistische und euroskeptische Parteien könnten schnell solche zwischen-mitgliedstaatlichen Bündnisse ins Leben rufen, um zu versuchen, eine Schwächung bestimmter, als besonders störend eingestufter gemeinschaftlicher Maßnahmen zu bewirken. In Anbetracht der Stimmung nach dem Scheitern des Verfassungsvertrags und der bekannten Schwierigkeiten beim Ratifizierungsprozess des Reformvertrages sind solche Vorstellungen nicht nur hypothetische und entfernte Spekulationen.

Wenn folglich ein positives Kriterium, und zwar eine Verstärkung des Integrationsprozesses für eine verstärkte Zusammenarbeit erforderlich ist, gibt es auch eine Grenze. Diese Grenze besteht darin, dass eine einheitliche Anwendung und Auslegung des Gemeinschaftsrechts nicht beeinträchtigt wird und ihr nicht zuwider gehandelt werden soll. Der Ermessensspielraum bleibt demnach für die Mitgliedstaaten, die eine solche verstärkte Zusammenarbeit in Erwägung ziehen, recht eng. Sie muss einerseits eine offensichtliche Vertiefung des Integrationsprozesses darstellen. Andererseits wird sie in die Schranke der einheitlichen

218 Z. B. in: EuGH, Pakvries, ebd.

Anwendung und Auslegung des Gemeinschaftsrechts verwiesen. Verstärkte Zusammenarbeit nach Art. 20 EUV und Art 326-334 AEUV kann ein effizientes Werkzeug für die Erreichung einer vertieften Integration bezogen auf einen deutlich begrenzten Bereich sein, bleibt allerdings in klare Schranken verwiesen, damit die Union nicht jede Kontrolle über die Verfolgung und Durchführung ihrer Ziele verliert. Bemerkenswert ist dennoch, dass bisher keine verstärkte Zusammenarbeit nach dem Verfahren des Art. 20 EUV begründet worden ist.[219]

Näher betrachtet verteilen sich die zu erfüllenden Voraussetzungen für die Begründung einer verstärkten Zusammenarbeit in drei Kategorien: die formellen und die materiellen Kriterien und die Schranken. Die erste Kategorie – die formellen Kriterien– versammelt alle Kriterien, die die Einhaltung der formellen Voraussetzungen vorsehen, wie z. B. die Mindestzahl von beteiligten Mitgliedstaaten oder die Unmöglichkeit einer verstärkten Zusammenarbeit in Bereichen, die unter die ausschließliche Kompetenz der Gemeinschaft fallen. Denn je größer die Kompetenzübertragung in einem Bereich ist, desto weniger Handlungsfähigkeit haben die Mitgliedstaaten in diesen Bereichen (siehe Punkt 1.2). Die zweite Kategorie – das materielle Kriterium – kann in Analogie zum Kriterium des Subsidiaritätsprinzips[220] als die „Besser-Klauseln“ bezeichnet werden, da sie deutlich aus der Rechtsprechung des EuGH abgeleitet ist, nach dem der Abschluss eines regionalen Zusammenschlusses von Mitgliedstaaten einen Fortschritt zu der allgemein gemeinschaftsrechtlichen Situation erfordert (näheres dazu in Punkt 1.3). Die dritte Kategorie unterwirft die Mitgliedstaaten, die sich für eine verstärkte Zusammenarbeit entscheiden, der Einhaltung bestimmter Grenzen, die insgesamt tatsächlich eine starke und wirksame Schranke darstellen (Punkt 1.4).
Anhand dieser Kriterien soll nun geprüft werden, ob im Bereich der Lebensmittelsicherheit eine solche verstärkte Zusammenarbeit Anwendung finden kann.

2- Formelle Kriterien

Eine detaillierte und tiefgehende Darstellung dieser Kriterien wird hier nicht erfolgen. Vielmehr geht es um einen Überblick der für diese Arbeit ausgewählten und relevanten formellen Kriterien.

Zunächst einmal ist in Art. 20 AEUV festgelegt, dass eine verstärkte Zusammenarbeit mindestens neun Mitgliedstaaten umfassen soll. Etwas weniger als ein Drittel der Mitgliedstaaten nach der Süd-Ost-Erweiterung von 2004 und 2007 sollen an der Beteiligung an einer verstärkten Zusammenarbeit Interesse haben. Ursprünglich sah der Art. 43 lit. d EUV (konsolidierte Fassung 1997) vor, dass

219 Siehe dazu *Sauron, Jean-Luc*, ebd., S. 81.
220 Siehe Punkt 2.2 in 2-I-B-Teil II.

„mindestens die Mehrheit der Mitgliedstaaten" davon betroffen werden sollten. Der Vertrag von Nizza setzte in Art. 43 lit. g EUV hingegen die Regel der mindestens acht beteiligten Mitgliedstaaten fest, wohl wissend, dass durch die historische Erweiterung um zehn Mitgliedstaaten die absolute Mehrheit auf weniger als ein Drittel der Mitgliedstaaten gesenkte würde.

Aus diesem Erfordernis ist abzuleiten, dass die Gründung einer verstärkten Zusammenarbeit keine nebensächliche Angelegenheit einer geringen Anzahl von Mitgliedstaaten darstellen, sondern vielmehr als Sprungbrett für eine spätere Angleichung der Integration innerhalb der EU dienen sollte. Es spricht hier nichts dagegen, dass im Bereich der Lebensmittelsicherheit mindestens acht Mitgliedstaaten die Absicht haben können, eine verstärkte Zusammenarbeit untereinander zu begründen.

Nun zur Frage der Beziehung zwischen verstärkter Zusammenarbeit und Kompetenzzuordnung. Wie *Manin* präzisiert, ist eine verstärkte Zusammenarbeit zwischen einer Gruppe von Mitgliedstaaten im Rahmen des Gemeinschaftsrechts nicht allgemein möglich. Es hängt in erster Linie davon ab, ob die Mitgliedstaaten in dem betreffenden Bereich noch über genügende Kompetenzen verfügen, um eine solche verstärkte Zusammenarbeit zu ermöglichen. Wenn die Kompetenzübertragung zugunsten der EU stark ist, sind die Mitgliedstaaten in ihrem Handeln nicht mehr unabhängig genug, um eine verstärkte Zusammenarbeit zu organisieren ohne gegen das Gemeinschaftsrecht zu verstoßen. Denn die Grenze jeder verstärkten Zusammenarbeit ist das Unionsrecht selbst und insbesondere die Kompetenzverteilung. Im Falle, dass die Union über eine exklusive Kompetenz in einem Bereich[221] verfügt, kann eine Gruppe von Mitgliedsstaaten keine verstärkte Zusammenarbeit ins Leben rufen, da sie laut den Verträgen selbst nicht mehr die Befugnisse hat, um unabhängig handeln zu können.[222] „A l'opposé, il paraîtrait logique de poser, que dans les domaines où le traité n'a accordé à la communauté que des compétences subsidiaires ne visant qu'à compléter l'action des Etats membres – comme c'est le cas dans les domaines (…) de la santé publique, de la protection des consommateurs (…) – les Etats membres conservent la compétence d'instituer entre eux une coopération spécifique dès lors que celle-ci n'est pas susceptible de contrevenir aux règles communautaires ou, même, de gêner l'action de la communauté".[223] Darüber schafft Art. 20 Abs. 1 EUV endgültige Klarheit. Eine verstärkte Zusammenarbeit ist lediglich dann möglich, sofern sie „im Rahmen der nicht ausschließlichen Zuständigkeiten der Union" stattfindet. Daraus sind zwei Schlussfolgerungen zu ziehen. Die erste ist die Bestätigung, dass wenn die EU in einem Bereich über

221 Wie die GHP.

222 Siehe dazu *Manin, Philippe*, Les aspects juridiques de l'intégration différenciée, in: *Manin, Philippe/Louis, Jean-Victor (Hrsg.)*, Vers une Europe différenciée? Possibilité et limite, Paris, 1996, S.23-24.

223 *Manin, Philippe*, ebd., S. 27-28.

die ausschließliche Zuständigkeit verfügt, eine verstärkte Zusammenarbeit von den Verträgen ausdrücklich abgelehnt wird. Die zweite ist, dass wenn die EU keine Zuständigkeit in dem angestrebten Bereich hat, eine verstärkte Zusammenarbeit nicht möglich ist. Eine sehr nachvollziehbare Position, denn andernfalls wäre es keine verstärkte Zusammenarbeit im Rahmen der rechtlichen Grundlagen der Gemeinschaft, da ein Bereich betroffen würde, der nicht einmal in ihrem Zuständigkeitsbereich liegt. Es wäre keine verstärkte Zusammenarbeit mehr, sondern vielmehr eine quasi neue europäische internationale Organisation, die für ihre Durchführung „die Organe der Union" (Art. 20 AEUV) nicht in Anspruch nehmen könnte. Es soll damit ebenso verhindert werden, dass das Ziel der Gründung einer verstärkten Zusammenarbeit zwischen einer einflussreichen Gruppe von Mitgliedstaaten eine Kompetenzerweiterung der Zuständigkeit der Union ist, ohne dass diese Kompetenzerweiterung Gegenstand einer Verhandlung im Rahmen einer Revision der Verträge war und ohne das Einverständnis der nicht beteiligten Mitgliedstaaten einzuholen. Dies wäre ein Missbrauch des Verfahrens. Durch die Gründung einer verstärkten Zusammenarbeit ein Integrationsniveau aufzuzwingen, das über das Maß der in den Verträgen vorgesehenen Integration hinausgeht, ist unzulässig. Denn obwohl eine verstärkte Zusammenarbeit und ihre Durchführung lediglich die beteiligten Mitgliedstaaten binden (Art. 4 Abs. 2 EUV), ist schließlich das Ziel einer verstärkten Zusammenarbeit mittel- oder langfristig eine allgemeine Anhebung des Integrationsniveaus.

Es spräche in der Tat auf der rein formellen Ebene nichts dagegen, dass im Bereich der Lebensmittelsicherheit eine solche verstärkte Zusammenarbeit abgeschlossen würde. Die Kompetenzen der EU in diesem Bereich sind, wie in den obigen Ausführungen schon festgestellt worden ist, eher unterstützende Zuständigkeit[224], d.h., die Maßnahmen der EU in diesem Bereich sollten hauptsächlich das Handeln der Mitgliedstaaten ergänzen. Sie böten folglich eine gute Ausgangslage für Mitgliedstaaten, die sich für eine integrativere Politik und eine engere Zusammenarbeit in diesem Feld entscheiden möchten. Verfügte die EU im Gegensatz dazu über große Handlungsbefugnisse, wäre es für eine Gruppe von Mitgliedstaaten schwieriger, einen solchen Weg zu gehen, da ihnen die Fähigkeit dazu fehlen würde. Eine Situation, die theoretisch nicht für die Lebensmittelsicherheit gilt. Fraglich ist dennoch, wie realistisch eine verstärkte Zusammenarbeit in einem Bereich der Lebensmittelsicherheit wäre, der von einer weitreichenden Kompetenzübertragung zugunsten der EU betroffen ist. Wie ist es z.B., wenn es sich um einen Bereich der Lebensmittelsicherheit handelt, der eher mit der Agrarpolitik verwandt ist als mit der öffentlichen Gesundheit? Eine solche verstärkte Zusammenarbeit ist zulässig. Da jedoch die Kompetenzübertragung sehr weit geht, ist dementsprechend der Spielraum der Mitgliedstaaten geringer. Macht dann eine verstärkte Zusammenarbeit noch Sinn? Das ist nicht

224 Siehe *Hermann, Christoph/Ohler, Christoph/Streinz, Rudolf*, Der Vertrag von Lissabon zur Reform der EU – Einführung mit synopse, München, 3. Aufl., 2010, S. 109.

anzunehmen, da der Freiraum der Mitgliedstaaten gering ist. In der Durchführung ihrer verstärkten Zusammenarbeit würden sie stets darauf achten müssen, dass sie nicht gegen den gemeinschaftlichen Besitzstand verstoßen, der in dem Bereich recht entwickelt wäre. Integration ist nicht unendlich ausdehnbar. Wenn bereits in einem Bereich ein hohes Integrationsniveau erreicht ist, ist die Förderung eines noch höheren Integrationsniveaus durch die Gründung einer verstärkten Zusammenarbeit nur unter schwierigen Umständen zu verwirklichen.
Zusammenfassend steht einer verstärkten Zusammenarbeit unter Berücksichtigung der Kompetenzen nichts entgegen. Zumindest solange die angestrebte verstärkte Zusammenarbeit lediglich Bereiche der Lebensmittelsicherheit berührt, die auf einer unterstützende Zuständigkeit ruht. Denn je größer die Kompetenzübertragung, desto geringfügiger wird die praktische Bedeutung einer solchen verstärkten Zusammenarbeit.

Fraglich ist jedoch, inwiefern die materiellen Kriterien erfüllt, und vor allem, ob die Schranken eingehalten werden können.

3- Materielle Kriterien

a- Die „Besser-Klausel“

Nach Art. 20 Abs. 1 EUV können Mitgliedstaaten die Gründung einer verstärkten Zusammenarbeit nur in Erwägung ziehen, wenn diese verstärkte Zusammenarbeit „darauf ausgerichtet ist, die Verwirklichung der Ziele der Union zu fördern, ihre Interessen zu schützen und diesen zu dienen und ihren Integrationsprozess zu stärken“. Eine verstärkte Zusammenarbeit kann lediglich abgeschlossen werden, wenn die beteiligten Mitgliedstaaten vorhaben, dem Integrationsprozess zu dienen. Sie können nicht damit gemeinschaftswidrige Ziele verfolgen, wie z.B. ein Arrangement treffen, die sich *en deça* des Integrationsniveaus der Gemeinschaft befindet (siehe Punkt 1.1, Punkt 1, Kapitel II). Die Erfordernisse des Art. 20 Abs. 1 EUV stehen in direkter Verbindung mit der Rechtsprechung des EuGH bezüglich der differenzierten Integration via Abschluss eines regionalen Zusammenschlusses, in dem ein solcher Zusammenschluss das Gebot der Verfolgung einer fortschrittlicheren Integration als in der üblichen Gemeinschaft einhalten soll. Daher also die Formel „Besser-Klausel“, da die Gründung der verstärkten Zusammenarbeit zur Verstärkung des Integrationsprozesses beitragen soll.
Solange der Kern von Mitgliedstaaten, die eine verstärkte Zusammenarbeit im Bereich der Lebensmittelsicherheit eingehen möchten, diese im Sinne einer engeren Kooperation oder Integration zwischen diesen Staaten als das allgemeingültige Unionsrecht verwirklicht, stellt dies keine Schwierigkeit dar. Unter engerer Kooperation kann z.B. eine engere Zusammenarbeit der nationalen Lebens-

mittelsicherheitsbehörden verstanden werden. Unter engerer Integration könnte man z. B. eine Art „Fusion“ dieser Behörden verstehen.

Wie oben betont, erleichtert die Tatsache, dass die EU in diesem Bereich größtenteils lediglich über eine Beitragskompetenz verfügt, eine engere Zusammenarbeit im Vergleich zu der üblichen gemeinschaftlichen Situation. So stellen ein verstärkter Informationsfluss und Austausch zwischen den betroffenen Behörden sowie konzertierte Entscheidungen in dem Bereich offensichtlich einen weiter fortgeschrittenen Entwicklungstand dar als der des gemeinschaftlichen Entwicklungstands.

Die Besser-Klausel, die erfordert, dass die Gründung einer verstärkten Zusammenarbeit aktiv zur Stärkung des Integrationsprozesses beiträgt, stößt jedoch an die Grenze des Erfordernisses der *ultima ratio*, das als Schranke der Besser-Klausel aufgefasst werden kann. In der Tat legt Art. 20 Abs. 2 EUV fest: „Eine verstärkte Zusammenarbeit wird vom Rat als letztes Mittel erlassen, wenn dieser feststellt, dass die mit dieser Zusammenarbeit angestrebten Ziele von der Union in ihrer Gesamtheit nicht innerhalb eines vertretbaren Zeitraums verwirklicht werden können“. Hier gilt also nicht der Grundsatz des höheren Integrationsniveaus, sondern es wird Wert darauf gelegt, dass weitere Integrationsschritte möglichst aus einer allgemeinen gemeinschaftlichen Entwicklung hervorgehen. Die Union soll lieber zur vollständigen Integration[225] tendieren, um den Ausdruck von *Grabitz* und *Iliopoulos* wieder aufzunehmen.

Bezieht man das Erfordernis der Besser-Klausel auf die herrschende Situation im Lebensmittelsicherheitsbereich, spricht nichts dagegen, dass eine solche verstärkte Zusammenarbeit von mindestens acht Mitgliedstaaten abgeschlossen wird, solange sie sich an dieses Gebot halten.

b- Die Achtung der Einheitlichkeit des Unionsrechts

Im Grunde genommen können die Schranken, die jegliche verstärkte Zusammenarbeit einhalten sollte, in zwei Kategorien unterteilt werden: Verbote (Punkt 2) und Gebote (Punkt 1).

---

225 „Eine vollständige Integration liegt nur vor, wenn eine Regelung von allen Mitgliedstaaten gleichzeitig angewandt wird“, *Grabitz, Eberhard/ Iliopoulos, Constantin*, ebd., S. 32.

(1)- Die Achtung der Einheitlichkeit der europäischen Rechtsordnung

Die Mitgliedstaaten, die eine verstärkte Zusammenarbeit untereinander abschließen möchten, haben „die Verträge und das Recht der Union" (Art. 326 AEUV) zu achten. Ebenso wenig können sie „den wirtschaftlichen, sozialen und territorialen Zusammenhalt" (Art. 326 AEUV) beeinträchtigen, sowie „die Zuständigkeiten, Rechte und Pflichten der nicht an der Zusammenarbeit beteiligten Mitgliedstaaten" (Art. Art. 327 AEUV) unbeachtet lassen. Es sind starke Schranken, die dennoch die Prinzipien und Grundlagen der gemeinschaftlichen Rechtsordnung und Einigung schützen sollen. Denn die Gründung einer verstärkten Zusammenarbeit kann ebenso wenig die einheitliche Anwendung und Auslegung des Gemeinschaftsrechts in Frage stellen. Wenn eine verstärkte Zusammenarbeit nach Art. 20 EUV den Zielen und Interessen der Union dienen soll, ist ihre Grenze logischerweise die Achtung der Rechtsordnung der Union. Wenn die daraus resultierenden Einschränkungen stark sind, steht für ihre Einhaltung im Rahmen einer verstärkten Zusammenarbeit im Bereich der Lebensmittelsicherheit kein unüberwindbares Problem im Wege. Solange eine solche verstärkte Zusammenarbeit die formellen Kriterien erfüllt, der Verstärkung des Integrationsprozesses dient und sich an die Einheitlichkeit der Rechtsordnung der Union hält, kann sie ins Leben gerufen werden. Fragwürdig ist dennoch, ob sie die zweite Kategorie der Schranke so unproblematisch einhalten kann.

(2)- Das Verbot der Beeinträchtigung des Unionsrechts

In der Tat ist die Begründung einer verstärkten Zusammenarbeit zudem einer Reihe von Verboten unterworfen, die gegen mögliche Beeinträchtigungen des Gemeinschaftsrechts durch die Durchführung dieser verstärkten Zusammenarbeit schützen sollten. Dementsprechend soll eine verstärkte Zusammenarbeit laut Art. 326 AEUV „den wirtschaftlichen, sozialen und territorialen Zusammenhalt" der Union nicht beeinträchtigen. Zudem darf sie „für den Handel zwischen den Mitgliedstaaten weder ein Hindernis noch eine Diskriminierung" darstellen „noch darf sie zu Verzerrungen des Wettbewerbs führen" (Art. 326 AEUV).

Es steht einer verstärkten Zusammenarbeit nicht zu, konkurrierende Regelungen zu beschließen, die die Zuständigkeiten der Union beeinträchtigen könnten. Da es hier tatsächlich um den Schutz der Zuständigkeit geht, können Verbindungen zwischen den Bestimmungen des 326 AEUV und der seit dem Urteil des EuGH AETR vom 1971[226] herausgearbeiteten Rechtsprechung bezüglich der Ausle-

226 EuGH, Rs. 22/70 vom 31. März 1971, Kommission der Europäischen Gemeinschaften gegen Rat der Europäischen Gemeinschaften. Europäisches Übereinkommen über Straßenverkehr (AETR), Slg. 1971, S. 263

gung der Zuständigkeiten der Gemeinschaft hergestellt werden. Die Leitlinien der Rechtsprechung ergeben, „dass die Mitgliedstaaten außerhalb des Rahmens der Gemeinschaftsorgane keine Verpflichtungen eingehen können, welche Gemeinschaftsrechtsnormen, die zur Verwirklichung der Vertragsziele ergangen sind, beeinträchtigen oder in ihrer Tragweite ändern können".

Vor allem die Bestimmungen des Art. 326 AEUV sind im Falle einer verstärkten Zusammenarbeit im Bereich der Lebensmittelsicherheit besonders beschränkend, wenn auch nachvollziehbar. Denn sie schließen es quasi aus, dass innerhalb einer verstärkten Zusammenarbeit z.B. strengere Standards als die üblichen gemeinschaftlichen Standards im Bereich der Lebensmittelsicherheit von den beteiligten Mitgliedstaaten festgesetzt werden, da solche Standards unvermeidlich unerwünschte Auswirkungen auf den Binnenmarkt hätten. Die Beschlüsse und Regelungen im Rahmen der verstärkten Zusammenarbeit würden zwar nur die beteiligten Mitgliedstaaten binden (Art. 20 Abs. 4 EUV), sie könnten jedoch Wirkungen für die nicht beteiligten Mitgliedstaaten bzw. auf die innergemeinschaftlichen Handelsbeziehungen entfalten. Wenn z.B. im Rahmen einer verstärkten Zusammenarbeit strengere Standards erlassen werden, stellt es eine Diskrepanz dar zwischen einerseits den betroffenen Lebensmitteln der beteiligten Mitgliedstaaten, die strengeren Standards unterworfen sind, und andererseits den Lebensmitteln der nicht beteiligten Mitgliedstaaten, die den üblichen Standards der EU unterliegen. Es wirkt sich wiederum auf die Einfuhr und Ausfuhr zwischen den zwei Gruppen von Mitgliedstaaten aus. Die Festsetzung von strengeren Standards durch die an einer verstärkten Zusammenarbeit beteiligten Mitgliedstaaten kann keine Ausfuhr- und/oder Einfuhrbeschränkungen zur Folge haben, denn es ist höchst fraglich, ob die Rechtfertigungsgründe des Art. 36 AEUV und die Rechtsprechung des EuGH bezüglich der Ausnahme zur Warenverkehrfreiheit[227] eingreifen. Somit wäre schon ein Verstoß gegen die Bestimmungen des Art. 26 Abs. 2 AEUV gegeben, nach dem „der Binnenmarkt einen Raum ohne Binnengrenzen umfasst, in dem der freie Verkehr von Waren (...) gemäß den Bestimmungen der Verträge gewährleistet" ist, da ein freier Warenverkehr nicht mehr vollständig gewährleistet würde. Eine ähnliche Argumentation kann für das zweite Verbot des Art. 326 AEUV (bezüglich möglichen Hindernissen und Diskriminierungen für den Handel zwischen den Mitgliedstaaten) übernommen werden. Damit die Bestimmungen des AEUV bezüglich des Binnenmarktes unberührt bleiben und damit die Wettbewerbsbedingungen des intergemeinschaftlichen Handels nicht verzerrt werden, bleibt den beteiligten Mitgliedstaaten nichts übrig, als die im Rahmen der Durchführung dieser verstärk-

227 Damit ist die wohlbekannte Cassis de Dijon-Rechtsprechung gemeint, die Warenverkehrbeschränkungen durch die Berücksichtigung des zwingenden Allgemeinwohlinteresses – wie Verbraucherschutz z.B. – rechtfertigen können, falls die Rechtfertigungsgründe des Art. 36 AEUV nicht einschlägig sind. Siehe EuGH, Rs. 120/78 vom 20. Februar 1979, Rewe-Zentral AG gegen Bundesmonopolverwaltung für Branntweine, Slg. 1979, S. 649

ten Zusammenarbeit erlassenen Regelungen strikt nur untereinander gelten zu lassen, wie von Art. 327 AEUV verlangt wird. Der Vorteil, den diese Mitgliedstaaten durch die Begründung einer verstärkten Zusammenarbeit haben, ist jedoch tatsächlich gemindert. Die Standards im Bereich der Lebensmittelsicherheit, die beteiligte Mitgliedstaaten im Rahmen einer verstärkten Zusammenarbeit festgelegt haben, können nur untereinander Anwendung finden. Sie dürfen nicht den Warenfluss, der aus dem üblichen innengemeinschaftlichen Raum kommt, diesen Standards unterwerfen, d. h., dass in diesen Staaten nicht alle betroffenen Lebensmittel tatsächlich den strengeren Standards unterzogen werden. In den beteiligten Mitgliedstaaten koexistieren für die gleichen Lebensmittelprodukte zwei verschiedene Standardstufen: eine strengere und eine unionsrechtliche. Im Endeffekt können die beteiligten Mitgliedstaaten auf Grund der Verbote des Art. 326 AEUV keine einheitliche Durchführung der von ihnen begründeten verstärkten Zusammenarbeit auf ihrem Gebiet vollziehen. Dies, wie o. bereits erwähnt, stellt eine ernstzunehmende Minderung der Vorteile dar, die sie sich durch eine engere Kooperation untereinander erhoffen können. Es steht ihnen dennoch offen, eine solche verstärkte Zusammenarbeit zu begründen, wenn sie alle Voraussetzungen erfüllen und sich an die Schranken halten.

Abschließend zu diesem Punkt soll bemerkt werden, dass die Tatsache, dass bisher eine verstärkte Zusammenarbeit nach dem Verfahren des Art. 20 EUV nicht begründet wurde, vermutlich an ihrer „Symbolkraft, die ihre Anwendung hemmt“[228] aber auch an ihren Durchführungsvoraussetzungen liegt. In der Tat ist die Durchführung der verstärkten Zusammenarbeit ebenso kompliziert wie in starke und wirksame Schranken verwiesen. Die zu überwindenden Hürden gewährleisten andererseits, dass die Mitgliedstaaten, die ein solches Vorhaben beabsichtigen, den Weg aus Überzeugung eingehen. Es sollte dennoch nicht ausschließen, dass künftig solche verstärkte Zusammenarbeit auch z. B. im Bereich der Lebensmittelsicherheit zwischen Mitgliedstaaten nicht abgeschlossen werden können.

Als abschließende Betrachtung zu Teil I lässt sich das Kreismodell wie folgt resümieren: die drei Ebenen des Mehrebenenansatzes – die internationale, europäische und territoriale Ebene – lassen sich symbolisch als konzentrische Kreise darstellen. Die Eingliederung der Ebenen in konzentrische Kreise erfasst die Komplexität der Vernetzung zwischen den unterschiedlichen Stufen sowie die Fluidität des Systems. Dass diese konzentrischen Kreise hier auch als europäische Kreise bezeichnet werden, spiegelt die Konvergenz des Trichters auf das gemeinsame Zentrum wider: und zwar auf die Ebene der Europäischen Union. Denn es ist die Eigenart von konzentrischen Kreisen, um einen gemeinsamen

228 Siehe *Thym, Daniel* ebd., S. 47.

Mittelpunkt angeordnet zu sein. Hier wird – im Gegensatz zur klassischen Theorie des europäischen Mehrebenensystems – die Union als Zentrum der Struktur beschrieben, um den bereits bestehenden Föderalisierungsprozess in der Union greifbar zu machen. Denn wie es *Roland Bieber* unterstreicht, ist Föderalismus bereits ein „Strukturprinzip der EU".[229] Bei der Suche nach einem adäquaten Modell zur Erfassung der inneren Architektur der Union wird versucht, die Merkmale der Supranationalität heranzuziehen.

Das europäische Mehrebenensystem lässt sich als ein System resümieren, das sowohl unterschiedliche Verhandlungsniveaus als auch unterschiedliche Intensität der Integrationsniveaus (differenzierte Integration) kombiniert. Umso wichtiger sind dann Leitprinzipien wie das Subsidiaritätsprinzip, die Zuständigkeitskonflikte zwischen den verschiedenen Kreisen regulieren sollen.

229 Siehe dazu *Bieber, Roland,* Föderalismus in Europa, in: *Weidenfeld, Werner (Hrsg.),* Die Europäischen Union – Politisches System und Politikbereiche, Bonn, 2008, S. 127. Siehe auch seine Erläuterung über die Föderation: „die Föderation [...]muss dabei jedoch nicht traditionelle staatliche Eigenarten – wie etwa eine ausschließliche Bindung der Bürger oder eine theoretisch unbeschränkte Zuständigkeitsfülle – besitzen", ebd., S. 127.

Teil II: Das Subsidiaritätsprinzip: ein kompetenzregulatives Prinzip für das europäische Mehrebenensystem?

„Il y a des lois que le législateur a si peu connues, qu'elles sont contraires au but même qu'il s'est proposé."[230]

Wie *Montesquieu* in „De l'esprit des lois" erörtert, sind manche Gesetze von solch einer obskuren oder zweideutigen Natur, dass sie das Gegenteil dessen erreichen, was der Gesetzgeber ursprünglich beabsichtigt hatte. In der Praxis können sie dann ihre Widersprüchlichkeit mit aller Kraft entfalten. In Anbetracht der vergangenen und gegenwärtigen Kontroverse über die Anwendung des Subsidiaritätsprinzips im nationalen Verfassungsrecht und im Unionsrecht[231] kann diese Erkenntnis auch für das Subsidiaritätsprinzip gelten. Dazu trägt sicherlich bei, dass so viele gegensätzliche Erwartungen und so hohe Ansprüche an seine Anwendung als Rechtsprinzip geknüpft sind, wie *Josef Isensee* betont: „Wie kann es sein, dass ein und dasselbe Prinzip so unterschiedliche und widerstrebende Erwartungen auf sich zieht? Es soll staatliches wie kirchliches, nationales wie supranationales Handeln steuern, [...], Föderalismus wie Selbstverwaltung schützen, die europäische Einung zugleich fördern und begrenzen. Das alles und mehr soll das Subsidiaritätsprinzip leisten."[232] Inwiefern ihre Anwendung im Gegensatz zu ihrem offenkundigen Ziel steht, wird der Gegenstand dieses zweiten Teiles.

Nach einer Analyse der Geschichte und der Grundlagen des Prinzips (A) wird auf die Zweideutigkeit und die Konsequenzen des Prinzips eingegangen, insbesondere auf die Kontroverse, ob die Subsidiarität als Regulativ der Kompetenzausübung oder als verdecktes Kompetenzerteilungsinstrument zu verstehen sei (B).

---

230 *Montesquieu, Charles de Secondat de,* De l'esprit des lois, Band II, Paris, Aufl. von 1995, S. 1016.

231 Drei Grundsätze gelten für die Kompetenzausübung und -verteilung in der EU. Das Subsidiaritätsprinzip (Art. 5 Abs. 3 EUV) stellt mit dem Verhältnismäßigkeitsprinzip (Art. 5 Abs. 4 EUV) eine Regel der Kompetenzausübung innerhalb der EU dar, während für die Abgrenzung der Zuständigkeiten der Grundsatz der begrenzten Einzelermächtigung (Art. 5 Abs. 1 und 2 EUV) gilt. Dazu s. *Streinz, Rudolf/Ohler, Christoph/Herrmann, Christoph,* Der Vertrag von Lissabon zur Reform der EU, Einführung mit Synopse, München, 2. Aufl., 2010, S. 104-105.

232 *Isensee, Josef,* Subsidiaritätsprinzip und Verfassungsrecht, Eine Studie über das Regulativ des Verhältnisses von Staat und Gesellschaft, Berlin, 2. Aufl., 2001, S. 333.

A- Ursprung und Grundlagen des Subsidiaritätsprinzips

I- Von Thomas von Aquin bis Jacques Delors: zur Geschichte eines kontroversen Prinzips

Abgeleitet vom lateinischen *subsidium* – wörtlich übersetzt *Hilfe* – versteht sich heute die Subsidiarität als juristisches, politisches und soziales Organisationsprinzip. Sie zielt darauf ab, in einer vielschichtigen Gesellschaftsordnung der unteren Stufe der Gesellschaft eine Nähe zur Macht zu ermöglichen und jeder Stufe die Ausübung der ihr zugewiesenen Kompetenz zu gestatten. Das Prinzip strahlt von unten nach oben und soll verhindern, dass die obere Machtstufe die Entscheidungsmöglichkeit der unteren Stufen vorwegnimmt. Die Konfiskation der Handlungsfähigkeit zugunsten der oberen Entscheidungsebene soll durch die Anwendung des Subsidiaritätsprinzips unterbunden werden. Der Pragmatismus des Konzepts sollte nicht täuschen. Es wurde nicht erst für und in der modernen Gesellschaftsordnung ins Leben gerufen. In der Tat, das „*subsidiarii officii principium*" entsteht unter der Feder des Philosophen und Theologen Thomas von Aquin im XIII. Jahrhundert.[233] Die Wurzeln des Prinzips sind letztlich in der Theologie zu finden und nicht in der modernen Staatslehre. In Anbetracht seiner langen Geschichte als theologisches Prinzip ist seine Übertragung ins positive Recht durchaus neu. Ins positive Recht übertragen, sollte das Subsidiaritätsprinzip als Prinzip verstanden werden, das für Ordnung in der Gestaltung des organischen Rechts sorgen sollte. Faktisch brachte die Einführung dieses theologisch-philosophischen Prinzips in der juristischen Sphäre Unordnung. Der von unten nach oben ausstrahlende Effekt bleibt in manchen Kontexten schlichtweg aus. Diese neue Entwicklung ist sicherlich auf die Formulierung des Prinzips im positiven Recht zurückzuführen, welche gegensätzliche Auslegungen zulässt. Oder liegt sie in der Angewohnheit der Juristen, alle Klauseln, alle Prinzipien strittig zu machen, um alles und sein Gegenteil zu beweisen? Über diesen juristischen Streit hinaus bleibt unverkennbar, dass das Prinzip in seinem aktuellen Verständnis untrennbar mit dem föderalistischen Organisationskonzept verbunden ist.

Die folgenden Ausführungen werden sich zunächst der Entstehung des Prinzips in der Theologie und seiner Anwendung in der katholischen Soziallehre widmen (1), um sein modernes Verständnis besser erfassen zu können. Die Versuche einer Säkularisierung des Prinzips werden dann erörtert (2), da diese außerkirchlichen Konzeptualisierungen den Weg zum Übergang vom moralischen Postulat zur normativen Regel ebnen (3).

233 Siehe *Clergerie, Jean-Louis,* Le principe de subsidiarité, Paris, 1997, S. 12: "Le subsidiarii officii principium dont Aristote et surtout Saint Thomas d'Aquin ont été les premiers à parler […]".

1- Der theologische Ursprung des Prinzips

a- Allgemeinwohl und Begrenzung des Staates bei Sankt Thomas von Aquin: erste Umrisse des Subsidiaritätsprinzips

Der Geist des Subsidiaritätsprinzips entsteht aus *Thomas von Aquins* (1225-1274) Ordnungsdenken. Er selbst wurde von *Aristoteles* inspiriert. Die Lehre eines der größten Philosophen der Antike gewann ab dem XIII Jahrhundert durch eine Reihe von Übersetzungen, die seine Verbreitung in die Philosophie ermöglichten, wieder an Bedeutung. Nicht, dass *Aristoteles* in der christlichen Welt ein Unbekannter gewesen wäre. Durch die Übersetzung und Auslegung von *Ibn Sinâ* (980-1037) – auch Avicenna genannt – oder *Ibn Rushd* (1126-1198) – auch als Averroès bekannt – strahlten die Philosophie und die soziopolitischen Prinzipien des *Aristoteles* wieder in die christliche Geisteswelt aus. Zu Zeiten von *Thomas von Aquin* jedoch, der in Italien und Frankreich studierte, blühte die Philosophie des Meisters durch diese neuen Übersetzungen wieder auf.[234] Er selbst wurde durch die Philosophie des *Aristoteles* tief geprägt. Seine eigene Philosophie versucht Glaube und Vernunft, Theologie und Philosophie zu vereinbaren, und er ist insofern einer der wichtigsten Denker der katholischen Kirche. Die Anerkennung und die Unterstützung der katholischen Institutionen sind ihm gewiss. Er wurde im Jahre 1323 von Papst Johannes XXII. selig gesprochen, und im Jahre 1567 erhält er den Ehrentitel „Doktor der universellen Kirche“ durch Papst Pius V. Noch heute strahlt seine Theo-Philosophie durch die Vielschichtigkeit und sein zeitübergreifendes Verständnis der gesellschaftlichen Organisation in die katholische Lehre, aber auch in die säkulare Philosophie aus.

Wie Aristoteles vor ihm, schlägt *Thomas von Aquin* eine umfassende Analyse der objektiven Regeln vor, die über die gesamten menschlichen Aktivitäten herrschen. In ihren politischen Aktivitäten sollten die Menschen sich bemühen, das Allgemeinwohl zu erreichen. Dabei sollten sie ihr Handeln an vier „grundlegenden Tugenden“ (oder auch Kardinaltugenden genannt) orientieren: der Vorsicht, der Kraft, der Mäßigkeit und der Gerechtigkeit. Die Letztere ist auch die Wichtigste für *Thomas von Aquin*. Sie sollte das Herz der Politik sein. Lediglich wenn jedes Individuum nach dem Gerechtigkeitssinn handelt, bekommt auch jeder, was er verdient hat. *Thomas von Aquin* spricht viel vom Individuum und von individuellem Handeln. Er stellt sich jedoch die Gesellschaft nicht vor als die Summe von isolierten Individuen, die nichts oder wenig miteinander zu tun haben, sondern vielmehr als Gesamtheit: Jedes Individuum ist Teil dieser Gesamtheit und soll dementsprechend eine festgelegte Rolle einnehmen. Dies steht in Analogie zum menschlichen Körper: Damit das Ganze reibungslos und harmonisch funktionieren kann, müssen die einzelnen Körperteile eine bestimmte Funktion erfüllen. Dabei gilt für den Körper wie für das Individuum, dass ein

234 Siehe dazu *Jean-Louis Clergerie*, Le principe de subsidiarité, Paris, 1997, S. 9 ff.

Eingreifen in die Funktion der anderen Teile unerwünscht ist. Ein solches Eingreifen stört die Erfüllung der Einzel-Funktionen und gefährdet somit das Ganze. So sollte es im Familienkreis sein und auch global betrachtet auf der Ebene der *cité*[235]. Die *cité* kann mit einer großen Familie verglichen werden, in der jedes Mitglied eine gewisse Funktion erfüllt, die genau im Verhältnis zu seinen Fähigkeiten stehen sollte. Handelt man nach der Tugend der Gerechtigkeit, sollte jedes Individuum sein gesamtes Handeln dem Allgemeinwohl unterwerfen. Nach *Thomas von Aquin* gilt:

> „La justice règle les rapports de l'homme avec son semblable. Or cela peut avoir lieu de deux manières: ou bien à l'égard d'un homme individuellement considéré; ou bien à l'égard du prochain en général, dans ce sens qu'un homme qui se rend utile à toute une société se rend par là même utile à tous les individus qui la composent. Et la justice peut, sans sortir de sa nature, s'appliquer à ces deux sortes de rapports. Mais il est évident que tous ceux qui forment une société sont par rapport à cette même société comme les diverses parties par rapport au tout. Or, tout ce qui est dans la partie appartient au tout; et par suite, tout bien de la partie peut se rapporter au bien du tout, d'après cela le bien d'une vertu quelconque, soit qu'elle ait pour objet d'ordonner l'homme par rapport à luimême, soit qu'elle l'ordonne par rapport à quelques personnes en particulier, peut toujours se ramener au Bien commun, qui est l'objet de la justice. Et de cette manière les actes toutes les vertus peuvent entrer en quelque sorte dans la justice, en tant que celle-ci ordonne l'homme par rapport au Bien commun. Voilà comment s'explique le nom de vertu générale donné à la justice."[236]

Zum Begriff der „allgemeinen Gerechtigkeit" (Frage 58, Art. 5, Summa theologicae) kommentiert *Arthur F. Utz*: „Der Mensch lebt naturhaft in der Gemeinschaft von Menschen, er bildet also einen Teil eines Ganzen und ist somit dem Ganzen gegenüber verpflichtet. Überraschend für das moderne Denken über die Menschenrechte kommt sodann die völlig aristotelische Wendung: 'Der Teil aber ist, was er ist, durch das Ganze'. Darum steht der ganze sittliche Mensch in der Spannweite der Gerechtigkeit, nämlich der Gemeinwohlgerechtigkeit. Aus

---

235 Im Sinne von polis, also politischer Gemeinschaft.

236 Siehe *Thomas von Aquin/Clergerie,Jean-Louis (Übersetzer)*, Somme théologique, IIa-IIae, question 58, article 5. Die Summa theologicae wird als das wichtigste Werk von *Thomas von Aquin* betrachtet. Diesen Punkt unterstreicht *David Berger* ebenso wie die Tatsache, dass sie das am häufigsten kommentierte und zitierte Werk der mittelalterlichen Theologen ist. Siehe dazu: *Berger, David, Thomas von Aquin* " Summa theologicae", Darmstadt, 2004, S. 7. *Berger* erläutert zudem weiter (s. ebd., S. 45) dass „bezüglich des Titels des Hauptwerkes des Aquinaten [...] im deutschen Sprachraum noch immer zwei konkurrierende Benennungen üblich [sind]: *Summa theologicae* und *Summa theologica*". Er entscheidet sich für die erstgenannte.

diesem Grund erhält dann die Gemeinwohlgerechtigkeit den Namen 'allgemeine Gerechtigkeit'".[237]

In diesen Beziehungen zwischen *cité* und Individuum ziemt es sich, den Einfluss und die Rolle des Staates[238] zu begrenzen, um eine Erfüllung des Allgemeinwohls nicht zu gefährden. Denn in dem Willen, die Macht ganz in seinem Sinn zu gestalten, ist der Herrscher leicht versucht, dem Allgemeinwohl nicht allzu pflichtbewusst zu dienen. Der Staat sollte infolgedessen lediglich die Aufgaben übernehmen, die die verschiedenen Gesellschaftsgruppen selbst nicht effizient durchführen können. Das „*subsidiarii officii principium*" verteidigt die Individuen und die einzelnen Gesellschaftsgruppen gegen eine hegemoniale Macht des Staates. Die individuellen Rechte der Einzelnen sollen den kollektiven Rechten unterworfen sein, aber die Macht des Staates ist begrenzt. Daher sollte der Weg zum Erreichen des Allgemeinwohls dem Willen Gottes folgen. Denn für Sankt *Thomas von Aquin* sollen in dieser Gesellschaftsordnung kirchliche Prinzipien verwirklicht werden. Der Staat sollte nicht verkennen, was er der Kirche schuldet. Er sollte sich den Zielen der Kirche, die nach dem absoluten Guten sucht, nicht entziehen. *Thomas von Aquin* versteht das Allgemeinwohl im religiösen Sinn. Dabei geht es ihm darum, Werte wie Nächsten- und Gottesliebe in den Vordergrund zu stellen. Diese Werte mussten mit philosophischen und säkularen Werten vereinbart werden. Die Begrenzung des Machtstaates dient der Verfolgung von kirchlichen Zielen und nicht der Etablierung einer säkularen Gesellschaftsordnung. Die religiösen Wurzeln des Subsidiaritätsprinzips sind daher unverkennbar. Nach Sankt *Thomas von Aquin* wird sich die katholische Kirche dieses Prinzips bedienen – mehr oder weniger ausdrücklich, um ihr Machtverhältnis zur säkularen Welt und seiner internen Ordnung zu klären.

---

237 Siehe Kommentar von *Utz, Arthur F.*, in: *Aquin, Thomas von/Groner, Josef F. (Übersetzer),* Recht und Gerechtigkeit - Theologische Summe II-II, Fragen 57-79 – Nachfolgefassung von Band 18 der Deutschen Thomasausgabe, Bonn, 1987, S. 308.

238 Gleichwohl beschreibt *Thomas von Aquin* in seinen Prologen zu den Aristoteles-Kommentaren den Staat als die höchste und die vollkommenste Gemeinschaft von allen menschlichen Gemeinschaften: „Bei den Menschen dagegen ordnet er viele Menschen auf eine bestimmte Gemeinschaft hin. Und da es bei diesen Gemeinschaften verschiedene Stufen und Ordnungen gibt, ist die höchste die auf die Autarkie des menschlichen Lebens ausgerichtete Gemeinschaft des Staates. Von allen menschlichen Gemeinschaften ist diese die vollkommenste" (oder in Original: „In ipsis autem hominibus, sicut cum multos homines ordinat in unam quandam communitatem. Quarum quidem communitatum cum diversi sint gradus et ordines, ultima est communitas civitatis ordinata ad per se suffencienta vitae humanae. Unde inter omnes communitates humanas ipsa est perfectissima"). Im Kommentar zur Politik (Prolog), in: *Aquin, Thomas von/Cheneval, Francis/Imbach, Ruedi (Übersetzer)*, Prologe zu den Aristoles-Kommentaren, Frankfurt am Main, 1993, S. 93.

b- Die Subsidiarität: eine wiederkehrende Idee in der katholischen Kirche vom Mittelalter bis heute

(1)- Ein moralisches Prinzip gegen den Zentralismus der katholischen Kirche

Für die katholische Kirche diente das Subsidiaritätsprinzip zunächst einmal als Gegengewicht zum Machtanspruch des Papsttums. Das Prinzip kam zum Tragen, um einen allmächtigen Zentralismus zu verhindern, und erhielt Bedeutung im Verhältnis der katholischen Kirche zu den säkularen Herrschern Europas. Das Papsttum wurde im Konzil von Trient (1545-1563) gezwungen, einen Teil seines universellen Machtanspruchs abzutreten. Seit Papst Gregorius VII. (1073-1085) versucht die katholische Kirche das Dogma der Vorherrschaft des Papstes über die Bischöfe, aber auch über die säkularen Herrscher, zu begründen und anzuwenden. Die Begründung ist im Grunde einfach: der Papst ist der Nachfolger Petri und damit der höchste Richter auf Erden. Insofern kann niemand, sei er auch noch so mächtig, über ihm stehen. Als logische Folge sollte der Vorrang der päpstlichen Macht eingeräumt werden, und zwar nicht nur der spirituellen Macht, sondern auch der temporalen Macht. Nach diesem Dogma besitzt der Papst eine universelle Macht, die ihn ermächtigt, sich in innere Angelegenheiten der Könige Europas einzumischen und mitzuentscheiden.

Der päpstliche Machtvorrang war für viele christliche Könige oder Fürsten ein unerträglicher Zwang und eine nicht akzeptable Begrenzung ihrer Macht. Es gab Jahrhunderte lange Machtkämpfe zwischen diesen Monarchen (vor allem in Frankreich, England und dem Heiligen Römischen Reich Deutscher Nation) und dem Papsttum. Die ersteren wollten sich, was ihre temporale Macht anbelangte, der Obhut der Kirche entziehen. Sie wollten verhindern, dass das Papsttum sich in die inneren Angelegenheiten ihres Reiches einmischte. Für mächtige Monarchen wie den römisch-deutschen Kaiser Friedrich II. von Hohenstaufen (1194-1250) oder König Philippe IV. (auch le bel genannt) von Frankreich (1268-1314) war ein solches Dogma ein zu starker Einschnitt in ihre eigene Macht und konnte nicht geduldet werden. Infolgedessen fingen manche Monarchen an, dem spirituellen Herrscher des Christentums streitig zu machen, dass er aufgrund dieser spirituellen Herrschaft gleichzeitig eine universelle und temporale Macht über sie einforderte. Wenn Frankreich sich auch gern als die „ältere Tochter der Kirche" bezeichnete, so war es für seine Könige dennoch ärgerlich, immer wieder päpstliche Genehmigungen für Hochzeiten u. ä. einholen zu müssen. Grundsätzlich wollten die säkularen Monarchen nicht in eine allzu große Abhängigkeit von einer spirituellen Macht geraten. Der Papst konnte sich, um seine alleinige Machtbefugnis zu rechtfertigen, darauf berufen, dass er in direkter Nachfolge Christi stehe. Der Vorrang des Papsttums war deshalb von den Monarchen schwer in Frage zu stellen. War Ungehorsam nicht gleichzusetzen mit schismatischen Gedanken? Denn ein Urteil des Vertreters Gottes auf Erden in Frage zu stellen, konnte schnell als Häresie geahndet werden. Daher musste die Trennung zwischen temporaler und spiritueller Macht in aller Deutlichkeit bekräftigt werden, um die Thesen von Gregorius VII. zu widerlegen und zu entkräften. Die Unabhängigkeit von der Kirche zu erlangen war langwierig und wurde nicht selten gewaltsam erkämpft.[239] Während die Päpste oft mit Exkommunikationen und Erpressungen allen Art kämpften, scheuten mächtige Herrscher sich nicht, die Päpste persönlich anzugreifen, wenn sie die Gelegenheit dazu bekamen.[240]

Angesichts der immer stärkeren Durchsetzung der säkularen Monarchen gegenüber dem Papsttum wurde es für letzteres unausweichlich, sich von seinen universellen temporalen Machtansprüchen zu verabschieden. Das Papsttum musste anerkennen, dass es den Unabhängigkeitswillen der Staaten zu respektieren hatte. Dafür griff man auf die theologische Lehre von Sankt Thomas von Aquin zurück. Im Konzil von Trient (1545-1563) wurde unterdessen entschieden, dass die zwei verschiedenen Arten von Macht zu trennen seien – die heilige Autorität der Päpste und die königliche Macht. Die gerechte Verteilung der Macht zwischen beiden Seiten sollte nach dem Prinzip der Subsidiarität erfolgen, wie Sankt Thomas von Aquin es dargelegt hatte. Durch die Anwendung des Prinzips wurden die zentralistischen Machtansprüche der katholischen Kirche über die säkulare Monarchie effizient begrenzt und in ihre Schranken gewiesen. Was dem Gottesreich angehörte, sollte der spirituellen Macht unterliegen. Was den säkularen Monarchien zuzuordnen war, sollte auch durch sie verwaltet werden. Über diese Machtverteilung hinaus sollte die Subsidiarität dazu dienen zu verhindern, dass die obere Machtstufe jedwede Vorherrschaft über die unteren Machtstufen ausübt. Es handelt sich dabei nicht um ein juristisches oder gar politisches Prinzip, sondern um ein moralisches Prinzip. Die katholische Kirche (die oberste Machtstufe) verpflichtet sich im moralischen Sinne, auf eine Vorherrschaft über die unteren Stufen (die säkularen Monarchien) zu verzichten. Dass dies politische Auswirkungen hat, ist lediglich eine Konsequenz der Anwendung des Prinzips, nicht aber seine theoretische Begründung.

Eine erhebliche Zeitspanne lag zwischen dieser ersten Anwendung des Prinzips und der derzeitigen Anwendung und dem heutigen positiv-rechtlichen Verständnis der Subsidiarität. Zunächst einmal ist das Prinzip wie oben bemerkt kein juristisches, sondern ein moralisches, ein theo-philosophisches Prinzip. Im Zuge der Entwicklung des Prinzips hat sich seine theoretische Verankerung verändert. Im Laufe mehrerer Jahrhunderte entwickelte sich die Subsidiarität von einem theo-philosophischen Prinzip in der christlich-mittelalterlichen Welt zu einem

239 Dazu s.: *Jean-Louis Clergerie*, ebd., S. 12-16.

240 Philippe IV. z. B. nahm den Papst fest und ließ einen französischen Papst wählen, der sich für Avignon als neue Hauptstadt des Papsttums entschied. So konnte er den Papst besser kontrollieren. Auch die zahlreichen gewalttätigen Konflikte zwischen Friedrich II. und dem Papsttum zeugen von der Heftigkeit der Auseinandersetzung zwischen mächtigen und willenstarken Königen und dem Papsttum.

positiv-rechtlichen im heutigen Föderalismus. Diese Wandlung hinterließ allerdings Spuren, was dazu beitragen kann, die heutige Mehrdeutigkeit des Prinzips besser zu erfassen. Dennoch war das Fundament des Prinzips für spätere Anwendungen sowohl im Rahmen der katholischen Kirche als auch im säkularen Bereich gelegt worden. Festzustellen ist, dass das Subsidiaritätsprinzip in seinen Anfängen gegen die Zentralisierung der geistlichen Macht eingesetzt worden ist. Zudem handelte es sich um eine Supra-Macht, die universelle Regierungsansprüche hatte. Mit anderen Worten: Es ging um grenzüberschreitende Machtansprüche. Diese Supra-Macht stieß auf den Unabhängigkeitswillen der „*souverains*", die sie fest an ihre Weisungen binden wollte. Daraus zu schließen, dass eine Parallele zwischen dem Papsttum des Mittelalters und der heutigen Europäischen Union zu ziehen sei, ist jedoch ein unzulässiger Schritt. Außer dem Merkmal der grenzüberschreitenden Macht der Union gibt es keine Gemeinsamkeiten. So waren die Landesgrenzen im Mittelalter labil. Die europäischen Königreiche, Reiche und Fürstentümer lebten quasi permanent in kriegerischen Auseinandersetzungen. Die Monarchen selbst sahen ihre Herrschaft noch stark von mächtigen Vasallen in Frage gestellt. Die politischen und staatlichen Strukturen in Europa waren vollkommen anders als heute. Das Königreich Frankreich von Philippe IV. weist z. B. nur wenige Gemeinsamkeiten[241] mit der Fünften Französischen Republik auf, usw. Eine vergleichende Analyse der Anwendung der Subsidiarität zwischen dem mittelalterlichen Papsttum und der heutigen EU bleibt also auf Grund der mangelnden Vergleichselemente ein waghalsiges Unternehmen. Was dennoch von Interesse ist, ist die historische Bewertung der ersten Anwendungen des Prinzips. Thomas von Aquin definierte die Subsidiarität als eine Möglichkeit, das Machtstreben eines Herrschers zu begrenzen, wenn er durch seine Ambitionen das Allgemeinwohl gefährden könnte. Dabei sah er aber diese Gefahr von den Staaten ausgehen und nicht von den kirchlichen Institutionen. Ironischerweise sollte das Prinzip jedoch Anwendung finden, um zu verhindern, dass die katholische Kirche durch ihren Vorherrschaftswillen den säkularen Staaten allzu viele Entscheidungsmöglichkeiten nimmt. Tatsache bleibt, dass sich das Subsidiaritätsprinzip im hohen Mittelalter als theologisches und philosophisches Prinzip erwies, das den unteren Machtstufen Schutz gegenüber zentralistischen Machtansprüchen verlieh. Erzielt werden sollte dieser Schutz durch die moralische Verpflichtung der oberen Machtstufe, auf jedwede hegemoniale Macht zu verzichten.

In der jüngeren Geschichte der katholischen Kirche wurde das Subsidiaritätsprinzip erneut angewendet, diesmal allerdings, um die Strukturen innerhalb der Kirche zu reorganisieren.

---

241 Einziger Berührungspunkt ist, dass Historiker die Herrschaft von Philippe IV. als Beginn des Zentralismus in Frankreich sehen , s. spätere Ausführungen.

(2)- Die Katholische Kirche und der Schutz des Individuums

Mit der Entstehung der katholischen Soziallehre als Gegenentwurf zum liberalen Kapitalismus im XIX. Jahrhundert nahm das Subsidiaritätsprinzip eine neue Entwicklung. Die katholische Soziallehre entstand unter dem Impuls von Papst Leo XIII (1878-1903). In seiner Enzyklika „*Rerum Novarum*“ von 1891, der ersten einer Reihe von Enzykliken, die man die Sozialenzykliken nennt, kritisiert Leo XIII. die Entwicklung des liberalen Kapitalismus und fordert die Besinnung auf Werte wie Allgemeinwohl und Solidarität. Er nimmt Anleihen bei der theologischen Lehre der katholischen Kirche und beruft sich auf die Werte und Ideen Thomas von Aquins. Für Papst Leo XIII. lassen das Streben nach materiellen Gütern und die Anhäufung von Besitz die Suche nach dem Allgemeinwohl und nach immateriellen Werten wie Solidarität verblassen. Die katholische Kirche solle darauf reagieren und ihren Schutz auf die immer zahlreicher werdenden ärmeren Menschen ausbreiten, ansonsten bestehe die Gefahr, dass die sozialistische Ideologie rasch bei den Arbeitern an Einfluss gewinne, zum Nachteil der Kirche selbst. Papst Leo XIII. sieht die Rolle der Kirche darin, für mehr Gerechtigkeit zwischen Armen und Reichen zu sorgen: „Die Kirche, als Vertreterin und Wahrerin der Religion, hat zunächst in den religiösen Wahrheiten und Gesetzen ein mächtiges Mittel, die Reichen und die Armen zu versöhnen und einander nahezubringen; ihre Lehren und Gebote führen beide Klassen zu ihren Pflichten gegeneinander und namentlich zur Befolgung der Vorschriften der Gerechtigkeit.“[242] Die Kirche solle das Gleichgewicht zwischen den Mitgliedern der Gesellschaft wieder herstellen, das unter dem Einfluss der liberalen Ideologie erheblich beeinträchtigt wurde. Die Mission der Kirche sei aber eine doppelte. Sie solle auch verhindern, dass der Staat, der zwar bestimmte Leistungen zu erbringen hat, über die ihm zugeschriebenen Aufgaben hinausgeht. Der Staat soll gemäß Leo XIII. zweifelsfrei für Gerechtigkeit zwischen den Mitgliedern der Gesellschaft, „Niederen oder Hohen“[243], sorgen. Er solle jedoch beachten, dass „der Bürger und die Familie [...] allerdings nicht im Staate aufgehen [sollen]“. Die Aufgaben eines Staates, der stets das Allgemeinwohl achtet, liegen darin, dass er für „Ordnung, Zucht und Sitte, ein wohlgeordnetes Familienleben, Heilighaltung von Religion und Recht, mäßige Auflage und gleiche Verteilung der Lasten, Betriebsamkeit in Gewerbe und Handel, günstiger Stand des Ackerbaues und anderes Ähnliche“[244] sorgt. Er soll die Bürger, die Individuen schützen, ihnen beistehen und helfen, jedoch nicht alle Handlungsmöglichkeiten vorwegnehmen. Er soll nach der thomanischen Lehre wie ein umsichtiger Vater gegenüber seinen Kindern handeln. Die Subsidiarität ist zwar nicht explizit benannt, sie ist zwischen den Zeilen jedoch deutlich zu erkennen. Als moralisches Prinzip entfaltet sie ihre Wirkung zugunsten der niedrigsten Entscheidungsebene, seien

242 Siehe Enzyklika „*Rerum Novarum*“, Punkt 16.
243 Siehe Enzyklika „*Rerum Novarum*“, Punkt 27.
244 Siehe Enzyklika „*Rerum Novarum*“, Punkt 26.

es die Individuen selbst oder die untersten Machtstufen, indem die darüber liegende Machtstufe sich verpflichtet, ihre Befugnisse nicht zu überschreiten. Die obere Entscheidungsebene, hier der Staat, sollte lediglich Maßnahmen ergreifen, die einerseits auf die Verwirklichung des Allgemeinwohls abzielen und die andererseits die Handlungsmöglichkeit der niedrigsten Entscheidungsebene respektieren.

Nach der Enzyklika „*Rerum Novarum*" entwickelte sich die Bewegung der katholischen Soziallehre weiter, eine Bewegung, die die Individuen immer mehr ins Zentrum ihrer Fürsorge stellte.[245] Im Kern dieser Lehre stehen folgende Überlegungen: Um das Individuum am effektivsten wahrnehmen und schützen zu können, sollen die Entscheidungen so nah wie möglich an den Bürgern getroffen werden. Der Staat soll eine subsidiäre Rolle spielen, d. h. er soll den Bürgern beistehen, jedoch nicht zu sehr in ihre Autonomie eingreifen. Die Entscheidungsbefugnisse sind infolgedessen besser auf der kommunalen Ebene oder einer anderen mittleren Ebene aufgehoben als auf der staatlichen Ebene. Denn diese lokalen Machtebenen stehen nicht nur den Bürgern nahe, sie verfügen zudem über eine bessere Übersicht der Situation in ihrem Verwaltungsgebiet und sollten daher mehr Entscheidungsbefugnisse haben als die Ebene darüber. Was für die Organisation des Staates gilt, gilt auch für die kirchliche Organisation. Rom und der Vatikan sollten der einzelnen Pfarrgemeinde mehr Entscheidungsmöglichkeiten und Kompetenzen einräumen. Vierzig Jahre nach der Enzyklika von Papst Leo XIII. sollte auch zum ersten Mal das Subsidiaritätsprinzip ausdrücklich genannt werden: in der Enzyklika von Papst Pius XI. (1922-1939) „*Quadragesimo Anno*".

c- Die Krönung des Prinzips der Subsidiarität als fester Bestandteil des Dogmas der katholischen Kirche durch die Enzyklika „Quadragesimo Anno"

Die erste Sozialenzyklika richtete sich gegen die Exzesse des liberalen Kapitalismus und ihre schädlichen Auswirkungen auf die Gesellschaft. Die Enzyklika „*Quadragesimo Anno*", die sie fortführt, ist von der Sorge über die Entstehung und Etablierung einer totalitären Gesellschaftsordnung geprägt. Insbesondere die Etablierung von Mussolinis Faschismus auf italienischem Boden bedrohte die katholische Kirche unmittelbar. Ihre Handlungsfähigkeit wurde durch die totalitäre Machtausübung der Faschisten erheblich begrenzt. Papst Pius XI. erkannte die Gefahr und schlug einen Gesellschaftsentwurf vor, den er in der Enzyklika „*Quadragesimo Anno*" zum 40. Jahrestag der Enzyklika „*Rerum Novarum*" ausführte.
„Es muss allzeit unverrückbar jener oberste (resp. hochbedeutsame) sozialphilosophische Grundsatz festgehalten werden, an dem nicht zu rütteln noch zu deu-

245 Dazu s. *Jean-Louis Clergerie*, ebd., S. 16.

ten ist: wie dasjenige, was der Einzelne aus eigener Initiative und mit seinen eigenen Kräften leisten kann, ihm nicht entzogen und der Gesellschaftstätigkeit zugewiesen werden darf, so verstößt es gegen die Gerechtigkeit, das, was die kleineren und untergeordneten Gemeinwesen leisten und zum guten Ende führen können, für die weitere und übergeordnete Gemeinschaft in Anspruch zu nehmen; zugleich ist es überaus nachteilig und verwirrt die ganze Gesellschaftsordnung. Jedwede Gesellschaftstätigkeit ist ja ihrem Wesen nach subsidiär; sie soll die Glieder des Sozialkörpers unterstützen, darf sie aber niemals zerschlagen und aufsaugen."[246] Man erkennt immer wieder die Elemente, die aus der Lehre von *Thomas von Aquin* abgeleitet sind: die Gerechtigkeit als treibende Kraft in den gesellschaftlichen Beziehungen oder der Vergleich zwischen der Gesellschaft als Ganzes und dem menschlichen Körper. So wie in einem Körper jeder einzelne Teil – sei er auch noch so klein – eine Funktion hat, die nicht von der großen Einheit übernommen werden kann, so soll die übergeordnete Gemeinschaft nicht ihre Macht missbrauchen und die untergeordneten Gemeinschaften sowie den Einzelnen jedweder Handlungsmöglichkeit berauben. Die übergeordnete Gemeinschaft soll stattdessen nach dem Subsidiaritätsprinzip handeln. Ihr Handeln ist subsidiär, d. h. dass sie die untergeordneten Gemeinschaften sowie die Einzelnen unterstützt, wo sie Unterstützung brauchen, und sie andererseits frei handeln lässt, wo sie frei handeln können.

Die Subsidiarität war für die römische Kirche sehr wichtig: Der Vatikan sollte seinen lokalen Gemeinschaften mehr Handlungsspielraum geben. Dies galt aber auch, um die Rechte des Einzelnen gegen ein autoritäres Regime zu verteidigen. Es wurde an das Prinzip angeknüpft, das Sankt Thomas von Aquin herausgearbeitet hat. Diese formelle Entwicklung ging jedoch nicht mit einer inhaltlichen Entwicklung einher. Das Prinzip blieb immer im moralisch-philosophischen Bereich verankert. Demnach ist die Subsidiarität jene moralische Verpflichtung, die die untersten Stufen der Gesellschaft gegen die zentralistischen Machtansprüche der obersten Gesellschaftsstufe schützen soll. Wie jede moralische Verpflichtung ist ihre tatsächliche Anwendung mit der Einhaltung dieser moralischen Verpflichtung durch den Verpflichteten selbst unausweichlich verbunden. Mit anderen Worten: Sie hat keinen zwingenden Charakter. Die Verwirklichung der Subsidiarität hängt in erster Linie vom Willen oder gar vom guten Glauben der Verpflichteten ab. Ihre Anwendung oder Nicht-Anwendung liegt im Bereich des *„fait du Prince"*, d. h. sie ist der höchsten Willkür ausgesetzt.

Dies bewahrheitet sich in der Beobachtung der Praxis der Subsidiarität im Rahmen der katholischen Kirche. Obwohl die Subsidiarität ein immer wiederkehrendes Prinzip in der katholischen Theologie der Nachkriegszeit ist, muss festgestellt werden, dass ihre tatsächliche Anwendung in der Praxis recht begrenzt

246 Zitiert nach *Waschkuhn, Arno*, Was ist Subsidiarität? Ein sozialphilosophisches Ordnungsprinzip: Von Thomas von Aquin bis zur „Civil Society", Opladen, 1995, S. 27.

blieb. Man berief sich oft auf dieses Prinzip, praktizierte es jedoch kaum. So der kritische deutsche Theologe *Hans Küng* im Jahre 1967: Das Subsidiaritätsprinzip, „wie es von Pius XI. in „Quadragesimo anno“ statuiert und von Pius XII. auch auf die Kirche angewendet wurde, [hat] eine wachsende Bedeutung. Dieses allerdings in der Praxis jener Zeit kaum beachtete Prinzip besagt: Was der Einzelne in der Kirche aus eigener Kraft leisten kann, soll nicht die Gemeinschaft, was die untergeordnete Gemeinschaft und Autorität, nicht die übergeordnete Gemeinschaft leisten! Die Gemeinschaft verhalte sich gegenüber den Einzelnen, die übergeordnete Gemeinschaft gegenüber der untergeordneten subsidiär! Man kann es auch so formulieren: Soviel Freiheit als möglich, soviel Bindung als notwendig!“[247]

Die klare Leitlinie der katholischen Soziallehre in der Frage der Subsidiarität kann wie folgt zusammengefasst werden: Gegenüber den untergeordneten Gemeinschaften müssen die übergeordneten Gemeinschaften

- 1. die Zuständigkeit jeder Ebene respektieren,
- 2. wenn nötig helfen und
- 3. ausnahmsweise ergänzen

Die Umsetzung dieser Vorgaben blieb jedoch weitgehend aus.
Darüber hinaus stellt *Clergerie* fest, dass die Hoffnungen, die die Berufung auf die Subsidiarität in der katholischen Theologie erweckt hatte, nur in geringfügiger Weise verwirklicht wurden.[248] Mehr noch: Seit Papst Johannes Paul II. sind die lokalen Gemeinschaften strenger denn je unter die Kontrolle des Vatikans gerückt.
Muss diese Feststellung dennoch als schlechtes Omen für die Übertragung des Prinzips im positiven Recht ausgelegt werden? Wohl kaum, denn der Unterschied zwischen einem moralisch-philosophischen Prinzip und einem rechtlichen Prinzip ist inhaltlich erheblich. Diese Übertragung ist allerdings auch das Ergebnis eines Reifungsprozesses. In der Tat liegt der erste Versuch der Säkularisierung des Prinzips bereits mehrere Jahrhunderte zurück, wie im Folgenden erörtert wird.

---

247 *Küng, Hans,* Die Kirche, Freiburg im Breisgau, 1967, S. 528.
248 Siehe *Clergerie*, ebd., S. 19-20.

2- Die Säkularisierung des Prinzips der Subsidiarität

a- Ein erster Säkularisierungsversuch des Prinzips durch Johannes Althusius

Johannes Althusius (1557-1638) studierte Recht, Philosophie und Theologie. Beeinflusst von der „anti-absolutistischen Vorstellung des frühen politischen Calvinismus (*pactum*, *covenant*) sowie den regionalständischen Traditionsbeständen des Zunft- und Städtewesens (*consociatio*), entwickelte er am Beispiel des Reichs, der Niederlande und der Schweiz ein Gegenmodell zu *Bodins* Konzept der Herrschaftskonzentration, in welchem er das weite Feld der partikularen Gesellschaftskräfte institutionell zu stabilisieren, d.h. zu konstitutionalisieren suchte".[249] *Jean Bodin* (1529-1596), ein französischer Jurist, war einer der ersten Theoretiker des Absolutismus. Er verstand jedoch den Absolutismus als Regierungsform nicht als Tyrannei, sondern als den besten Ausdruck der Souveränität des Staates. In seinem Konzept ist zwar die Macht konzentriert, dies ist allerdings eine Folge der Souveränität, denn Souveränität bedeutet vor allem die Kompetenz, Gesetze zu erlassen. Alle anderen Kompetenzen sind dieser ersten Kompetenz untergeordnet. Dies führt unsausweichlich zu einer pyramidalen Machtorganisation. Diese Konzentration oder Zentralisierung der Macht sollte jedoch nicht zu einem Missbrauch derselben führen. Für *Bodin* ist Absolutismus nicht mit Grenzenlosigkeit gleichzusetzen. Selbst der absolutistische Herrscher unterliegt bestimmten Grenzen. Er soll zum einen die Grundgesetze seines Staates achten und sich zum anderen an die abgeschlossenen Verträge und die Achtung des Allgemeinwohls halten. Die *„monarchie absolue"* in Frankreich wird von dieser Theorie lediglich im Hinblick auf die Machtkonzentration Gebrauch machen.

Althusius erkannte den Missbrauch, den man mit *Bodins* Theorie treiben kann, und entwickelte ein politisches, nichtzentralisiertes Ordnungsmodell: „Familien, die berufgenossenschaftlichen Kooperationen, Gilden und Zünfte, die Städte und Provinzen, also die (privat-) bürgerlich-zivilen Vergemeinschaftungen und die öffentlich-partikularen Verbände, vereinigen sich im konsequenten Aufbau von unten nach oben zum universalen Gesamtverband, und die politische Herrschaft konstituiert sich im Wesentlichen aus der gemeinschaftlichen Kommunikation von Teilhabrechten".[250] Für *Althusius* gewährleistet der Föderalismus, was der Absolutismus nicht annähernd bieten kann: den Respekt vor dem Pluralismus in der Gesellschaft. Die Entstehung des Absolutismus ist mit den Religionskriegen eng verbunden. Korrelativ zu der Zentralisierung der politischen Macht stellt sich deutlich die Frage der Vorherrschaft einer religiösen Gruppe über die ande-

---

249 *Hüglin, Thomas O.,* Johannes Althusius: Eine „alternative" Institutionstheorie der Frühen Neuzeit? in: *Göhler Gerhard (Hrsg.),* Politische Institutionen im gesellschaftlichen Umbruch, Opladen, 1990, S. 204.

250 *Waschkuhn, Arno,* ebd., S. 24.

ren. Eine unannehmbare Perspektive für *Althusius*, der wie oben erwähnt vom Calvinismus beeinflusst wurde. Auch geprägt von naturrechtlichen Theorien konzipierte er eine komplexe und sehr hierarchische Gesellschaftsordnung, die von Grundprinzipien geleitet wird, deren eines er aus der Lehre von Sankt Thomas von Aquin ableitet: das Subsidiaritätsprinzip. Für ihn „vollzieht sich der Gesellschaftsbau von unten nach oben mit grundsätzlicher Kompetenzvermutung bei der niedrigstmöglichen Einheit (Subsidiaritätsprinzip)“[251], wie *Thomas O. Hüglin* es beschreibt.

Mit dem Konzept von *Althusius* wurde die Subsidiarität zum ersten Mal säkularisiert und wandelte sich von einem theologisch-moralischen Prinzip zu einem politisch-rechtlichen Prinzip. Der Beitrag des deutschen Philosophen und Juristen ist für die Verbreitung der Subsidiarität außerhalb der kirchlichen Tradition wesentlich. Auch wenn seine Thesen zu seiner Zeit recht unbekannt blieben, waren sie eine Inspirationsquelle für spätere Philosophen und Denker. Sie beeinflussten die englischen Philosophen des XVII. und XVIII. Jahrhunderts, wie Thomas Hobbes (1588-1679) oder John Locke (1632-1704), sowie die französischen liberalen Denker des XIX. Jahrhunderts, unter anderem *Alexis de Tocqueville* (1805-1859).[252] Parallel zur Entwicklung des Subsidiaritätsprinzips in der katholischen Theologie entwickelte sich die säkularisierte Variante des Prinzips, die ebenfalls die Bürger gegen ein zentralistisches Abdriften des Staates zu schützen versuchte. In der modernen Zeit verweisen insbesondere die Autoren der liberalen Bewegung auf die Subsidiarität.

b- Subsidiarität und liberale Staatstheorie

Für die Theoretiker des Liberalismus ist die Subsidiarität ein Ordnungsprinzip, das eine Bremse für den allgegenwärtigen Vollstreckungsdrang des Staates darstellen soll. Warum sollte der Staat versuchen, alles selbst zu bewerkstelligen, inklusive das, was der Einzelne selbst genauso gut, wenn nicht besser als er machen kann? Die Theoretiker der liberalen Staatstheorie erklären, „da [der Staat] aus der Autonomie des Individuums hervorgegangen war, mussten seine heteronomen Einwirkungen auf das Mindestmaß des Notwendigen beschränkt werden, durften sie den Grund nicht antasten, dem sie entwachsen waren.“[253] Sie suchen passende Instrumente, um die natürliche Willkür des Staates zu unterbinden. Man nähert sich dem modernen Verständnis des Prinzips an, wenn auch bemerkt werden muss, dass hier ein Bedeutungswandel des Prinzips erfolgt. „Das Subsidiaritätsprinzip wirkt hier als Mittel, um die Berechenbarkeit des Staates zu ge-

251 *Hüglin, Thomas O.*, ebd., S. 224.

252 Dazu s. *Clergerie*, ebd., S. 20-31.

253 *Isensee, Josef*, Subsidiaritätsprinzip und Verfassungsrecht. Eine Studie über das Regulativ des Verhältnisses von Staat und Gesellschaft, Berlin, 2. Aufl., 2001, S. 47.

währleisten, als Kalkül, um die Staatszwecke zu limitieren."[254] Wenn bis jetzt das Prinzip als eine Art freiwilliges Geständnis des Staates gesehen werden konnte, um selbst sein Gewaltmonopol zugunsten der untergeordneten Entscheidungsebenen zu begrenzen, sind hier die Machtverhältnisse umgekehrt. Auf Grund der Machtzugeständnisse der untersten Ebene, des Individuums, zugunsten des Staates, ist letzterer in seiner Handlungsmacht begrenzt. Das Prinzip strahlt, anders formuliert, zwar stets von unten nach oben, dennoch ist „Oben" lediglich als das *subsidium* von „Unten" zu betrachten, wie es den Theorien von bedeutenden liberalen Staatstheoretikern wie *Constantin Frantz* (1817-1891), *Otto von Gierke* (1841-1921) oder *Georg Jellinek* (1851-1911) zu entnehmen ist.[255] Das Ergebnis mag bei oberflächlicher Betrachtung in beiden Fällen die Begrenzung der Staaten-Prärogativen sein, die Begründungen, aber auch die Auswirkungen sind jedoch grundverschieden. Wie *Josef Isensee* es ausdrückt: „Der Staat ist nicht Selbstzweck, sondern verwirklicht nur einen *Instrumentalwert.* Das Subsidiaritätsprinzip ist somit nicht das Ergebnis einer vorgegebenen „richtigen" Ordnung, sondern ein Mittel dazu, die richtige Ordnung herzustellen – als Maßstab der Aufgabenverteilung, als Element staatlicher Legitimation."[256] Anders als in der föderalistischen Gesellschaftslehre, wo die Subsidiarität alle Ebenen der Gesellschaft[257] prägt und somit zu einer vertikalen sowie horizontalen Auswirkung des Prinzips führt, ist sie hier lediglich als Regierungsinstrument zu verstehen.

Die Wirkung der Ideen der liberalistischen Staatstheorie auf die praktische Gestaltung der europäischen Staaten im XIX. und XX. Jahrhundert ist tiefgründig, aber nicht unumstritten. Der Beitrag der liberalistischen Staatstheorie zum Verständnis des Subsidiaritätsprinzips ist ebenso erheblich für die spätere Anwendung des Prinzips im positiven Recht. Dieser Beitrag beleuchtet allerdings lediglich eine Seite eines vielfältigen und viel ausgelegten Prinzips. Als besonders stark erweist sich die Bedeutung der Subsidiarität in der deutschen Staatslehre der Nachkriegzeit.

---

254 *Isensee*, ebd., S. 47.

255 Vgl. *Isensee*, ebd., S. 35 ff.

256 Isensee, ebd., S. 47.

257 Zur Beziehung zwischen föderalistischer Staatslehre und Subsidiarität, s. Isensee: „Der Föderalismus beginnt nicht mit staatlichen Institutionen, sondern mit der Ehe, die geradezu als sein Prototyp erscheint in der Weise, wie sie die Prinzipien der Individualität und der Gemeinschaft miteinander verbindet", S. 42.

3- Vom moralischen Postulat zur normativen Regel

a- Die Subsidiarität und die europäischen Verfassungsordnungen

Die Entstehung von neuen Verfassungsordnungen am Ende des Zweiten Weltkriegs, insbesondere mit der Gründung der Bundesrepublik Deutschland, begünstigte die Übertragung des Subsidiaritätsprinzips von der theo-philosophischen Weltanschauung ins positive Recht. Das Prinzip hörte auf, ein frommer Wunsch zu sein, und fand tatsächlich Anwendung auf der verfassungsrechtlichen Ebene.

Die Übertragung erfolgte jedoch nicht auf einen Schlag, und seine Anwendung auf deutsches Verfassungsrecht[258] führte erst einmal zu einer großen Kontroverse.[259] Ein Hindernis auf dem Weg zu einer schnellen Übersetzung des Prinzips in das positive Recht stellte die Tatsache dar, dass das Prinzip seinen Ursprung in der theologischen Lehre hat. Die Dreiecksbeziehung zwischen Staat, Recht und Religion ist emotional stark geladen, was oftmals für einen unsachlichen Umgang der Protagonisten dieses Dreikampfs miteinander sorgt. Seit der grundsätzlichen Trennung zwischen Staat und Kirche in vielen westeuropäischen Staaten sind die Brücken zwischen der geistlichen und der juristischen Welt labil. Die Angst, dass die Religion ihren Einfluss auf sämtliche Ebenen der säkularen Gesellschaft zu vergrößern versucht, war groß. So verschärfte die Übertragung eines theologischen Prinzips auf eine normative Ordnung die Frontlinien erheblich. Auch wenn die Subsidiarität insbesondere in föderalistischen Staaten gewissen Anklang fand, wurde das Prinzip auf Grund seines Ursprungs zunächst skeptisch beäugt. Seine Einführung als juristisches Prinzip fand nicht sofort Beifall und wurde mit gemischten Gefühlen empfangen. Darüber hinaus stellte sich die grundsätzliche Frage, ob es zulässig sei, ein theologisches, für Juristen „exotisches“ Konzept auf das Rechtswesen zu übertragen. Ebenso wurde die Frage gestellt, ob man sich zur Erfüllung eines juristischen Prinzips auf einen naturwissenschaftlichen Beweis berufen könne. Zwar ist die Rechtswissenschaft nicht von den anderen wissenschaftlichen Disziplinen abzukoppeln. Zahlreiche und vielseitige Brücken existieren zwischen der Rechtswissenschaft und beinahe allen anderen Fächern der Wissenschaft. Dennoch ist die Einführung nicht-juristischer Konzepte in ein rechtliches Prinzip stets mit Vorsicht zu betrachten. Denn ein Prinzip, das bis zur besagten Einführung keinerlei oder nur geringfügige verbindliche Wirkungen hatte, kann sich anders auswirken, sobald es zwingende Wirkungen für Subjekt und Objekt des Rechts entfalten soll. Somit ist

---

258 Punkt II.1. wird sich mit dieser ausführlicher befassen.

259 Siehe dazu z. B. *Höffe, Otfried*, „Für die Staatsphilosophie stellt sich nun die Frage, ob man das bislang sozialphilosophische Prinzip der Subsidiarität umstandslos auf staatliche Verhältnisse übertragen kann.“ In: Subsidiarität als staatsphilosophisches Prinzip, in: *Nörr/ Knut, Wolfgang/Oppermann, Thomas (Hrsg.),* Subsidiarität: Idee und Wirklichkeit, Zur Reichweite eines Prinzips in Deutschland und Europa, Tübingen, 1997, S. 59.

eine Mutation des Prinzips zu erwarten. Nicht nur, dass das Prinzip von einem anderen wissenschaftlichen Fach ins Juristische übertragen wird, sondern auch seine Eigenschaften *per se* haben einen Wandlungsprozess zur Folge. Im Fall der Subsidiarität stellte sich z.B. folgende Frage: Bis jetzt war das moralische Prinzip so angelegt, dass die übergeordnete Stufe freiwillig ihre Handlungsmöglichkeiten zugunsten der untergeordneten Stufen begrenzen sollte. Dadurch sollte ermöglicht werden, dass die untergeordneten Stufen immer dann handeln sollten, wenn sie es konnten. Subsidiär trat die übergeordnete Ebene lediglich dann in Aktion, wenn die untergeordneten Ebenen es nicht konnten. Die Verbindlichkeit der Regel blieb hingegen aus.

Anders im positiven Recht: Der allgemeine Sinn bleibt zwar grundsätzlich unverändert. Die übergeordnete Ebene handelt nur da, wo die untergeordneten Stufen eine Hilfe, eine Ergänzung brauchen. Es gibt nun jedoch mindestens zwei erhebliche Änderungen. Das Prinzip ist zum einen nicht allgemein gültig. Es ist unvorstellbar, dass der Staat als Emanation der Volkssouveränität sich untergeordneten Stufen grundsätzlich unterzuordnen hätte. Die Subsidiarität soll und kann nur für bestimmte festzulegende Bereiche gelten. Einige Bereiche sind per se aus einer solchen Kompetenzzuteilung ausgeschlossen,[260] denn sie sind unteilbar und fallen ausschließlich in die Zuständigkeit der übergeordneten Ebene. In einem Fall impliziert Subsidiarität einen zugestandenen Freiraum (moralisch betrachtet), im anderen eine Kompetenzübertragung (rechtlich betrachtet).

Zum anderen ist die Verbindlichkeit eines juristischen Prinzips andersartig als die eines moralischen Postulats. Verstanden als moralisches Postulat ist die Subsidiarität die freiwillig übernommene Verpflichtung der übergeordneten Stufe, den untergeordneten Stufen genug Handelsspielraum einzuräumen. Die Einhaltung dieser Verpflichtungen ist allein der Willkür der übergeordneten Stufe ausgesetzt. Was freiwillig zugestanden wird, kann auch jederzeit gekündigt werden. Die Subsidiarität als Rechtsnorm bindet die übergeordnete Stufe rechtlich an die Einhaltung der Kompetenzübertragung zu Gunsten der untergeordneten Stufe. Eine Änderung dieser Lage kann nur das Ergebnis einer Änderung der betroffenen Rechtsnorm sein. Nicht nur der *Wille* zur Einhaltung der Verpflichtung zwingt die übergeordnete Stufe, das Gebot der Subsidiarität zu befolgen, sondern die *Verbindlichkeit* einer Rechtsnorm. Dieser Unterschied in der Verbindlichkeit lässt sich durch den grundsätzlichen Unterschied zwischen Moral und Recht erklären. Während die Moral als ein Satz von Handlungsregeln bezeichnet werden kann, die einen „inneren Zwang“ für den Menschen darstellen, sind die Regeln des Rechts staatlich erzwingbar. Moral unterscheidet zwischen Gut und Böse, Recht zwischen Legal und Illegal. Diese beiden Wertesysteme stimmen nicht zwangsläufig überein, obgleich das Recht einer bestimmten Gesellschaft von den moralischen Werten dieser Gesellschaft geprägt wird. Man sollte

260 Man denke an die innere Sicherheit.

dennoch nicht zu dem Schluss gelangen, dass Recht und Moral unvereinbar seien. Vielmehr sind beide oft miteinander verschränkt, wie *Jürgen Habermas* zusammenfasst: In vielen Aspekten der modernen Gesellschaftsordnung [werden] „moralische Argumentationen [...] mit rechtlichen Mitteln institutionalisiert".[261] So das Subsidiaritätsprinzip: zunächst ein moralischen Postulat, wird es in einem zweiten Schritt als „rechtliches Mittel" in der Verfassungsordnung institutionalisiert. Dieser Prozess hatte dennoch einen umfangreichen und tiefgründigen Meinungsstreit zur Folge. Vor allem die Frage der Justiziabilität des Prinzips blieb Thema einer Kontroverse.[262]

Diese Institutionalisierung fand zunächst in Deutschland statt. Wie *Isensee* betont: „Obwohl die Verkündung des Subsidiaritätsprinzips in der Enzyklika '*Quadragesimo Anno*' weltweite Resonanz gefunden hatte, erwies sich der Widerhall nirgends als so stark wie im deutschen Kulturkreis."[263] Das Potenzial des Prinzips für die föderalistische Organisation Deutschlands wurde schnell erfasst. Auch wenn die Verankerung des Prinzips in der deutschen Verfassung noch bis 1992 warten musste, fand es in der Praxis sowie in der Rechtsprechung des BverfG. stets Anwendung im deutschen Rechtssystem. Die Verankerung des Prinzips in Art. 23 und 72 Abs. 2 GG kann auch als Anerkennung *a posteriori* im deutschen Verfassungsrecht ausgelegt werden. Sicherlich trug die Einführung der Subsidiarität als Regulativ der Kompetenzausübung in der EG zur endgültigen Verankerung des Prinzips im deutschen Recht bei. Es bleibt allerdings unverkennbar, dass Debatte und Rechtspraxis Anfang der sechziger Jahre bis 1992 als Labor für die Tauglichkeit der Subsidiarität als juristisches Prinzip gelten können.

Die Debatte über den Platz der Subsidiarität in der Rechtsordnung ging über die deutsche Grenze hinaus und erreichte andere europäische Staaten. Auch in Frankreich,[264] geprägt von der Konzeption einer stark zentralistischen und unteilbaren Staatsorganisation,[265] begann die Subsidiarität allmählich in den juristi-

---

261 *Habermas, Jürgen*, Faktizität und Geltung, Beiträge zur Diskurstheoie des Rechts und des demokratischen Rechtsstaats, Frankfurt am Main, 1998, S. 542. Grundsätzlich zur Frage der Beziehungen zwischen Recht und Moral s. *Habermas, Jürgen*, ebd., S. 541-599.

262 Zur Frage der Justiziabilität des Prinzips s. *Zuleeg, Manfred*, Justiziabilität des Subsidiaritätsprinzips, in: *Nörr, Knut Wolfgang/Oppermann, Thomas (Hrsg.)*, Subsidiarität: Idee und Wirklichkeit. Zur Reichweite eines Prinzips in Deutschland und Europa, Tübingen, 1997, S. 185-204. Sowie *Grimm, Dieter*, Subsidiarität ist nur ein Wort, in: Frankfurter Allgemeine Zeitung vom 17. September 1992, S. 38, für die Gegenargumentation. Die Frage der Justiziabilität wird in Punkt A-II-3-3.3 ausführlicher behandelt.

263 *Isensee*, ebd., S. 108.

264 Dieser Punkt wird ausführlich behandelt in Kapitel II-2 dieser Arbeit.

265 Die Tatsache, dass die Gewalt in den Händen des französischen Staates konzentriert ist, lässt vermuten, dass das Subsidiaritätsprinzip dort nur geringfügige Anwendung finden

schen Wortschatz einzudringen. Wenn auf das Prinzip seit 2003 in der Verfassung verwiesen wird, so blieb lange die Frage offen, ob es überhaupt Anhaltspunkte gab, die Subsidiarität in Verbindung mit dem französischen Rechtssystem zu bringen. Denn vom Vertrag von Maastricht 1992, der die Europäische Union ins Leben rief, bis zur französischen Verfassungsreform von 2003 war nur sicher, dass die Subsidiarität durch das Gemeinschaftsrecht einen Platz in der französischen Rechtsordnung hatte. Eine autonome Legitimität im rein französischen Recht blieb umstritten. Es fehlte an den verfassungsrechtlichen Grundlagen.

Ausgerechnet ein französischer Politiker, und zwar Jacques Delors, setzte sich für die Subsidiarität als europarechtliches Prinzip ein.

b- Der Beitrag von Jacques Delors zur Vergemeinschaftung des Prinzips

Die Übertragung des Konzepts in den europäischen Kontext ist das Ergebnis einer jahrzehntelangen Entwicklung. In den Römischen Verträgen gab es keinen „expliziten" Hinweis auf das Subsidiaritätsprinzip. Dennoch ist die Logik der Subsidiarität den ursprünglichen Verträgen nicht vollkommen fremd. So gilt für *Guy Isaac* Art. 308 EGV (jetzt Art. 352 AEUV) als Grundlage für die von ihm so genannte subsidiäre Kompetenz.[266] Mit der EEA und der Einführung einer gemeinschaftlichen Umweltpolitik wird die Subsidiarität erstmals explizit im Unionsrecht benannt.[267]

Die Idee der Einführung des Subsidiaritätsprinzips, um die Kompetenzausübung in der Gemeinschaft zu regulieren, wurde bereits vor dem Vertrag von Maastricht in Erwägung gezogen. In dem Vertragsentwurf zur Gründung der Europäischen Union von *Altiero Spinelli* von 1975 – auch als „*Spinelli*-Projekt" bekannt – wird die Subsidiarität in Art. 12 Abs. 2 definiert. Da dieses Projekt, trotz seiner Verabschiedung durch das EP am 14. Februar 1984, nie verwirklicht werden konnte, war erst in der EEA eine erste Übertragung des Prinzips auf die gemeinschaftliche Ebene ausdrücklich zu finden – ohne dass aber der Begriff der Subsidiarität eingeführt wurde.

---

kann. Siehe dazu den Beitrag von *Jean-Pierre Puissochet*, in: La subsidiarité en droit français, in: *Nörr, Knut, Wolfgang/Oppermann, Thomas (Hrsg.),* Subsidiarität: Idee und Wirklichkeit, Zur Reichweite eines Prinzips in Deutschland und Europa, Tübingen, 1997, S. 205-213.

266 *Isaac, G./Blanquet, M.*, Droit communautaire général, 8. Aufl. 2001, S. 38.

267 Siehe Art. 130r Abs. 4 EWGV: "Die Gemeinschaft wird im Bereich der Umwelt insoweit tätig, als die in Absatz 1 genannten Ziele besser auf Gemeinschaftsebene erreicht werden können als auf der Ebene der einzelnen Mitgliedstaaten. Unbeschadet einiger Maßnahmen gemeinschaftlicher Art tragen die Mitgliedstaaten für die Finanzierung und Durchführung der anderen Maßnahmen Sorge."

Die endgültige Einführung der Subsidiarität als einer der Grundpfeiler der Gemeinschaftspolitik wurde erst mit Artikel 3B des Vertrages von Maastricht verwirklicht. Seit dem Vertrag von Nizza ist das Subsidiaritätsprinzip in Art. 5 EGV verankert. Seit Inkrafttreten des Reformvertrags regelt Art. 5 Abs. 3 EUV die Anwendung der Subsidiarität bezüglich der Kompetenzverteilung zwischen der EU und den Mitgliedstaaten.

Einzelne Beiträge europäischer Politiker oder Beamter, die das Prinzip auf der Gemeinschaftsebene verteidigt haben, müssen hevorgehoben werden. In diesem Zusammenhang erscheint z. B. *Jacques Delors*[268] als treuer Verfechter der Subsidiarität, in der er starke föderale Elemente sieht. Beeinflusst von den visionären Ideen von *Altiero Spinelli* für die föderale Entwicklung der Gemeinschaften, hat er als Politiker seine ganze Überzeugungskraft eingesetzt, um das Prinzip den Bürgern und einem Teil der Politiker nahe zu bringen, ungeachtet der politischen Brisanz der Subsidiarität auf der europäischen Ebene. Vor der Ratifizierung des Vertrages von Maastricht hat er den EG- bzw. EU-Bürgern dieses Prinzip und seine Bedeutung für die Gemeinschaftspolitik vorgestellt. Dies war vor allem in Frankreich notwendig, wo auf Grund der staatlichen Organisation[269] ein solches Prinzip auf wenig Vorkenntnisse und Verständnis in der Bevölkerung stieß. Für *Delors* hat das Subsidiaritätsprinzip eine weitere Dimension: es ist nicht nur ein rechtliches, sondern auch ein politisches Prinzip: „Subsidiarity is not just a philosophical or legal debate, it is also a political one".[270]

Die Flexibilität, die dem Prinzip zu eigen ist, lässt ihn auf eine einvernehmliche Lösung der Kompetenzverteilungsprobleme zwischen der EU und den Mitgliedstaaten hoffen: „Parler de subsidiarité, c'est traiter les problèmes le plus près possible de ceux qui sont intéressés, et à l'inverse monter plus haut dans la hiérarchie des pouvoirs, si c'est plus haut qu'on peut mieux les résoudre".[271] Da die Probleme in der EU so vielseitig und komplex sind, soll ihre Lösung nach dem Prinzip der *variablen Geometrie* erfolgen. Genau das wird durch das Subsidiaritätsprinzip ermöglicht. Ist die Klärung einer problematischen Situation besser auf den niedrigen Entscheidungsstufen zu erreichen, so soll es auch geschehen. Erfordert besagte Situation das Handeln der oberen Entscheidungsebenen, um eine befriedigende Lösung zu finden, dann soll es auch so sein. Dies lässt vermuten, dass für *Delors* die Subsidiarität in beide Richtungen wirken kann. Das Prinzip würde also nicht nur von unten nach oben, sondern auch von oben nach unten ausstrahlen. Je nach Situation begünstigt es die untergeordneten oder

---

268 Siehe dazu z. B. den Beitrag von *Jacques Delors*, in: Subsidiarity: the challenge of change, proceedings of the *Jacques Delors* Colloquium 1991, S.7-18.

269 Siehe Punkt II-2

270 Siehe in: *Delors, Jacques,* Subsidiarity: The challenge of change, in: Proceedings of the Jacque Delors Colloquium 1991, Maastricht, 1991, S. 18.

271 Siehe in: *Delors, Jacques,* L'Europe tragique et magnifique. Les grands enjeux européens, Paris, 2006, S. 80-81.

die übergeordneten Ebenen und nicht ausschließlich die untergeordneten Ebenen. Als Politiker übersieht er schnell die damit verbundenen juristischen Einwände.[272]

Seine Sorge war eine andere. Besorgt um die Akzeptanz einer immer enger werdenden Union der Mitgliedstaaten durch die europäischen Bürger, sah er in der Subsidiarität vor allem eine Möglichkeit für diese Bürger, den Vergemeinschaftungsprozess besser zu verstehen und ihn deshalb zu unterstützen:„ (...) subsidiarity is certainly a way of explaining the federal approach: it is important for the citizen to be able to understand in global terms what belongs to each of the levels of authority, otherwise democracy is affected."[273]

Die Entwicklung des Prinzips der Subsidiarität scheint ihm Recht gegeben zu haben. Die Anwendung des Prinzips ist zwar weiterhin Gegenstand von Kontroversen, institutionell-rechtlich betrachtet ist die Position des Prinzips nach beinahe achtzehn Jahren jedoch gefestigt. Subsidiarität in der EU ist eine juristische Tatsache geworden. Der Aktionsradius der Subsidiarität duchdringt das gesamte Gemeinschaftsrecht und nicht nur den Bereich der Kompetenzverteilung. Subsidiarität hat sich als europarechtliches Prinzip etabliert, auf das als wichtige Grundlage des Einigungsprozesses Bezug genommen wird. So *Stefan Kadelbach* über die Unionsbürgerschaft bzw. über die Entstehung bürgerlicher Identitäten im europäischen Mehrebenensystem: „Das Leitmotiv der Kultur im Sinne einer fortschreitenden Homogenisierung zu verstehen, wäre allerdings ein Missverständnis, da die Union auf die Diversität der Kulturen Europas setzt und diese als wichtigsten Daseingrund des Subsidiaritätsprinzips akzeptiert hat."[274]

Zusammenfassend kann bemerkt werden, dass die Subsidiarität erst nach einem langen und konfliktreichen Prozess zum europarechtlichen Prinzip in seiner jetzigen Form wurde. Angewendet auf das Modell der konzentrischen Kreise spielt das Subsidiaritätsprinzip eine Rolle zwischen dem Zentrum der Kreise (die übergeordnete Stufe, also die europäische Ebene) und dem zweiten Kreis (die untergeordnete Stufe, also die mitgliedstaatliche Ebene[275]). In Bezug auf seine Rolle bei der Kompetenzausübung zwischen der Gemeinschaftsebene und den Mitgliedstaaten bleiben allerdings Unklarheiten. Denn je nachdem, welche Vision Europas vertreten wird, wird die Subsidiarität einerseits zur Begrenzung der gemeinschaftlichen Intervention in die souveränen mitgliedstaatlichen Bereiche oder aber als Instrument föderalistischer Machtausübung durch die EU herange-

272 Siehe Kapitel B dieser Arbeit.

273 Siehe in: *Delors, Jacques*, ebd., S. 18.

274 Siehe *Kadelbach, Stefan*, Unionsbürgerschaft, in: *Bogdandy, Armin von/Bast, Jürgen (Hrsg.)*, Europäisches Verfassungsrecht, Theoretische und Dogmatische Grundzüge, Heidelberg, 2. Aufl., 2009, S. 649.

275 Seit dem Inkrafttreten des Reformvertrags ist die Unterteilung dieser Ebene in staatliche, regionale und lokale Ebene besser zu verstehen.

zogen. Diese Interpretationsschwierigkeit wird von den Gesetzestexten selbst nicht behoben.

II- Zu den Grundlagen eines europäischen und gemeinschaftlichen Rechtsprinzips

Hier wird es zunächst um die Rolle des Subsidiaritätsprinzips in der deutschen Verfassungsordnung gehen (Punkt 1), die tatsächlich der Übertragung ins Europarecht den Weg geebnet hat. Ein Zwischenschritt wird dabei ein Vergleich zwischen der französischen und der deutschen Rechtsordnung sein, da angesichts der verschiedenen Rechtstraditionen das Subsidiaritätsprinzip in den jeweiligen Rechtsordnungen unterschiedlich aufgefasst wurde (Punkt 2).

1- Die Subsidiarität und das deutsche Verfassungsrecht: zwischen Rechtstradition und Rechtsstreit

Nach der Enzyklika „Quadragesimo Anno“ von Papst Pius XI. aus dem Jahr 1931 flackerte das Prinzip in der Nachkriegsgesellschaft in Deutschland wieder auf. Eine rechtliche Kontroverse über das Prinzip wurde entfacht. Die Verankerung des Subsidiaritätsprinzips im Vertrag von Maastricht ließ die alte Debatte über das Subsidiaritätsprinzip im deutschen Verfassungsrecht von neuem aufleben. War das Subsidiaritätsprinzip tatsächlich eine ungeschriebene Norm des deutschen Verfassungsrechts? Brauchte man es überhaupt, um die föderale Struktur der BRD zu stützen? Eine Verfassungsänderung von 1992 schaffte endgültig Klarheit, zumindest was die positiv-rechtliche Lage des Prinzips bezüglich seiner Anwendung im Gemeinschaftsrecht anbelangte.

a- Gebot der Klugheit vs. Verfassungsgrundsatz

„Als der Gesetzgeber 1961 unter Berufung auf das Subsidiaritätsprinzip den Vorrang der freien Träger der Jugendhilfe und Sozialhilfe vor den öffentlichen statuierte, entbrannte ein weltanschaulicher Grundsatzstreit (...)“.[276] Die Details eines längst vergessenen Sachverhaltes[277] werden hier nicht aufgegriffen. Nur die entscheidenden Punkte der Debatte über die Subsidiarität werden hier in den Vordergrund gestellt, um den Forschungsstand der deutschen Literatur zu dieser

276 Isensee, Josef, Subsidiarität – das Prinzip und seine Prämissen, in: *Blicke, Peter/Hüglin Thomas O./Wyduckel, Dieter (Hrsg.),* Subsidiarität als rechtliches und politisches Ordnungsprinzip in Kirche, Staat und Gesellschaft. Genese, Gestaltungsgrundlagen und Perspektiven an der Schwelle des dritten Jahrtausends, Berlin, 2002, S. 129.

277 Zur Stand der Debatte vor dem Urteil des BVerfG von 1966 s. die detaillierte Schrift von *Schütz, Jörg,* Der Grundsatz der Subsidiarität im Grundgesetz, Würzburg, 1965.

Problematik skizzieren zu können. Im Grunde genommen lassen sich die Ansichten zur Frage der Subsidiarität in zwei Schulen unterteilen. Die eine sieht keinerlei verfassungsrechtliche Verankerung des Prinzips in der deutschen Rechtsordnung, während die andere die Subsidiarität zunächst als einen ungeschriebenen Verfassungsgrundsatz und mit der Verfassungsänderung von 1992 als anerkannten Verfassungsgrundsatz betrachtet.

Die erste Auffassung wird in der Literatur vielfach geteilt. Es ist nicht so, dass für die Verteidiger dieser Position der Subsidiarität kein Wert beigemessen würde. Sie wird zwar als kluges technisches Instrument wahrgenommen, jedoch nicht als positiv-rechtliches Instrument, sondern eher als abstrakte Regel. An diese sollte sich der Gesetzgeber in zweideutigen Fällen halten, um eine harmonische Kompetenzverteilung zwischen Bund und Ländern zu bewahren. Subsidiarität, wieder als moralisches oder rechtphilosophisches Prinzip aufgefasst, kann eine „gute“ Verwaltung fördern. Sie als in der Verfassung verankertes Prinzip darzustellen, entspräche aber dem deutschen positiven Recht in keiner Weise. Dies wäre eine Überinterpretation des Verfassungswortlautes. *Roman Herzog* gehört dieser Schule an und drückt sich diesbezüglich wie folgt aus: „Denn dass das GG einen Vorrang des Menschen vor dem Staat anerkennt, ist schlechterdings nicht zu bestreiten. [...] Nur muss davor gewarnt werden, aus dieser Tatsache ein Prinzip herzuleiten, das für Theorie und Praxis so wenig leistet wie das Subsidiaritätsprinzip in seiner gegenwärtigen Ausgestaltung“.[278] Die Verfassungsreform von 1994 und die Ergänzung des Art. 23 Abs. 1 S. 1 GG[279] ändern grundsätzlich nichts an dieser Auffassung. Denn wenn auch Subsidiarität ausdrücklich im deutschen GG festgeschrieben ist, so ist die Geltung dieses anerkannten Prinzips auf den europarechtlichen Kontext „begrenzt“. Die Subsidiarität gilt im deutschen Recht nur in Verbindung mit dem Gemeinschaftsrecht. Es gibt keine allgemein gültige, verfassungsrechtliche Anerkennung des Prinzips, und die Situation in der internen Rechtsordnung bleibt unverändert. Auch nach der Einführung/Änderung des Art. 72 Abs. 2 GG durch die Verfassungsreform von 1994 sei, so die Autoren dieser Schule, das Prinzip nicht eindeutig in der Verfassung zu finden. Da Art. 72 Abs. 2 keinen ausdrücklichen Verweis auf die Subsidiarität macht, sei es waghalsig zu behaupten, dass die „Bedürfnisklausel“ dieses Artikels eine positivrechtliche Umsetzung des Prinzips im deutschen Verfassungssystem darstelle.

278 Siehe *Moersch, Wolfram,* Leistungsfähigkeit und Grenzen des Subsidiaritätsprinzips. Eine rechtsdogmatische und rechtspolitische Studie, Berlin, 2001, S. 92.

279 Art. 23 Abs. 1 S. 1 GG: „Zur Verwirklichung eines vereinten Europas wirkt die Bundesrepublik Deutschland bei der Entwicklung der Europäischen Union mit, die den demokratischen, rechtsstaatlichen, sozialen und föderativen Grundsätzen und dem Grundsatz der Subsidiarität verpflichtet ist und einen diesem Grundgesetz im Wesentlichen vergleichbaren Grundrechtsschutz gewährleistet.“

Dem gegenüber steht die zweite Schule, die einen gegensätzlichen Standpunkt vertritt, wenn auch in der Literatur eher minderheitlich. Für einige Autoren ist in der Tat die Subsidiarität als ein ungeschriebener deutscher Verfassungsgrundsatz anzuerkennen. In seiner ausführlichen Studie über das Subsidiaritätsprinzip zitiert *Wolfram Moersch*[280] z.B. *Theodor Maunz* und *Otto Kimminich*. Er bewertet allerdings die Beiträge dieser Autoren zur Begründung dieser These als wenig überzeugend. Dass die Subsidiarität in Verbindung mit der Anwendung des Gemeinschaftsrechts einen Verfassungsrang erhält, festigt für die Autoren, die diese Auffassung teilen, die Position der Subsidiarität als vollwertigen Bestandteil der deutschen Verfassungsordnung. Den endgültigen Durchbruch des Prinzips als deutsches positivrechtliches Prinzip sehen auch diese Autoren naturgemäß in der Verfassungsreform von 1994. Das Subsidiaritätsprinzip sei faktisch leicht erkennbar in der Formulierung des Art. 72 Abs. 2 GG. Ebenso erkenne man in der Formulierung „wenn und soweit" das Erfordernis der zu erfüllenden Bedingungen, um die Anwendung der Subsidiarität zugunsten des Bundes ausfallen zu lassen. Diese Auffassung hat ihre Fürsprecher, aber ihre Gegner sind in der Mehrheit.

Über diese beiden Frontlinien hinaus ist es Fakt, dass heute noch die Frage des verfassungsrechtlichen Rangs der Subsidiarität in der deutschen innerstaatlichen Verfassungsordnung offen bleibt.[281] Für *Isensee* hat „das Subsidiaritätsprinzip in seiner allgemeinsten Form als Prinzip keinen vollnormativen Charakter. Es eignet sich auf seiner höchsten Abstraktionsstufe nicht zum Obersatz eines rechtlichen Subsumptionsschlusses. Es ist nicht rechtstechnisch 'vollziehbar'. Vielmehr bedarf es vermittelnder Konkretisierungen". [282] Konkretisierungen finden sich z.B. im Bereich der Grundrechte. Offen bleibt die Frage, ob die Bedürfnisklausel des Art. 72 Abs. 2 GG ein Niederschlag des Grundsatzes der Subsidiarität ist oder nicht. Nach *Isensee* ist „die Kompetenzsperre des Art. 72 Abs. 2 GG unbestimmt gefasst und daher in ihrer rechtspraktischen Bedeutung prekär".[283] Sicherlich ist die folgende Formulierung nicht konkret genug, um einen ausdrücklichen Verweis auf das Subsidiaritätsprinzip darzustellen: „Auf den Gebie-

280 *Moersch, Wolfram*, ebd., S. 87.

281 Siehe z. B. dazu *Scholz, Rupert*, Subsidiaritätsprinzip und zu erneuernde Staatlichkeit, in: *Depenheuer, Otto/Heintzen, Markus/Jestaedt, Matthias/Axer, Peter (Hrsg.)*, Staat im Wort, Festschrift für *Josef Isensee*, Heidelberg, 2007, S. 296.;*Moersch, Wolfram* Leistungsfähigkeit und Grenzen des Subsidiaritätsprinzips, Eine rechtsdogmatische und rechtspolitische Studie, Berlin, 2001, S. 85. In seiner 2. Fußn. bemerkt der Autor, dass für ihn „das Subsidiaritätsprinzip für die innerstaatliche Rechtsordnung keinen positivrechtlichen Niederschlag im Grundgesetz gefunden hat".

282 *Isensee, Josef*, Subsidiaritätsprinzip und Verfassungsrecht. Eine Studie über das Regulativ des Verhältnisses von Staat und Gesellschaft, Berlin, 2. Aufl., 2001, S. 313.

283 Isensee, Josef, Subsidiarität – das Prinzip und seine Prämissen, in: *Blicke, Peter/Hüglin Thomas O./Wyduckel, Dieter (Hrsg.)*, Subsidiarität als rechtliches und politisches Ordnungsprinzip in Kirche, Staat und Gesellschaft. Genese, Gestaltungsgrundlagen und Perspektiven an der Schwelle des dritten Jahrtausends, Berlin, 2002, S. 155.

ten des Artikels 74 Abs. 1 Nr. 4, 7, 11, 13, 15, 19a, 20, 22, 25 und 26 hat der Bund das Gesetzgebungsrecht, wenn und soweit die Herstellung gleichwertiger Lebensverhältnisse im Bundesgebiet oder die Wahrung der Rechts- oder Wirtschaftseinheit im gesamtstaatlichen Interesse eine bundesgesetzliche Regelung erforderlich macht" (Art. 72 Abs. 2 GG).

Dass den Ländern in den ausgewiesenen Bereichen die Gesetzgebungskompetenz zusteht, „wenn und soweit" eine Inanspruchnahme der Gesetzgebung durch den Bund nicht erforderlich wird, ähnelt allerdings stark dem Grundsatz der Subsidiarität: die untergeordneten Stufen sollen zuständig sein, solange ein Handeln der übergeordneten Stufe nicht erforderlich ist. Da die Logik der Subsidiarität nur zugrunde gelegt und nicht ausdrücklich erwähnt ist, ist es schwer, einen endgültigen Entschluss zugunsten oder gegen eine „positivrechtliche Umsetzung des Subsidiaritätsprinzips"[284] in der deutschen innerstaatlichen Verfassungsordnung herauszulesen. Daher sind vermittelnde Positionen vertretbar. *Thomas Würtenberger* z. B. unterstreicht, dass „wenn auch das Grundgesetz für den innerstaatlichen Bereich das Subsidiaritätsprinzip nicht als Verfassungsprinzip nennt, so decken doch einige Regelungen des Grundgesetzes Teilbereiche des Subsidiaritätsprinzips ab. (...) Gleichfalls sieht man in der Garantie der Selbstverwaltung von Gemeinden und Gemeindeverbänden, in der bundesstaatlichen Ordnung oder in dem neu gefassten Art. 72 Abs. 2 GG staatsorganisationsrechtliche Konkretisierungen des Subsidiaritätsprinzips".[285]

Insofern kann durchaus ein annehmbarer Kompromiss für die widerstreitenden Standpunkte in der Literatur durch die Wahl einer mittleren Formulierung erzielt werden: Die Bedürfnisklausel des Art. 72 Abs. 2 kann auch als Subsidiaritätsklausel bezeichnet werden. Dass Subsidiarität als einen speziellen Fall regelnde Klausel im GG zu finden sei, entschärft die Kritik, man könne kein allgemein festgeschriebenes Subsidiaritätsprinzip im GG finden. Es entspricht auch der Analyse von *Isensee,* nach der die Subsidiarität eine Konkretisierung benötige, um tatsächlich Anwendung im positiven Recht zu finden. Faktisch ist eine Subsidiaritätsklausel eine solche Form der Konkretisierung. Sie ist nicht allgemein gültig, sondern gilt nur unter Berücksichtigung der einschlägigen Verweise im GG und wenn zudem bestimmte Bedingungen erfüllt sind.

284 Formulierung von *Isensee*, ebd., S. 154.

285 *Würtenberger, Thomas,* Subsidiarität als verfassungsrechtliches Auslegungsprinzip, in: *Blicke, Peter/Hüglin Thomas O./Wyduckel, Dieter (Hrsg.),* Subsidiarität als rechtliches und politisches Ordnungsprinzip in Kirche, Staat und Gesellschaft. Genese, Gestaltungsgrundlagen und Perspektiven an der Schwelle des dritten Jahrtausends, Berlin, 2002, S. 199-200.

b- Die Subsidiaritätsklausel des Art. 72 Abs. 2 GG: Unitarisierungsprozess oder Wahrung des Föderalismus?

Mit der Anwendung der Subsidiaritätsklausel des Art. 72 Abs. 2 GG kommen weitere ungewollte „Nebenwirkungen" ans Tageslicht. Nicht nur ist unklar, ob mit diesem Artikel die Subsidiarität einen Niederschlag im deutschen Verfassungsrecht gefunden hat, es werden auch in der Literatur Einwände gegen die Wirkungen einer Anwendung des Artikels erhoben. Nach *Stefan Oeter* hat „[d]ie Interpretation dieser Klausel als eine Ermächtigungsnorm zugunsten des Bundesgesetzgebers, die diesem einen sehr weiten, deutlich politisch geprägten Ermessensspielraum eröffne, [habe] die Bestimmung ihrer Funktion weitgehend entkleidet".[286] Mit anderen Worten stellt sich hier in aller Offenheit die Frage der Nebeneffekte der Anwendung des Subsidiaritätsprinzips: Fördert die Subsidiarität tatsächlich den Föderalismus oder wirkt sie nicht unterschwellig wie ein unitarisches Instrument? So formuliert ist die Frage nicht wertneutral und trägt in sich den Ansatz zu einer Antwort. Sie spiegelt die Befürchtungen wider, die in der Literatur oft im Zusammenhang mit dem Subsidiaritätsprinzip geäußert werden: Wie vertrauenswürdig ist die Subsidiarität, wenn es darum geht, die Handlungsfähigkeit der untergeordneten Stufen zu schützen? Ein ungeteilter Erfolg im Rahmen ihrer Anwendung als moralisches Prinzip der katholischen Kirche scheint sie nicht zu sein. Sicherlich kann argumentiert werden, dass ein moralisches Prinzip anders als ein juristisches Prinzip zu bewerten sei, da die Essenz und die zwingende Bindung der beiden verschiedenartig seien. In der Tat sollte dieser Einwand berücksichtigt werden. Deutlich ist jedoch, dass ein Teil der Autoren hinsichtlich der Anwendung der Subsidiarität als juristisches Prinzip Befürchtungen äußert. Es wird vor den ungewollten Nebenwirkungen gewarnt. Das Prinzip, das im Grunde genommen mit der Idee des Föderalismus untrennbar verbunden ist, wird im Gegenteil verdächtigt, föderalismusfeindliche Züge zu entfalten. Die Schuld dafür geben Juristen oft der mangelnden Justiziabilität[287] des Prinzips. Die ganzen Ängste und die Ablehnung gegenüber der Anwendung der Subsidiarität kristallisieren sich in diesem Punkt.

Da Subsidiarität an eine pyramidale Ordnungshierarchie gebunden ist, ist zu erwarten, dass gewisse Ängste gegenüber einer Missbrauchsmöglichkeit des Prinzips durch die übergeordneten Stufen gehegt werden. Bei der Ausübung des Prinzips könnte die übergeordnete Stufe dazu neigen, die Kompetenzen der untergeordneten Stufen zu konfiszieren. Übertragen auf den deutschen Rechtskontext bedeutet dies, dass der Bund, solange und soweit er die Inanspruchnahme seiner Kompetenz gerechtfertigt hat, die Kompetenzen der Länder immer flächendeckender an sich reißen kann. Die Subsidiarität böte dabei einen prakti-

286 *Oeter, Stefan*, Integration und Subsidiarität im deutschen Bundesstaatsrecht. Untersuchungen zur Bundesstaatstheorie unter dem Grundgesetz, Tübingen, 1998, S. 417.

287 Näheres dazu Punkt Teil II- A- II- 3- 3.3.

schen Vorwand, der ihn zu einer Unitarisierung der Bundesrepublik auf Kosten der Handlungsfähigkeit der Länder ermächtigen würde. Diese pessimistische Auffassung verwirklicht sich jedoch offensichtlich nicht. Man kann sicherlich *a contrario* nicht zweifelsfrei behaupten, dass die Subsidiaritätsklausel des Art. 72 Abs. 2 GG einen lückenlosen Schutz für die Kompetenzen der Länder bietet. Die Kompetenzverflechtungen zwischen Bund und Ländern sind allerdings so weit fortgeschritten, dass auch die Verfassungsreform von 2006, auch Föderalismusreform genannt, nur in begrenztem Rahmen Klarheit bezüglich dieser Frage schaffen konnte. Für *Hans Meyer*[288] z. B. hatte die Verschärfung des Art. 72 Abs. 2 GG durch die Verfassungsreform von 1994 so „fatale Folgen"[289], dass Korrekturen notwendig geworden waren. Eindeutige Anzeichen solcher Korrekturen sieht *Meyer* jedoch nicht.[290]

Subsidiarität war unter Verfassungsrechtlern bereits Thema einer Kontroverse geworden, bevor ihre europäischen Nachbarn überhaupt anfingen, sich Gedanken über den „staatsverfassenden Charakter"[291] des Prinzips, wie *Rupert Scholz* es bezeichnet, zu machen. Der Platz des Subsidiaritätsprinzips in der deutschen Verfassungsordnung bleibt allerdings umstritten. Umso unwahrscheinlicher scheint die Übertragung der Kontroverse auf den Nachbarstaat Frankreich, der seit jeher von Zentralismus geprägt ist. Und dennoch stellte sich schon vor der offiziellen Einführung des Subsidiaritätsprinzips in die gemeinschaftliche Rechtsordnung die Frage nach dem möglichen Platz des Prinzips in der französischen Rechtsordnung. Daher ist ein Vergleich zwischen diesen beiden Staaten von gewissem Interesse.

2- Der Blick auf das Subsidiaritätsprinzip in vergleichender Perspektive: Die Bundesrepublik Deutschland und die unteilbare Republik Frankreich

Die Idee der Subsidiarität ist eng mit der Gewaltenteilung im demokratischen Rechtsstaat verbunden. Umgekehrt sollte ein solches Prinzip auf wenig fruchtbaren Boden fallen, wenn ein Staat so organisiert ist, dass die gesamte Staatsmacht auf der obersten Entscheidungsebene konzentriert ist. Die Anwendung der Sub-

288 *Meyer, Hans*, Die Föderalismusreform 2006. Konzeption, Kommentar, Kritik, Berlin, 2008, S. 160 ff.

289 *Meyer, Hans*, ebd., S. 162.

290 *Meyer, Hans*, ebd., S. 211: „Da die Schwierigkeit in der Vagheit der Voraussetzungen der Kompetenzausübung nach Art. 72 Abs. 2 GG liegt, die durch die Rechtsprechung zwar verschärft, aber keineswegs sicherer in der Prognose gemacht worden ist, kann die Lösung allein in der Aufgabe dieser Vorausetzungen liegen, kompensiert durch eine weitere Übertragung von Gesetzgebungsmaterien auf die Länder."

291 *Scholz, Rupert*, Subsidiaritätsprinzip und zu erneuernde Staatlichkeit, in: *Depenheuer, Otto/Heintzen, Markus/Jestaedt, Matthias/Axer, Peter (Hrsg.)*, Staat im Wort, Festschrift für *Josef Isensee*, Heidelberg, 2007, S. 296.

sidiarität in einem Staat, wo Machtkonzentration ein Staatsprinzip ist, kann nur äußerst geringfügig sein. So war es in der Tat auch in der Französischen Republik vor dem Dezentralisierungsprozess, der 1982 begonnen hat. Subsidiarität war kaum ein Thema in der Literatur. Eine langsame Entwicklung führte von der wissenschaftlichen Debatte bis zur ersten Anwendung des Prinzips im juristischen Bereich.

Ein Vergleich der rechtlichen Bedeutung des Subsidiaritätsprinzips in Frankreich und Deutschland ist in zweierlei Hinsicht interessant. Zum einen, weil durch einen Zufall in der Artikelnummerierung die Subsidiarität als verfassungsrechtliches Prinzip jeweils in Art. 72 Abs. 2 GG und Art. 72 Abs. 2 der Constitution von 1958 festgeschrieben ist. Die große Gemeinsamkeit hinsichtlich der Bedeutung der Subsidiarität für die Rechtspraxis in Frankreich und in Deutschland besteht also darin, dass sie ein anerkanntes verfassungsrechtliches Prinzip ist, ohne in Bezug auf die Kompetenzverteilung zwischen den Staatsorganen ausdrücklich in den beiden Verfassungen festgelegt zu sein.[292]
Zum anderen weisen allerdings die französische und die deutsche Auslegung des Prinzips der Subsidiarität frappierende Asymmetrien auf. Die Geschichte der Entwicklung des Prinzips in den beiden Staaten sowie seine Diskussion in der jeweils einschlägigen Literatur sind sehr unterschiedlich. Diese Unterschiede machen sich selbstverständlich in der Anwendung der Subsidiarität in den beiden Rechtsordnungen bemerkbar. Die Ausgangssituation zur Einführung des Prinzips ist geradezu diametral entgegengesetzt: Während in Deutschland das Subsidiaritätsprinzip schon vor der Verankerung des Prinzips im Vertrag von Maastricht in die Verfassungsordnung aufgenommen worden war (siehe obige Ausführungen), war die bloße Erwähnung der Subsidiarität im französischen Recht höchst strittig, wenn sie überhaupt stattfand.

Diese Situation zeigt wiederum die föderative Funktion des Gemeinschaftsrechts: die nationalen Rechtsordnungen werden innerhalb der Union angeglichen und aneinander angepasst - nicht nur um eine rechtliche Ordnung auf Gemeinschaftsebene zu erreichen, sondern auch um eine tiefgreifende „Wertegemeinschaft“ durch harmonisierte nationale Rechtsordnungen hervorzubringen.

a- Staatszentralismus versus Föderalismus

“Fuyez la manie ancienne des gouvernements de trop vouloir gouverner; laissez aux individus, laissez aux familles le droit de faire ce qui ne nuit pas à autrui; laissez aux communes le pouvoir de régler elles-mêmes leurs propres affaires en tout ce qui ne tient pas essentiellement à l’administration de la République; rendez à la liberté individuelle tout ce qui n’appartient pas naturellement à l’autorité

292 Siehe Punkt A-II-2-2.2.

publique et vous aurez laissé d'autant moins de prises à l'ambition et à l'arbitraire."[293] Erstaunlicherweise ist der Schöpfer dieser Worte *Maximilien de Robespierre*, der jakobinische Theoretiker *par excellence*, also ein unerbittlicher Kämpfer für eine unitarische Organisation der französischen Republik – bekanntlich bis zum Exzess und zur Tyrannei. In seiner berühmten Rede vor der *Convention nationale* am 10. Mai 1793 klingen seine Worte wie eine Reminiszenz an das Prinzip der Subsidiarität.[294] Ist das französische Rechtssystem nun trotz seiner zentralistischen Organisation vom Subsidiaritätsprinzip geprägt? *Jean-Pierre Puissochet* verneint dies : „Le mot 'subsidiarité' n'existe ni dans la Constitution, ni dans la législation. Il ne figure actuellement ni dans la jurisprudence du Conseil Constitutionnel, ni dans celle des juridictions. Quant à la doctrine, elle est non seulement peu abondante, mais aussi très récente."[295] Zwar existieren das Adjektiv „subsidiaire" und das Adverb „subsidiairement" in der französischen Rechtsterminologie; diese beide Ausdrücke sind jedoch mit Regelungen oder Maßnahmen, die sekundär oder ergänzend sind, in Verbindung zu bringen. Letztlich ist also das subsidiäre Element in der französischen Verfassung nur entfernt verwandt mit der positivrechtlichen Bedeutung des Subsidiaritätsprinzips im deutschen Verfassungsrecht.

Die Worte von Robespierre lassen sich besser verstehen, wenn man sie mit der europäischen Tradition und Geschichte in Zusammenhang bringt. So betont *Chantal Delsol*: „L'Europe n'a jamais produit d'empire centralisé. Elle a engendré partout des parlements et produit des municipes. Elle a vécu sous le régime des contrats politiques par lesquels la liberté d'autonomie s'établit et se garantit. [...] Elle a grandi, comme disait Proudhon, dans une obsession permanente: comment gouverner ses gouvernements?"[296] Wie konnte Robespierre, geprägt durch die Philosophie der Aufklärung, diesen ewigen Kampf zwischen der *autonomie de la volonté* und den Hoheitsrechten der Regierungen – ob absolutistische oder parlamentarische Monarchien – verkennen? So bedient er sich Theorien, die im Lichte seiner späteren Taten recht hohl klingen. Sicherlich kann Robespierre nicht im Entferntesten als Gründungsvater des modernen rechtspositiven Verständnisses des Subsidiaritätsprinzips gelten. Zu viel Gewicht sollte diesen Worten also nicht beigemessen werden. Tatsache bleibt, dass vor der Veran-

293 Rede über die Verfassung von Robespierre vor der Convention nationale in der Sitzung vom 10. Mai 1793, in: Moniteur Universel, 13. Mai 1793, p. 363, zitiert nach *Puissochet, Jean-Pierre*, La subsidiarité en droit français, in: *Nörr, Knut Wolfgang/Oppermann, Thomas (Hrsg.)*, Subsidiarität: Idee und Wirklichkeit. Zur Reichweite eines Prinzips in Deutschland und Europa, Tübingen, 1997, S. 205.

294 So wie es von Thomas von Aquin dargestellt worden ist.

295 Siehe *Puissochet*, ebd..

296 Siehe *Delsol, Chantal*, La bonne étoile de la subsidiarité, in: *Blicke, Peter/Hüglin, Thomas O./Wyduckel, Dieter (Hrsg.)*, Subsidiarität als rechtliches und politisches Ordnungsprinzip in Kirche, Staat und Gesellschaft. Genese, Gestaltungsgrundlagen und Perspektiven an der Schwelle des dritten Jahrtausends, Berlin, 2002, S. 86.

kerung des Subsidiaritätsprinzips im Vertrag von Maastricht die Logik, die über dieses Prinzip herrscht, der französischen Rechtsordnung fremd war.

Die französische Rechtsordnung ist wie alle Rechtsordnungen das Ergebnis ihrer Geschichte. Charakteristisch für das französische organische Recht ist die unverkennbare Abneigung gegen eine föderalistische Staatsorganisation. Anders als in Deutschland, wo dieses Modell aufblühen konnte, haben sich die französischen Machthaber sehr früh für eine zentralistische Organisation der Macht entschieden. Der Zentralisierungsprozess, der mit Philipp IV[297] begann, wurde während der Französischen Revolution und in der Zeit danach vollendet. Als die Jakobiner die Macht an sich rissen und die Girondisten siegten, wurde die Idee des Föderalismus vollständig begraben. Diese Sichtweise sollte nachhaltige Folgen entfalten, und die Idee des Föderalismus konnte sich in der französischen Geschichte zu keiner Zeit durchsetzen. Sie blieb sehr lange negativ gefärbt und umstritten. Die Originalfassung des Art. 2 Abs. 1 der Constitution[298] von 4. Oktober 1958 (im Folgenden C) spiegelte die zwei Leitprinzipien der Organisation der Französischen Republik wider: Einheitsstaatlichkeit und Unteilbarkeit der Republik. Mit dem organischen Gesetz von August 1995 ging Abs. 1 des Art. 2 C in Abs. 1 des Art. 1 C auf. Er lautet nun: „La France est une République indivisible, laïque, démocratique et sociale. Elle assure l'égalité devant la loi de tous les citoyens sans distinction d'origine, de race ou de religion. Elle respecte toutes les croyances". Die Republik bleibt auf die zwei Prinzipien der Einheitsstaatlichkeit und Unteilbarkeit gestützt, auch wenn seit der Verfassungsreform von März 2003 hinzugefügt worden ist, dass "son organisation est décentralisée". Dieser Zusatz hat eher eine symbolische Bedeutung als eine streng normative Geltung.[299] Die Vorwürfe gegenüber der unitarischen Grundessenz der französi-

297 Unter der Herrschaft von Philipp IV, genannt der Schöne (1285-1314), wurde die Autorität des Königs über seine Vasallen verstärkt. Seine Herrschaft stellt einen Eckstein in der Geschichte der zentralistischen Organisation Frankreichs dar. Er entwickelte und verstärkte die zentrale Administration des Königsreiches (s. dazu: *Bezbakh, Pierre*, Petit Larousse de l'Histoire de France, Paris, 2008, S. 96 ff.) und fügte mit immer größer werdendem Erfolg Französisch als Amtssprache für die in Nordfrankreich geltenden königlichen Rechtsakte ein (s. dazu: *Beaune, Colette*, Naissance de la nation France, Paris, 1985, S.400). Somit kann die Herrschaft Philippe le Bels als Ausgangspunkt für die lange zentralistische Tradition in Frankreich bezeichnet werden.

298 Art. 2 C der Originalfassung der französischen Verfassung vom 04. Oktober 1958 besagt: „La France est une République indivisible, laïque, démocratique et sociale. Elle assure l'égalité devant la loi de tous les citoyens sans distinction d'origine, de race ou de religion. Elle respecte toutes les croyances.
L'emblème national est le drapeau tricolore, bleu, blanc, rouge.
L'hymne national est la « Marseillaise ».
La devise de la République est « Liberté, Égalité, Fraternité ».
Son principe est : gouvernement du peuple, par le peuple et pour le peuple."

299 Siehe dazu das Lehrbuch von *Dupuis, Georges/Guédon, Marie-José/Chrétien, Patrice,* Droit administratif, Paris, 11. Aufl. 2009, S. 240: "Il s'agit là de son organisation territoriale. L'ajout, dont l'intérêt a pu être contesté et dont la portée normative reste discu-

schen Republik sollten so entschärft werden. Hier werden nicht die Einheitsstaatlichkeit und die Unteilbarkeit der Republik relativiert, sondern es wird präzisiert, dass die interne Organisation des Staates dezentralisiert ist. Diese „symbolische“ Ergänzung trägt dem stark zunehmenden Dezentralisationsprozess Rechnung, der 1982 begann. Trotz dieser Dezentralisierungstendenz steht die französische Staatsordnung eindeutig in Opposition zu Art. 20 Abs. 1 GG[300] und der föderalen Struktur der Bundesrepublik Deutschland.

Parallel zur zentralistischen Organisation der Französischen Republik oder gerade als Folge dieser Entwicklung wurden die lokale und regionale Machtebene mit großem Misstrauen[301] betrachtet. Dies ist ebenfalls mit der Geschichte in Zusammenhang zu bringen und mit der noch nicht verblassten Erinnerung an Zeiten, wo die französischen Könige gegen die Machtansprüche ihrer teilweise mächtigen Vasallen angehen mussten. Das Ergebnis dieses tiefen Misstrauens gegenüber der lokalen und regionalen Machtebene und der zentralistischen Organisation des Staates schlägt sich in der weitgehenden Ablehnung der Idee der Subsidiarität in Frankreich nieder. Wenn die Macht so konzentriert wie möglich ausgeübt werden soll, wird keine oder so wenig Kompetenz wie möglich an die unteren Ebenen delegiert.

Wenn der Begriff „subsidiarité“ im internen französischen Recht bis zur Verfassungsänderung vom 28. März 2003 wenig Anwendung und Verteidiger fand, so ist er dennoch dem französischen Recht nicht vollkommen fremd. Die Anwendung des Subsidiaritätsprinzips in Frankreich ist auf die Verankerung des Prinzips im Vertrag von Maastricht bzw. seiner Prämisse in der EEA zurückzuführen. Durch die Ratifizierung des Vertrags von Maastricht ist das Subsidiaritätsprinzip in die französische Rechtsordnung eingeführt worden. Dies bedeutet, dass wenn im Rahmen nationaler Rechtsverfahren die Anwendung des Subsidiaritätsprinzips fraglich sein sollte, es gegebenenfalls zur Anrufung des EuGH im Rahmen des Vorabentscheidungsverfahrens des Art. 267 AEUV kommen kann. Somit hat die Frage der Justiziabilität des Prinzips in Form der Rechtsprechung des EuGH genau so viel Gewicht für Frankreich wie für Deutschland, dessen Rechtstradition mit dem Prinzip vertraut ist.[302]

---

tée, est surtout symbolique. Il marque une volonté de modifier profondément le cadre constitutionnel de l'action des collectivités territoriales, en France et outre-mer”.

300 Art. 20 Abs. 1 GG: „Die Bundesrepublik Deutschland ist ein demokratischer und sozialer Bundesstaat.“

301 Siehe dazu, *Puissochet*, ebd., S. 207.

302 Siehe dazu: *Puissochet*, ebd., S. 213.

b- Perspektiven einer Angleichung der beiden Staatsordnungen unter dem Impuls des Unionsrechts?

Der Verfassungsreform vom 27. Oktober 1994 in Deutschland liegen unitarische Tendenzen des föderalen Staates zugrunde. Die Verfassungsänderung von 2003 in Frankreich ermöglicht im Gegenzug eine Vertiefung des Dezentralisierungsprozesses. Es liegt nahe, daraus zu schließen, dass eine progressive Angleichung der beiden Rechtsordnungen stattfindet, insbesondere im Hinblick auf die Anwendung der Subsidiarität in den beiden Staaten. Die deutsche Verfassungsreform vom 31. August 2006 – auch Föderalismusreform genannt – korrigiert allerdings die daraus entstandene Situation. Denn die Reform von 1994 beruhte zwar auf kompromisshaften Regelungen bezüglich der konkurrierenden Kompetenzen zwischen Bund und Ländern, brachte jedoch keine Klarheit in der Ausübung der konkurrierenden Gesetzgebung.[303] Die deutsche Verfassungsreform von 2006 stellt einen Ausgleich zwischen den föderalen Institutionen her. Die Geltungsbereiche der Subsidiarität werden zudem begrenzt.[304] Ob die neue Entwicklung der Dezentralisierung in Frankreich in der Tat als ein Schritt in Richtung föderale Staatsordnung bezeichnet werden kann, ist fragwürdig. Jedenfalls wurde die Subsidiarität durch die Reform von 2003 im französischen Verfassungsrecht verankert.

Die bisherige Situation bezüglich des Subsidiaritätsprinzips nahm in der Tat mit der Verfassungsreform von 2003[305] und speziell der Ergänzung des Art. 1 C und der Einfügung des Art. 72. Abs. 2 C. eine Wende. Gleichzeitig bereitet diese Verfassungsreform der in der Literatur stattfindenden Debatte über die Frage, ob das Subsidiaritätsprinzip nicht ein ungeschriebenes Recht der französischen Rechtsordnung sei, ein Ende. Eine solche Debatte fand Jahrzehnte zuvor auch in Deutschland statt (siehe Punkt 2.1 Teil II Kapitel A II). Sie war jedoch viel tiefgründiger In Frankreich glich diese Debatte eher einer Randnotiz und wurde le-

303 Dazu s. *Meyer, Hans*, Die Föderalismusreform 2006, Konzeption, Kommentar, Kritik, Berlin, 2008, S. 383 ff.

304 Siehe dazu *Derosier, Jean-Philippe*, "Et au milieu coule une rivière": La subsidiarité et la frontière Rhénane, Signification juridique, implications possibles et portées positives de deux articles 72, alinéa 2 : la subsidiarité, entre principe et objectif, in: Les transferts de compétences de l'Etat aux collectivités locales, *Brisson, Jean-François (Hrsg.)* Paris, 2009, S. 101.

305 Tatsächlich wurde die *décentralisation* in Frankreich schon mit dem Gesetz vom 2. März 1982 bezüglich der Rechte und Freiheiten der Kommunen, Departements und Regionen – auch als Defferre-Gesetz bekannt, eingeführt. Deferre war ein Abgeordneter, der heute als geistiger Vater und Initiator der Gesetze über die Dezentralisierung gilt. Die Verfassungsänderung von 2003 stellt eine Weiterentwicklung der Dezentralisierung dar. Unter anderem steht in Art. 1 Satz 2 C., dass die Organisation der unteilbaren, laizistischen, demokratischen und sozialen Republik Frankreich dezentralisiert ist. Zwischen 1982 und 2003 erfuhr die Entwicklung der Dezentralisierung Höhen und Tiefen. Diese Entwicklung drückte sich hauptsächlich in der Verkündung von Kompetenzübertragungsgesetzen aus.

diglich zwischen einer Handvoll Juristen und Philosophen ausgetragen. Sie fand aber immerhin statt. Während einige, wie *Puissochet*[306], das Subsidiaritätsprinzip als für die unitarisch und zentralistisch organisierten Staaten fremdes rechtliches Element abtaten, verteidigten andere, wie *Jean-Marie Pontier*[307], die Existenz eines solchen Prinzips als faktischen Bestandteil der Rechtsordnung solcher Staaten, auch wenn das Prinzip eher versteckt sei. Dass der Begriff „subsidiarité“ nicht einmal im Inhaltsverzeichnis vieler Verwaltungslehrbücher auftauchte, bekräftigt die Auffassung von *Puissochet.* Die einzige Veröffentlichung zum Thema stammt von *Chantal Millon-Delsol*[308], einer Philosophin. Dies zeigt, wie wenig Aufmerksamkeit die französischen Juristen diesem Prinzip schenkten.

Die Änderung der Verfassung durch das organische Gesetz vom 28. März 2003 „n'annonce nullement une révolution de l'organisation administrative: changer l'Etat comme tendent à le faire les nouvelles dispositions constitutionnelles n'a jamais signifié changer d'Etat."[309] Die Französische Republik bleibt unteilbar, ihre Organisation ist lediglich dezentralisiert, wie Art. 1 Satz 3 C es ausdrückt.[310] Durch die Verfassungsreform von 2003 wandelt sich die Französische Republik nicht von einem zentralistischen Staat zu einer Föderation. Wenn die Rede von einer Angleichung der französischen und der deutschen Verfassungsordnungen sein kann, dann lediglich in Bezug auf die Rolle des Subsidiaritätsprinzips.

Georges Dupuis, *Marie-José Guédon* und *Patrice Chrétien* definieren die Dezentralisierung wie folgt: „Décentraliser consiste à confier l'exercice d'une compétence qui pourrait appartenir aux seuls organes de l'Etat à plusieurs autorités, dont chacune n'a en charge qu'une fraction de la collectivité étatique. Cela revient à diviser une population et à soumettre chacune des parties ainsi déterminées à des pouvoirs différents."[311] Die Gebietskörperschaften, wie die Ge-

---

306 Siehe Puissochet, ebd., S. 206.

307 *Pontier, Jean-Marie,* La subsidiarité en droit administratif, Revue de droit public, 1986, S. 1515.

308 *Millon,-Delsol, Chantal,* L'Etat subsidiaire, Paris, 1992. Millon-Delsol misst allerdings diesem Prinzip eine große Bedeutung bei. In ihrem Lehrbuch "Histoire des idées politiques au XXe siècle" (Aufl. von 1991) schreibt sie: „L'idée de subsidiarité suggère d'établir des garde-fous, permettant d'éviter les débordements socio-économiques de l'Etat, excatement comme la constitution sert de garantie contre l'arbitraire politique de l'Etat", in: *Delsol, Chantal Millon,* Les idées politiques au XXe siècle, Paris, 1991, S. 243.

309 Siehe das Lehrbuch von *Dupuis, Georges/Guédon, Marie-José/Chrétien, Patrice,* Droit administratif, Paris, 11. Aufl. 2009, S. 240.

310 Der Satz 3 wurde durch die Verfassungsreform von 2003 eingeführt und ergänzt somit Art. 1 C.

311 Siehe *Dupuis/Guédon/Chrétien,* ebd., S. 246.

meinden, die Regionen, die Departements[312] oder die überseeischen Körperschaften, erlangen somit eine geringfügige Autonomie, die stets unter staatlicher Kontrolle bleibt. In der föderalistischen staatlichen Ordnung Deutschlands bestehen hingegen neben dem Bund die Länder, die fast alle Attribute eines Staates genießen, wie eine eigene Verfassung, legislative, judikative und exekutive Gewalt. Bundesrecht „bricht" zwar Landesrecht, die Autonomie der deutschen Länder ist aber nicht mit der ausgewählten und begrenzten Kompetenzübertragung zugunsten der französischen Gebietskörperschaften zu vergleichen. Die Dezentralisierung geht über die Dekonzentration der Macht hinaus, indem die Kompetenzen nicht delegiert, sondern übertragen werden. Diese Kompetenzübertragung gleicht eher einer Übertragung von Kompetenzen als einer endgültigen und breitflächigen Autonomieanerkennung. Der französische Staat stellt seinen Gebietskörperschaften gewisse Kompetenzen „zur Verfügung", wie es im Wortlaut des Textes heißt. Der Art. 72 Abs. 3 C sieht zwar vor, dass die Gebietskörperschaften sich durch gewählte Versammlungen[313] selbst verwalten, jedoch lediglich im Rahmen der per Gesetz festgelegten Bedingungen.[314] Jede Kompetenzübertragung ist allerdings von neuen Steuereinnahmen zugunsten der betroffenen Gebietskörperschaft begleitet. [315] Denn jede Kompetenzübertragung oder -erweiterung bedeutet gleichzeitig eine Erhöhung der Ausgaben. Wenn die erlangte Autonomie also im Grunde genommen bescheiden bleibt und keines-

---

312 Die überseeischen Körperschaften weisen in dieser Hinsicht Besonderheiten auf. Nach Art. 72 Abs. 1 C. sind sie Bestandteil der Gebietskörperschaften der Französischen Republik. In der Tat geht ihre Autonomie aber über das Maß der aktuellen verfassungsrechtlich festgelegten Dezentralisierung hinaus. Dazu s. die Bemerkung des Conseil d'Etat. Er unterstreicht, dass die Anrechte der überseeischen Körperschaften den Rahmen einer dezentralisierten Gebietskörperschaft sprengen. Daher äußerte der Conseil d'Etat gewisse Vorbehalte gegenüber dem Dezentralisierungsprojekt: Es ist ihm aufgefallen, dass „d'une part, qu'en tant que processus d'évolution de l'organisation administrative d'un Etat, la décentralisation trouve difficilement sa place dès le premier article de la constitution et d'autre part, qu'en tant que principe de libre administration des collectivités locales, elle se trouve déjà aux articles 34 et 72. Il lui a semblé en outre que si l'on entend opposer Etat unitaire décentralisé à Etat fédéral, le silence du texte constitutionnel convient sans doute mieux à la situation actuelle de certaines collectivités d'outre-mer dont les prérogatives vont au-delà de celles d'une collectivité décentralisée". Siehe Conseil d'Etat, Rapport public 2003, EDCE (Etudes et documents du Conseil d'Etat) n°54, S. 55.

313 Z.B. Regionalversammlung (conseil régional) oder Departement-Versammlung (conseil général).

314 Art. 72 Abs. 3 C.: „[...] dans les conditions prévues par la loi, ces collectivités s'administrent librement par des conseils élus et disposent d'un pouvoir réglementaire pour l'exercice de leurs compétences."

315 Art. 72.2 Abs. 2 C: "Tout transfert de compétences entre l'Etat et les collectivités territoriales s'accompagne de l'attribution de ressources équivalentes à celles qui étaient consacrées à leur exercice. Toute création ou extension de compétences ayant pour conséquence d'augmenter les dépenses des collectivités territoriales est accompagnée de ressources déterminées par la loi."

falls einem Blankoscheck gleicht, bekommen die Gebietskörperschaften immerhin die Mittel, um ihre Kompetenzen auszuführen.

Ein wesentlicher Unterschied zwischen den deutschen Ländern und den französischen Gebietskörperschaften ist, dass während die Länder Gesetzgebungskompetenzen besitzen, die Gebietskörperschaften lediglich über Verordnungsbefugnisse verfügen. Dieser Unterschied bringt es in aller Deutlichkeit auf den Punkt: die Gebietskörperschaften sind keine unabhängigen untergeordneten Stufen, die unabhängige legislative, exekutive und judikative Gewalt besitzen. Sie stehen zudem laut Art. 72 Abs. 6 C unter der Vormundschaft eines Vertreters des Staates, der für Verwaltungsaufsicht und Einhaltung der Gesetze verantwortlich ist. Den Gebietskörperschaften wurde zwar eine Selbstverwaltung anerkannt, jedoch keine Selbstregierung.[316]

Insofern ist der Dezentralisierungsprozess in Frankreich seit der Verfassungsreform vom 22. Juli 1982 keine Revolution, sondern eine nötige Evolution, eine Anpassung des Systems an den Zeitgeist. Die Verfassungsreform von 2003 treibt diesen Prozess zwar weiter, dennoch bleibt der Wortlaut des Textes unter dem Ausmaß der tatsächlich praktizierten Dezentralisierung in Frankreich. Man denke hier an die Autonomie, die der Region Korsika oder der überseeischen Körperschaft Neukaledonien gewährt worden ist.

Darüber hinaus bietet die Verfassungsreform von 2003 einen deutlichen (allerdings nicht ausdrücklichen) Verweis auf das Subsidiaritätsprinzip im französischen Verfassungsrecht.[317] Art. 72 Satz 2 legt fest: "Les collectivités territoriales ont vocation à prendre les décisions pour l'ensemble des compétences qui peuvent le mieux être mises en oeuvre à leur échelon". Die Subsidiarität wird im französischen Recht wie folgt definiert: "Principe qui consiste à réserver uniquement à l'échelon supérieur ce que l'échelon inférieur ne pourrait effectuer que de manière moins efficace".[318] Die Subsidiarität im französischen Recht weist einen grundlegenden Unterschied zu der Subsidiarität auf, wie sie im Unionsrecht oder im deutschen Verfassungsrecht angewendet wird. Während Art. 72 Abs. 2 GG verlangt, dass „auf den Gebieten des Artikels 74 Abs. 1 Nr. 4, 7, 11, 13, 15, 19a, 20, 22, 25 und 26 der Bund das Gesetzgebungsrecht [hat], wenn und soweit die Herstellung gleichwertiger Lebensverhältnisse im Bundesgebiet oder die Wahrung der Rechts- oder Wirtschaftseinheit im gesamtstaatlichen In-

316 Zur Frage der Selbstregierung, s. *Jean Gicquel* und *Jean-Eric Gicquel*, Droit constitutionnel et institutions politiques, Paris, 22. Aufl. 2008, S. 68: "Autrement dit le principe de libre gouvernement n'est pas garanti [par l'art. 72 C]; la nuance est d'importance".

317 Siehe *Dupuis, Georges/Guédon, Marie-José/Chrétien, Patrice*, ebd., S. 268: "A défaut de lire le mot, il est facile de reconnaître le principe de subsidiarité".

318 Siehe das Glossar der Homepage *Vie Publique*, die Homepage des Referenz-Verlages *La Documentation Française* für die öffentliche Politik: http://www.vie-publique.fr/th/glossaire/subsidiarite.html

teresse eine bundesgesetzliche Regelung erforderlich macht", begnügt sich Art. 72 Abs. 2 C damit, festzulegen, dass die Gebietskörperschaften die Entscheidungen in allen Zuständigkeitsbereichen treffen, die auf ihrer Ebene am besten wahrgenommen werden können. Es ist hier für die übergeordnete Ebene nicht erforderlich zu handeln, wenn die untergeordneten Ebenen es nicht können.[319] Insofern ist das Subsidiaritätsprinzip einer seiner Bedingungen beraubt. Die übergeordnete Ebene leistet kein *subsidium* (Hilfe) im Falle einer Handlungsunmöglichkeit der untergeordneten Ebenen. Die Subsidiarität ist im internen französischen Recht auf ein „*laisser faire*" begrenzt. Anders formuliert: Die Tatsache, dass die untergeordneten Ebenen nicht handeln, befähigt die übergeordnete Stufe nicht, an ihre Stelle zu treten. Dies lässt sich leicht erklären, da es *stricto sensu* in Frankreich auf Grund der zentralistischen Organisation des Staates keine Kompetenzaufteilung zwischen Staat und Gebietskörperschaften gibt. Wenn nach *Pontiers* Auffassung der Zentralstaat eine de facto Subsidiarität nicht ausschließt, so ist es dennoch offensichtlich, dass das Subsidiaritätsprinzip nicht die volle Wirkung entfalten kann, die es in einer föderalen Organisation entfaltet. Die an die Gebietskörperschaften übertragenen Kompetenzen sind nicht als allgemeine normative Autonomie zu betrachten. Der Zentralstaat bleibt der Träger der Gewalt. Zentrales Recht bricht nicht lokales Recht, wie Bundesrecht Landesrecht bricht. Es stellt sich nicht einmal die Frage nach konkurrierenden Kompetenzen. Der Staat teilt seine Kompetenzen nicht mit seinen Gebietskörperschaften. Er hat lediglich bestimmte Kompetenzen an seine Gebietskörperschaften übertragen. Dezentralisierung ist hier eine Segmentierung der Rechte des Staates. Es entsteht daher keine mehrstufige Struktur, sondern eine Staffelung der Prärogativen des Staates. Insofern ist die Dezentralisierung in Frankreich nicht als Mittelweg zwischen Zentralstaat und Föderation zu bezeichnen. Sie bringt vielmehr eine weitere und modernere Form des Zentralstaates hervor.

Eine Angleichung der deutschen und französischen Staatsordnungen erfolgt nur teilweise. Einige Ansätze der jüngsten Verfassungsreformen in den beiden Staaten weisen Gemeinsamkeiten auf. Zunächst ist dem zu entnehmen, dass der absolute Zentralismus oder Föderalismus nicht existieren. Sie sind nicht einmal in der Bundesrepublik Deutschland oder in der Französischen Republik modellhaft verkörpert. Die beiden Staaten werden nämlich oft als Archetypen der beiden Staatsordnungen genannt. Die unitarische Tendenz in Deutschland ist eher geringfügig, während die Dezentralisierung wie oben bemerkt nicht als Mittelweg

319 Siehe auch dazu *Derosier, Jean-Philippe*, "Et au milieu coule une rivière": La subsidiarité et la frontière Rhénane, Signification juridique, implications possibles et portées positives de deux articles 72, alinéa 2 : la subsidiarité, entre principe et objectif, in: Les transferts de compétences de l'Etat aux collectivités locales, *Brisson, Jean-François (Hrsg.)* Paris, 2009, S. 101-104.

zwischen Zentralstaat und Föderation gelten kann.[320] Wenn man dennoch von Angleichungsansätzen sprechen kann, dann in Bezug auf die Wirkung, die das Unionsrecht auf beide Staatsordnungen hat. Wenn Frankreich seine Staatsform anpassen und modernisieren soll, dann weil eine zu starre zentralistische Struktur oftmals nicht kompatibel mit der Mitgliedschaft in der Europäischen Union ist. Wenn die Bundesrepublik die Verhältnisse zwischen Bund und Ländern klären muss, dann in Bezug auf das Verhältnis von Landes- und Europarecht. Die Vereinbarkeit der französischen und der deutschen Verfassung mit der europarechtlichen Ordnung ist die Triebfeder, die zu Angleichungstendenzen in den beiden nationalen Rechtsordnungen führt. Denn die Angleichung an das Europarecht findet nicht nur in europarechtlich relevanten Bereichen statt, sondern wirkt sich auch auf andere, interne Rechtsgebiete der jeweiligen Rechtsordnung aus. Bezogen auf den Stellenwert des Subsidiaritätsprinzips im jeweiligen nationalen Recht ist die Angleichungsfunktion des Unionsrechts deutlich hervorzuheben. Wo, wie in Deutschland, die Subsidiarität als verfassungsrechtliches Prinzip angefochten wird, wird sie durch den Beitrag des Unionsrechts befestigt.[321] Wo, wie in Frankreich, die Subsidiarität ein praktisch unbekanntes Prinzip ist, bekommt sie Legitimität.[322]

Im Folgenden wird sich die Arbeit mit der Subsidiarität im Rahmen der EU befassen.

---

320 „Décentralisation signifie littéralement auto-administration. Ainsi elle s'analyse en un principe de liberté et s'identifie à la démocratie locale chère à Tocqueville. Sous ce rapport elle se ramène à un transfert d'attributions du pouvoir central au profit d'entités locales, juridiquement distinctes de l'Etat et dotée d'organes élus par les citoyens concernés". So wird von *Jean Gicquel* und *Jean-Eric Gicquel* die Dezentralisierung in ihrem Lehrbuch Droit constitutionnel et institutions politiques, Paris, 22. Aufl. 2008, S. 68, definiert. Wenn diese lokalen Einheiten sich in einem gesetzlich festgelegten Rahmen selbst verwalten können, sind sie damit noch keine verfassungsrechtlichen Einheiten. D.h., dass sie keine eigene Verfassung und keine Kompetenz-Kompetenz haben oder erlangen können.

321 Siehe Situation in der BRD.

322 Siehe Situation in Frankreich.

B- Ein Prinzip zwischen Eindeutigkeit und Zweideutigkeit: Regulativ der Kompetenzausübung oder uneingeschränkte Ausdehnung der Kompetenzen der Union?

I- Das Subsidiaritätsprinzip in der Rechtsordnung der Union

Fraglich ist, welche tatsächlichen Motive hinter der Einführung des Subsidiaritätsprinzips im Unionsrecht stehen. War die Tatsache, dass es ein Merkmal einer föderalistischen Organisation darstellt, ausschlaggebend oder seine historische Funktion, einer zentralistischen und hegemonialen Macht entgegenzuwirken und sie zu begrenzen? Vermutlich sind beide Motive gleich zu berücksichtigen. Für manche ist Subsidiarität per se eng mit der föderalen Organisation verbunden, während sie für andere dazu beitragen soll, die Souveränität der Nationalstaaten gegen den Zentralismus von Brüssel zu schützen. Wie *Isensee*[323] betont, sind die Erwartungen, die auf dem Subsidiaritätsprinzip lasten, groß, aber gegensätzlich. Das Prinzip erlangte dennoch im europäischen Bereich eigene neuartige Merkmale, die es in seiner bisherigen Entwicklung noch nicht aufwies. Denn wenn ein dynamisches Prinzip in einer dynamischen Struktur angewendet wird, sind immer neuartige Entwicklungen zu erwarten (siehe Kapitel II B-Teil II).

1- Die Prämisse zur Einführung des Prinzips der Subsidiarität im Unionsvertrag: Das „Spinelli Projekt“

Die Subsidiarität wurde wie bereits erwähnt mit dem Vertrag von Maastricht und der Einführung des Art. 3 B ausdrücklich in das Unionsrecht aufgenommen. Nach Meinung einiger Autoren war der Subsidiaritätsgedanke allerdings schon vor dieser Zeit in bestimmten Bestimmungen der Verträge zu erkennen. Z.B. gilt für *Guy Isaac* der Art. 308 EGV (vormals Art. 235 EWGV,[324] jetzt Art. 352 AEUV) als Grundlage für die von ihm so genannte subsidiäre Kompetenz.[325] So lautete Art. 308 EGV: “Erscheint ein Tätigwerden der Gemeinschaft erforderlich, um im Rahmen des Gemeinsamen Marktes eines ihrer Ziele zu verwirklichen, und sind in diesem Vertrag die hierfür erforderlichen Befugnisse nicht vorgesehen, so erlässt der Rat einstimmig auf Vorschlag der Kommission und nach Anhörung des Europäischen Parlaments die geeigneten Vorschriften.” Eine

---

323 Siehe Fußn. 167.

324 Die Unterschiede zwischen Art. 235 EWGV und Art. 308 EGV sind geringfügig. Dies lässt sich durch die zwischenzeitlichen institutionellen Änderung erklären, so Art. 235 EWGV: „Erscheint ein Tätigwerden der Gemeinschaft erforderlich, um im Rahmen des Gemeinsamen Marktes eines ihrer Ziele zu verwirklichen, und sind in diesem Vertrag die hierfür erforderlichen Befugnisse nicht vorgesehen, so erlässt der Rat einstimmig auf Vorschlag der Kommission und nach Anhörung der Versammlung die geeigneten Vorschriften“.

325 *Isaac, Guy/Blanquet, Marc*, Droit communautaire général, Paris, 8. Aufl. 2001, S. 38.

deutlichere Referenz an die Subsidiarität stellte die Einführung einer gemeinschaftlichen Umweltpolitik in der EEA dar, die als subsidiär im Hinblick auf die jeweiligen nationalen Kompetenzen zu qualifizieren ist.[326] Für *Louis Dubouis* und *Claude Blumann*[327] gilt diese erste inexplizite Verankerung des Subsidiaritätsprinzips als Versuch der Tauglichkeit des Prinzips als allgemeines Rechtsprinzip. Die Autoren stellen in Bezug auf den juristischen Rahmen der gemeinschaftlichen Umweltpolitik fest: „Le premier est le principe de subsidiarité de l'action communautaire par rapport à celle des Etats qu'énonçait l'article 130 R qualifié de banc d'essai de la subsidiarité".

Dass in der Literatur die eine oder andere Bestimmung der Verträge in Verbindung mit dem Subsidiaritätsprinzip gebracht wird, spiegelt den tatsächlichen Stand der Debatte innerhalb der europäischen Institutionen wider. Lange vor der „offiziellen" Einführung des Prinzips als anerkanntes gemeinschaftliches Rechtsprinzip gab es Überlegungen in den Institutionen selbst, die um die Zweckmäßigkeit einer Einführung der Subsidiarität kreisten. Es ist in diesem Kontext unmöglich von Subsidiarität zu reden, ohne den Name *Altiero Spinelli* zu nennen. 1984 legte *Spinelli*,[328] der selber Europaabgeordneter war, seinen „Entwurf eines Vertrags zur Gründung der Europäischen Union" dem EP vor. Am 14. Februar 1984 verabschiedete das EP das „Spinelli-Projekt", das allerdings nie in Kraft trat.[329] „Selbst wenn der Text als Ganzes nie zu einer Verfassung geworden ist",[330] haben viele Bestimmungen, die in diesem Projekt erarbeitet worden sind, spätere Anwendung in den Revisions-Verträgen gefunden.

---

326 Siehe Art. 130r Abs. 4 EWGV: "Die Gemeinschaft wird im Bereich der Umwelt insoweit tätig, als die in Absatz 1 genannten Ziele besser auf Gemeinschaftsebene erreicht werden können als auf der Ebene der einzelnen Mitgliedstaaten. Unbeschadet einiger Maßnahmen gemeinschaftlicher Art tragen die Mitgliedstaaten für die Finanzierung und Durchführung der anderen Maßnahmen Sorge.".

327 *Dubouis, Louis/Blumann, Claude*, Droit matériel de l'union Européenne, 2. Aufl., 2001, S. 160.

328 Mehr dazu bei *Bieber, Roland*, Der Spinelli – Vertragsentwurf: Restbestand aus besseren Zeiten oder Anstoß zur Einigung über eine Verfassung?, in: *Altiero Spinelli*, Fédéraliste européen, s. Symposium zum 100. Geburtstag von *Altiero Spinelli* unter der Leitung von *Lehmann, Wilhelm*, Europäisches Parlament (Ausschuss für Konstitutionelle Fragen), Brüssel, 2009, S. 21: „Dem 1979 gewählten Parlament gehörte Spinelli an (bereits seit 1976 noch als entsandter Vertreter des italienischen Parlaments). Dort bildete sich bald um Spinelli der „Club Crocodile", in dem die Initiativen des Parlaments für eine umfassende Reform der Verträge vorbereitet werden sollten. Am Ende dieser Initiative stand der am 14. Februar 1984 vom Parlament verabschiedete 'Entwurf eines Vertrags zur Gründung der Europäischen Union'".

329 Für die Geschichte und die Gründe, die zum Scheitern des Projekts geführt haben: s. den Beitrag *John Pinder*: *Altiero Spinelli* ou l'odyssée du projet fédéraliste européen, *in: Altiero Spinelli*, Fédéraliste européen, Beiträgesammlung des Symposiums zum 100. Geburtstag von *Altiero Spinelli* unter der Leitung von *Lehmann, Wilhelm*, Europäisches Parlament (Ausschuss für Konstitutionelle Fragen), Brüssel, 2009, S. 25-42.

330 Bieber, Ebenda, S. 24.

Insofern prägen noch heute die visionären Vorstellungen von *Spinelli* den europäischen Einigungsprozess. In Bezug auf die Kompetenzverteilung zwischen Union und Mitgliedstaaten wird „in Artikel 12 des Spinelli-Entwurfs [...] erstmals das Konzept eingeführt, dass im Bereich der konkurrierenden Zuständigkeiten das Handeln der Union dort notwendig ist, wo es sich im Vergleich zum Handeln der Mitgliedstaaten als wirksamer erweist, insbesondere dann, wenn die Ausmaße des Handelns der Union bzw. seine Auswirkungen über die nationalen Grenzen hinausreichen. Es handelt sich um die erste klare Definition des so genannten Subsidiaritätsprinzips, das anschließend mit dem Vertrag von Maastricht in das Europäische Recht eingeführt werden wird".[331] Der Art. 12 Abs. 2 des Vertragsentwurfs zur Gründung einer Europäischen Union lautet: „Lorsque le présent traité attribue une compétence concurrente à l'Union, l'action des États membres s'exerce là où l'Union n'est pas intervenue. L'Union n'agit que pour mener les tâches qui peuvent être entreprises en commun de manière plus efficace que par les États membres œuvrant séparément, en particulier celles dont la réalisation exige l'action de l'Union parce que leurs dimensions ou leurs effets dépassent les frontières nationales. La loi qui déclenche l'action commune dans un secteur non encore abordé par l'Union, ou par les Communautés, doit être adopté selon la procédure de la loi organique".[332] Das im „Spinelli-Entwurf" festgelegte Prinzip der Subsidiarität unterscheidet sich merklich von dem Prinzip, das später in den Unionsvertrag aufgenommen werden sollte. Der erste Satz deutet unmissverständlich an, dass im Falle von konkurrierenden Kompetenzen in der Regel die Zuständigkeit bei der Union liege, während die Zuständigkeit der Mitgliedstaten die Ausnahme darstelle. Insofern weist die Formulierung der Subsidiarität laut Art. 12 Abs. 2 des „Spinelli-Entwurfs" mehr Ähnlichkeiten mit der deutschen Kompetenzabgrenzung zwischen Bund und Ländern und mit der Subsidiaritätsklausel des Art. 72 Abs. 1 und 2 GG auf als der spätere Art. 3 B EGV[333] und nun Art. 5 Abs. 3 EUV. Die zu erfüllenden Bedingungen sind zudem – so die in dieser Arbeit vertretene Ansicht – etwas klarer ausgedrückt als in der späteren Formulierung des Prinzips im Art. 3 B EGV. Ein Handeln der Union ist dann notwendig, wenn die erzielten Maßnahmen effizienter auf gemeinschaftlicher Ebene erreicht werden können als durch einzelne nationale Maßnahmen, insbesondere wenn die Ausmaße des Handelns der Union

331 *Ponzano, Paolo,* Le Traité «Spinelli» de février 1984: le lancement de la procédure de constitutionnalisation de l'Union europeénne, in: *Altiero Spinelli*, Fédéraliste européen, Sammelband der Beiträge des Symposiums zum 100. Geburtstag von *Altiero Spinelli* unter der Leitung von *Lehmann, Wilhelm*, Europäisches Parlament (Ausschuss für Konstitutionelle Fragen), Brüssel, 2009, S. 47.

332 Quelle: Projet de traité instituant l'Union européenne, dans Bulletin des Communautés européennes. Februar 1984, n° 2, S. 8-26.

333 Art. 3 B EGV: „In den Bereichen, die nicht in ihre ausschließliche Zuständigkeit fallen, wird die Gemeinschaft nach dem Subsidiaritätsprinzip nur tätig, sofern und soweit die Ziele der in Betracht gezogenen Maßnahmen auf Ebene der Mitgliedstaaten nicht ausreichend erreicht werden können und daher wegen ihres Umfangs oder ihrer Wirkungen besser auf Gemeinschaftsebene erreicht werden können".

bzw. seine Auswirkungen über die nationalen Grenzen hinausreichen. Das doppelte Erfordernis der gemeinsamen Effizienz und der grenzüberschreitenden Auswirkungen der Maßnahmen kommt deutlicher und klarer zur Geltung. Die spätere Formulierung der Subsidiarität im Unionsvertrag erscheint insgesamt weniger kühn und eher abgeschwächt in ihren Motiven als der Vorschlag des Vertragsentwurfs zur Gründung einer Europäischen Union von *Altiero Spinelli*. Die föderalistische Dimension, die der Entwurf dem Subsidiaritätsprinzip verleiht, ist unverkennbar. Er ging sogar über den Vorrang von Gemeinschaftsrecht über nationales Recht hinaus, indem Satz 1 des Art. 12 Abs. 2 des Vertragsentwurfs vorsah, dass im Bereich der konkurrierenden Kompetenzen die Union das Handeln innehat, und dass „subsidiär" die Mitgliedstaaten zuständig sind, wenn die Gemeinschaft nicht tätig wird. Genauso wie Bundesrecht Landesrecht „bricht", würde dann Gemeinschaftsrecht nationales Recht brechen. Das ist ein visionäres[334] Verständnis von Gemeinschaftsrecht. Wie *Roland Bieber* zusammenfassend zu dem gescheiterten Projekt und seinen Auswirkungen festhält: „*Spinelli* hatte den Mut – und das damalige Europäische Parlament mit ihm – Leitideen der Europäischen Union zu formulieren *und ihnen eine verfassungsrechtliche Form zu geben. Spinelli* schuf einen bis heute gültigen Maßstab für den Mindeststandard, den die Unionsverfassung erreichen muss, wenn ein dauerhaft funktionsfähiges und demokratisches Gebilde entstehen soll".[335]

2- Geltung, Aufgabe und Kriterien der Subsidiarität in Unionsrecht

Ein Absatz der Präambel des EUV versichert, dass die Union entschlossen ist, „den Prozess der Schaffung einer immer engeren Union der Völker Europas, in der die Entscheidungen entsprechend dem Subsidiaritätsprinzip möglichst bürgernah getroffen werden, weiterzuführen".[336] Dieses Erfordernis der bürgernahen Entscheidung findet sich zudem im Art. 1 Abs. 2 EUV [337] und wird dadurch gefestigt. Fest steht, dass diese Entscheidungen, die im Rahmen der Verwirklichung der Ziele der Union möglichst bürgernah zu treffen sind, eine Grundlage der EU darstellen. Die juristische Übersetzung dieser politischen Ziele ist die Anwendung des Subsidiaritätsprinzips. Es wird daher in Art. 5 Abs. 3 EUV wie folgt festgelegt: „Nach dem Subsidiaritätsprinzip wird die Union in den Berei-

334 Siehe *Bieber*, ebd., S. 23: „Man darf den Vertragsentwurf des Europäischen Parlaments vom 14. Februar 1984 durchaus als visionär, keineswegs jedoch als utopisch qualifizieren. Er war auch nur zu einem sehr geringen Teil von „besseren Zeiten" geprägt. Tatsächlich gibt es selten „bessere" Zeiten im fortdauernden Entwicklungsprozess der Europäischen Einigung. Jede Zeit hat ihre eigenen Schwierigkeiten und Chancen."

335 *Bieber, Roland*, ebd., S. 23-24.

336 Präambel des EUV.

337 Art. 1 EUV: „Dieser Vertrag stellt eine neue Stufe bei der Verwirklichung einer immer engeren Union der Völker Europas dar, in der die Entscheidungen möglichst offen und möglichst bürgernah getroffen werden".

chen, die nicht in ihre ausschließliche Zuständigkeit fallen, nur tätig, sofern und soweit die Ziele der in Betracht gezogenen Maßnahmen von den Mitgliedstaaten weder auf zentraler noch auf regionaler oder lokaler Ebene ausreichend verwirklicht werden können, sondern vielmehr wegen ihres Umfangs oder ihrer Wirkungen auf Unionsebene besser zu verwirklichen sind". Eine minimale Änderung in der Formulierung ist im Vergleich zu der Formulierung des ehemaligen Art. 5 Abs. 2 EGV (Vertrag von Nizza) zu bemerken. Im ehemaligen Art. 5 Abs. 2 EGV war das Pendant zur europäischen Ebene die „Ebene der Mitgliedstaaten". In Anbetracht des Mehrebenensystems der EU und der Tatsache, dass die Union eine Verstärkung der politischen Beteiligung der regionalen und lokalen Ebenen erreichen möchte, ist nun die Ebene der Mitgliedstaaten abgestuft. Die lokale und regionale Ebene der Mitgliedstaaten kommt nun neben der zentralen staatlichen Ebene ins Spiel. Unverändert bleiben allerdings die grundsätzliche Definition sowie die an die Anwendung geknüpften Bedingungen der europäischen Subsidiarität.

Im Wesentlichen, so scheint es, ist in Art. 5 Abs. 2 das Subsidiaritätsprinzip deutlich und präzise formuliert. Was jedoch auf den ersten Blick deutlich und unmissverständlich erscheint, ist bei näherem Hinsehen mehrdeutig. Beginnt man, an der Oberfläche zu kratzen, kommen etliche offene Fragen sowie Unklarheiten und Widersprüche zu Tage. Wie *Valérie Michel* betont, ist die Subsidiarität „un principe simple aux modalités de mise en œuvre incertaines".[338] Um die tatsächlichen Schwierigkeiten hinter der oberflächlichen Klarheit zu erfassen, sollen im Folgenden zunächst die Geltung und Aufgabe (a) und dann die Kriterien für eine Geltung des Prinzips (b) erörtert werden.

a- Die Geltung und die Aufgabe des Subsidiaritätsprinzips

Die Geltung der Subsidiarität ist ausdrücklich aus Art. 5 Abs. 3 abzuleiten: Alle Bereiche, die nicht in die ausschließliche Zuständigkeit der EU fallen, sind der Anwendung des Subsidiaritätsprinzips unterworfen. Daraus ist zu entnehmen, dass sich die Anwendung des Subsidiaritätsprinzips auf alle geteilten Kompetenzen[339] erstreckt, wie sie im Reformvertrag genannt werden. Nach dem Wortlaut des Vertrags sollte die Geltung des Prinzips soweit unmissverständlich sein. Anders sieht es mit seiner Aufgabe aus.

---

338 *Michel, Valérie*: Recherches sur les compétences de la Communauté, Paris, 2003, S. 477.

339 Nach dem Prinzip der begrenzten Einzelermächtigung (Art. 5 Abs. 1 EUV) kann die Union nur dann in einem Bereich tätig werden, wenn die Mitgliedstaaten ihr die Zuständigkeit dafür übertragen haben.

Die Aufgabe des Subsidiaritätsprinzips ist es, „Grenzen für die Kompetenzausübung durch die Gemeinschaftsorgane“[340] zu setzen. Das Subsidiaritätsprinzip sollte als ein Regulativ der Kompetenzausübung verstanden werden, um den Begriff von *Isensee* wieder aufzugreifen. Um die Kompetenz in Anspruch nehmen zu können, steht die Union unter Rechtfertigungszwang, wie *Isensee* formuliert. Ähnlich stellt *Vlad Constantinesco*[341] fest, dass das Subsidiaritätsprinzip wie „un mécanisme de charge de la preuve“ funktioniert. Die EU muss den Beweis erbringen, dass ihr Handeln legitim ist, wenn sie die Inanspruchnahme einer Kompetenz auf Kosten der untergeordneten Ebenen – der Mitgliedstaaten selbst, aber auch ihrer regionalen oder lokalen Ebene – an sich reißen will. Diese Beweislast sollte die Handlungsmacht der Unionsorgane erheblich beschränken. Es sollte den Mitgliedstaaten einen effektiven Schutz bieten. Genau an diesen Punkt gehen allerdings die Meinungen auseinander.

Wenn sich auch eine einheitliche Meinung sowohl in der deutschen als auch in der französischen Literatur über die konzeptuelle Aufgabe der Subsidiarität herausbildet, so herrscht über die tatsächliche Aufgabe des Prinzips weniger Konsens. Bereits im Zuge der Einberufung des Verfassungskonvents 2001 stellte *Magiera* Probleme in der Anwendung der Subsidiarität fest und hoffte auf eine Korrektur unter dem Impuls des Konvents: „Rechtliche Tragweite und praktische Wirksamkeit, insbesondere des Subsidiaritätsprinzips, dessen Aufnahme in das Vertragsrecht umstritten war und mit dem weitgehend Neuland auf dem Gebiet der europäischen Kompetenzordnung betreten wurde, werden nach wie vor unterschiedlich eingeschätzt“.[342] Im Wesentlichen stellt sich hier die Frage der realen Effektivität der Schutzaufgabe des Subsidiaritätsprinzips. Denn gegenüber dieser Schutzaufgabe steht die Effektivität der Union selbst. Zwei antagonistische Aufgaben treffen aufeinander, wenn das Subsidiaritätsprinzip Anwendung findet. *Michel* fasst es wie folgt zusammen: „L'objectif recherché peut en effet être une plus grande démocratie – la subsidiarité devient alors principe de proximité – mais aussi tendre vers une plus grande efficacité plus favorable à la communauté“.[343] In dieser widersprüchlichen Auffassung der Subsidiarität sind zwei stark voneinander getrennte Logiken erkennbar. Zum einen ist da die Sub-

340 *Magiera, Siegfried,* Zur Kompetenzneuordnung zwischen der Europäischen Union und den Mitgliedstaaten, in: Integration, 04/2002, S. 277. Siehe auch *Dony, Marianne,* Droit de l'Union européenne, Bruxelles, 2. Aufl., 2008, S. 75 ff. oder *Manin, Philippe,* L'Union Européenne, Institutions, Ordre juridique, Contentieux, Paris, neue Aufl., 2005, S. 132 sowie *Streinz, Rudolf/Ohler, Christoph/Herrmann, Christoph,* Der Vertrag von Lissabon zur Reform der EU, Einführung mit Synopse, München, 2. Aufl., 2008, S. 87. In gleicher Weise wird die Subsidiarität als Kompetenzausübungsschranke in den deutschen oder französischen europarechtlichen Lehrbüchern vorgestellt.

341 *Constantinesco, Vlad,* Le principe de subsidiarité: un passage obligé vers l'Union Européenne?, in : L'Europe et le droit, mélanges en honneur à *Jean Boulouis*, Paris, 1991, S. 41.

342 *Magiera, Siegfried,* ebd., S. 272.

343 *Michel, Valérie*, ebd., S. 476.

sidiarität, die zum Schutz der untergeordneten Stufen gegen zentralistische Bestrebungen der übergeordneten Stufe dienen soll. Demgegenüber steht eine Subsidiarität, die mit dem Ziel der Verwirklichung des Allgemeinwohls das Erfordernis des Handelns der übergeordneten Stufe bestätigt. Da diese zwei Logiken seit seinen Ursprüngen im Subsidiaritätsprinzip eng miteinander verflochten sind, ist zu erwarten, dass sie auch im Rahmen der Anwendung der Subsidiarität im Unionsrecht aufeinander treffen. Sieht man das vorrangige Ziel der Subsidiarität im Schutz der Mitgliedstaaten gegenüber der Vormacht der europäischen Organe, so wird die Demokratie in der EU gefördert, indem die niedrigen Entscheidungsebenen bevorzugt werden sollen. Diese Auslegung wird gestärkt, wenn man Art. 5 Abs. 3 EUV in Verbindung mit dem Ziel des Art. 1 Abs. 2 EUV bringt, die Entscheidungen möglichst bürgernah zu treffen. Legt man hingegen größeren Wert auf die Effektivität und die einheitliche Anwendung des Unionsrechts, begründet die Subsidiarität die Inanspruchnahme der Kompetenzen grundsätzlich zugunsten der Union. Diese zwei antagonistischen Interpretationen können etwas zugespitzt erscheinen. Die Anwendung des Subsidiaritätsprinzips erfolgt tatsächlich nicht nach einem Schwarz-Weiß-Muster, nach dem eines der beiden Extreme einträte. Zwischen diesen beiden Positionen gibt es moderate Auslegungen, die die eine und die andere Interpretation einbeziehen, je nach Sachlage in verschiedener Ausprägung.

Unverkennbar bleibt allerdings, dass in dem Subsidiaritätsgedanken der Schutz gegen den Zentralismus von Brüssel und die Legitimation des Erfordernisses einer Kompetenzzuweisung an die Union koexistieren. Eine Ursache dessen ist sicherlich, dass neben der juristischen Definition des Prinzips auch eine politische Dimension der Subsidiarität gegeben ist. Im Wesentlichen bleibt die Anwendung des Subsidiaritätsprinzips nach juristisch festgelegten Kriterien immer eine höchst politische Frage. Denn wird die Union in einem Bereich tätig, ist die unausweichliche Konsequenz, dass die Mitgliedstaaten ihre Handlungsautonomie in diesem Bereich verlieren.[344]

Im Zuge der Feststellung dieser intrinsischen Dualität des Subsidiaritätsprinzips hinterfragen einige Autoren die exakte Tragweite des Aufgabenspektrums des Prinzips. So *Magiera*: „Auch bei einer noch so sorgfältigen Ausgestaltung der Kompetenzzuordnung in den Vertragstexten lassen sich Auseinandersetzungen über die Reichweite der zugewiesene Unionskompetenzen und die bei der Kompetenzausübung zu beachtenden Grundsätze, insbesondere das Subsidiaritätsprinzip, nicht ausschließen".[345] Bereits vor der Einführung des Subsidiaritätsprinzips durch den Unionsvertrag problematisierte *Vlad Constantinesco* diese Frage wie folgt: „Der Begriff der Subsidiarität scheint zweideutig oder gar wi-

---

344 Siehe dazu: *Constantinesco, Vlad,* Subsidiarität: Zentrales Verfassungsprinzip für die Politische Union, in: Integration, 04/1990, S. 175.

345 *Magiera, Siegfried*, ebd., S. 279.

dersprüchlich zu sein: Soll Subsidiarität die Mitgliedstaaten vor einer Expansion der Gemeinschaft schützen? Oder soll sie eine Ausweitung der Gemeinschaftskompetenzen legitimieren?"[346] Das später dem Vertrag von Amsterdam beigefügte Protokoll über die Anwendung der Grundsätze der Subsidiarität und der Verhältnismäßigkeit[347], das eine Leitlinie zur Anwendung des Subsidiaritätsprinzips sein sollte, kann als „Beweis" für die Unberechenbarkeit und die Zweideutigkeit des Prinzips fungieren. Denn wenn zusätzliche Erläuterungen zur Anwendung der Subsidiarität benötigt werden, zeugt das von einer mangelnden Klarheit des Prinzips. Mit dem Protokoll Nr. 2 über die Anwendung der Grundsätze der Subsidiarität und der Verhältnismäßigkeit des Reformvertrags ist hingegen ein Wechsel der Tonart zu bemerken. Die groben Züge der Aufgabengestaltung des Subsidiaritätsprinzips werden durch konkrete und technische Anweisungen ergänzt, wie das Prinzip genau angewendet werden soll. Bereits in der Präambel des Protokolls wird erklärt, dass es „die Bedingungen für die Anwendung der in Artikel 5 des Vertrags über die Europäische Union verankerten Grundsätze der Subsidiarität und der Verhältnismäßigkeit fest[zu]legen und ein System zur Kontrolle der Anwendung dieser Grundsätze [zu] schaffen" soll. Diese Änderung ist erkennbar in dem beigefügten Absatz zum Subsidiaritätsprinzip im Art. 5 Abs. 3, in dem es heißt: „Die Organe der Union wenden das Subsidiaritätsprinzip nach dem Protokoll über die Anwendung der Grundsätze der Subsidiarität und der Verhältnismäßigkeit an. Die nationalen Parlamente

---

346 *Constantinesco, Vlad,* ebd., S. 176.

347 Im Wesentlichen legt das Protokoll zum Vertrag von Amsterdam über die Anwendung der Grundsätze der Subsidiarität und der Verhältnismäßigkeit dar:
"1. Jedes Organ gewährleistet bei der Ausübung seiner Befugnisse die Einhaltung des Subsidiaritätsprinzips. Jedes Organ gewährleistet ferner die Beachtung des Verhältnismäßigkeitsgrundsatzes, demzufolge die Maßnahmen der Gemeinschaft nicht über das für die Erreichung der Ziele des Vertrags erforderliche Maß hinausgehen dürfen.
2. Die Grundsätze der Subsidiarität und der Verhältnismäßigkeit werden unter Beachtung der allgemeinen Bestimmungen und der Ziele des Vertrags angewandt, insbesondere unter voller Wahrung des gemeinschaftlichen Besitzstands und des institutionellen Gleichgewichts; dabei werden die vom Gerichtshof aufgestellten Grundsätze für das Verhältnis zwischen einzelstaatlichem Recht und Gemeinschaftsrecht nicht berührt, und Artikel F Absatz 4 des Vertrags über die Europäische Union, wonach sich die Union mit den Mitteln ausstattet, „die zum Erreichen ihrer Ziele und zur Durchführung ihrer Politiken erforderlich sind", sollte Rechnung getragen werden.
3. Das Subsidiaritätsprinzip stellt nicht die Befugnisse in Frage, über die die Europäische Gemeinschaft aufgrund des Vertrags entsprechend der Auslegung des Gerichtshofs verfügt. Die in Artikel 3 b Absatz 2 des Vertrags genannten Kriterien gelten für Bereiche, für die die Gemeinschaft nicht die ausschließliche Zuständigkeit besitzt. Das Subsidiaritätsprinzip ist eine Richtschnur dafür, wie diese Befugnisse auf Gemeinschaftsebene auszuüben sind. Die Subsidiarität ist ein dynamisches Konzept und sollte unter Berücksichtigung der im Vertrag festgelegten Ziele angewendet werden. Nach dem Subsidiaritätsprinzip kann die Tätigkeit der Gemeinschaft im Rahmen ihrer Befugnisse sowohl erweitert werden, wenn die Umstände dies erfordern, als auch eingeschränkt oder eingestellt werden, wenn sie nicht mehr gerechtfertigt ist".

achten auf die Einhaltung des Subsidiaritätsprinzips nach dem in jenem Protokoll vorgesehenen Verfahren". Dadurch erhält das Protokoll den Rang einer „*fiche technique*" zur Anwendung der Subsidiarität, die nicht umgangen werden darf. Da der Vertrag von Lissabon erst vor kurzem in Kraft getreten ist, sollte man noch etwas warten, um eine erste Bilanz der neuen Praxis zu ziehen. Zum Unterschied zwischen den beiden Protokollen merkt *Dony*[348] in ihrem Lehrbuch zum Europarecht an, dass der Vermerk, nach dem „das Subsidiaritätsprinzip nicht die Befugnisse in Frage stellt, über die die Europäische Gemeinschaft aufgrund des Vertrags entsprechend der Auslegung des Gerichtshofs verfügt", in dem neuen Protokoll nicht mehr erwähnt wird. Sie fragt sich diesbezüglich, ob dies folglich eine Änderung der Aufgabe der Subsidiarität bedeuten könnte. Sie verneint allerdings diese Frage, da die Definition der Subsidiarität in Art. 5 Abs. 3 EUV im Wesentlichen unverändert bleibe.

Als Zwischenergebnis zu diesem Punkt kann bemerkt werden, dass wenn auch die Geltung des Prinzips eindeutig aus dem Wortlaut des Vertrages hervorgeht, s doch die Frage der Aufgabe des Subsidiaritätsprinzips Auslegungsschwierigkeiten bereitet. Trotz einer anscheinend klaren Aufgabenzuweisung birgt die Subsidiarität eine interne Antinomie in sich, die wiederum Wirkungen auf ihre Aufgabe entfaltet. Dass das Ziel der Anwendung der Subsidiarität die Schaffung eines Regulativs der Kompetenzausübung zwischen Union und mitgliedstaatlicher Ebene (zentral, regional oder lokal) ist, ist in der Literatur nicht umstritten. Ob dies allerdings tatsächlich so praktiziert wird, bleibt eine Auslegungsfrage. Um diese Analyse des Subsidiaritätsprinzips auf der Unionsebene zu ergänzen, sollen nun die Kriterien des Prinzips erörtert werden.

b- Die Kriterien des Prinzips: zwischen Effektivität und Notwendigkeit

Die Kriterien werden zunächst allgemein betrachtet (1) und in einem zweiten Schritt einzeln analysiert (2) und (3).

(1)- Allgemeine Betrachtung der Kriterien für die Anwendung der Subsidiarität

Die Kriterien des Prinzips sind aus Art. 5 Abs. 3 EUV abzuleiten. Im Falle einer geteilten Kompetenz ist das Handeln der EU nach Artikel 5 EGV an die Erfüllung von zwei „kausal-kumulativen"[349] Kriterien gebunden. Somit wäre die Anwendbarkeit des Prinzips vertraglich abgesichert, könnte man denken. Den-

348 Siehe *Dony, Marianne,* Droit de l'Union européenne, Bruxelles, 2. Aufl., 2008, S. 76.

349 *Pieper, Stefan Ulrich,* Das Subsidiaritätsprinzip im Europäischen Gemeinschaftsrecht sowie in der politisch-rechtlichen Praxis der Union, in: *Blicke, Peter/Hüglin Thomas O./Wyduckel, Dieter (Hrsg.),* Subsidiarität als rechtliches und politisches Ordnungsprinzip in Kirche, Staat und Gesellschaft, Genese, Gestaltungsgrundlagen und Perspektiven an der Schwelle des dritten Jahrtausends, Berlin, 2002, S. 451.

noch ist der Sachverhalt der oberflächlichen Klarheit, die im Grunde auf zweideutigem Fundament beruht, hier abermals zu betonen. Wie *Stefan Ulrich Pieper* formuliert: „Die materiellen Vorgaben des Art. 5 EGV erweisen sich angesichts ihrer Unbestimmtheit als praktisch nur schwer handhabbar. Denn das Merkmal, dass die Ziele auf der Ebene der Mitgliedstaaten nicht ausreichend erreicht werden können und daher wegen ihres Umfangs und ihrer Wirkungen besser auf der Ebene der Gemeinschaft zu erreichen sind, ist nur durch Wertungen auszufüllen“.[350]

Die erste Voraussetzung, nämlich dass Subsidiarität nur Anwendung findet, wenn die Ziele einer Maßnahme auf der Ebene der Mitgliedstaaten nicht ausreichend erreicht werden können, kann als negative Bedingung bezeichnet werden. Sie stellt ein Kriterium dar, das man objektiv nennen kann, während das zweite ein subjektiveres und für juristische Maßstäbe weniger greifbares Kriterium ist, nämlich dass die verfolgten Ziele besser auf gemeinschaftlicher Ebene erreicht werden können. Mit der Einführung des zweiten Kriteriums wird die Idee einer qualitativen Verbesserung durch eine Intervention der Union zum Ausdruck gebracht[351] oder, wie *Valérie Michel* formuliert, die Idee des *„mieux communautaire“*.[352]

Die Formulierung der zwei Kriterien mag auf den ersten Blick wie eine Tautologie klingen. Die scheinbare Redundanz ist allerdings kein Versehen seitens der Autoren der Verträge, sondern eher ein Zeichen ihres Unvermögens bzw. Unwillens, eine deutliche Wahl zwischen zwei verschiedenen Kriterien zu treffen. Der Entwurf von Spinelli[353] hingegen war unmissverständlich. Dem Wortlaut des Textes war ausdrücklich zu entnehmen, dass dem Handeln der Union das Kriterium der Effektivität zu Grunde liegen sollte. Die Autoren des Vertrags von Maastricht waren hier nicht so entschlossen. Muss gewährleistet sein, dass das Handeln der Union effizienter wäre als das der Mitgliedstaaten, um die Inanspruchnahme der Kompetenz durch die Union zu rechtfertigen? Oder reicht die Feststellung der Unzulänglichkeit der Mitgliedstaaten, die das verfolgte Ziel nicht ausreichend verwirklichen können? Mangels einer Entscheidung wurden

350 *Pieper, Stefan Ulrich, ebd.*, S. 451.

351 Siehe auch *Savat, Marjolaine*, Die Gesundheitskompetenzen der Europäischen Union: Vom subsidiären Handeln zu gemeinschaftlichen Kompetenzen, in: *Dujmovits, Eberhard/Eisenberger/Ennöckl/Lachmayer/Stöger (Hrsg.),* Recht und Medizin, 46. Assistentagung Öffentliches Recht, Baden-Baden, 2006, S. 69.

352 *Michel, Valérie*, Recherches sur les compétences de la Communauté, Paris, 2003, S. 478.

353 Art. 12 Abs. 2 des Projet de traité instituant l'Union européenne “Lorsque le présent traité attribue une compétence concurrente à l'Union, l'action des États membres s'exerce là où l'Union n'est pas intervenue. L'Union n'agit que pour mener les tâches qui peuvent être entreprises en commun de manière plus efficace que par les États membres œuvrant séparément, en particulier celles dont la réalisation exige l'action de l'Union parce que leurs dimensions ou leurs effets dépassent les frontières nationales”.

beide Kriterien – das Kriterium der Notwendigkeit und das Kriterium der Effektivität – in den Art. 3 B aufgenommen. Im Ergebnis verstärkt dies die Dualität des Prinzips, was wiederum zu unklaren Auslegungen führt. Anstatt einer eindeutigen Leitlinie zu folgen, ist die Anwendbarkeit des Subsidiaritätsprinzips zwei grundverschiedenen Kriterien unterworfen.

Dass Schwierigkeiten bei der konkreten Durchführung dieses doppelten Tests auftreten würden, war allzu vorhersehbar. Vorsorglich hatten die Gemeinschaftsorgane im Vorfeld des Inkrafttretens des Unionsvertrags sowohl eine Leitlinie als auch eine Interpretationsregel geliefert. Insbesondere der Europäische Rat befasste sich mit der Problematik und versuchte in Erklärungen und Schlussbetrachtungen Auslegungsschlüssel zur Anwendung des Subsidiaritätsprinzips bereitzustellen. Aus dem Kodifizierungswerk der grundlegenden Texte des Europarechtes von *Antonio Tizzano* und *Daniel Vignes*[354] geht dieses Vorhaben des Europäischen Rats deutlich hervor. Die Ergebnisse sind jedoch eher mittelmäßig. Weit davon entfernt einen klaren Ansatz der Beurteilung der Kriterien vorzuschlagen, verwischt der Rat sogar noch die Berührungspunkte zwischen Notwendigkeitskriterium und Effektivitätskriterium. In der Erklärung von Birmingham vom 16. Oktober 1992 verkündet er: „Des actions au niveau communautaire ne devraient être prises que lorsque c'est approprié et nécessaire."[355] In den Schlussfolgerungen zu seinem Treffen in Edinburgh am 12. Dezember 1992 nimmt der Europäische Rat hingegen ausführlicher zur Beurteilung der Kriterien zur Anwendbarkeit des Subsidiaritätsprinzips Stellung: „Le Conseil doit avoir l'assurance qu'une action au niveau communautaire présenterait des avantages manifestes, en raison de ses dimensions ou de ses effets, par rapport à une action au niveau des Etats membres."[356]

Diese allgemeinen Betrachtungen ergeben, dass das Handeln der Gemeinschaft gleichzeitig notwendig sein und einen offensichtlichen Vorteil darstellen muss, um nach dem Grundsatz des Subsidiaritätsprinzips gerechtfertigt zu sein. Bleibt natürlich zu klären, was genau sich hinter diesen zwei Erfordernissen verbirgt.

---

354 *Tizzano, Antonio/Vignes, Daniel,* Code de l'Union européenne, Bruxelles 2001, S. 562 ff.

355 Erklärung von Birmingham vom 16. Oktober 1992, in: *Tizzano, Antonio/Vignes, Daniel,* Code de l'Union européenne, Bruxelles 2001, S. 563.

356 Schlussfolgerungen des Europäischen Rats am 12. Dezember 1992 in Edinburgh, in: *Tizzano, Antonio/Vignes, Daniel,* ebd., S. 592.

(2)- Der „Notwendigkeitstest“[357]

Für die Einhaltung des ersten Kriteriums, des Notwendigkeitstests, müssen die Organe der Union zu der Feststellung gelangen, dass die verfolgten Ziele unzureichend auf mitgliedstaatlicher Ebene, „weder auf zentraler noch auf regionaler oder lokaler Ebene“ (Art. 5 Abs. 3 EUV), verwirklicht werden können.[358] Da Art. 5 Abs. 3 EUV von „Mitgliedstaaten“ im Plural spricht, „muss in zwei oder mehr Mitgliedstaaten das objektive Leistungspotential – nicht der subjektive Leistungswille – mit Blick auf das Ziel der in Betracht gezogenen Maßnahme tatsächlich unzureichend sein“,[359] wie *Christian Calliess* betont. *Roland Bieber* präzisiert, dass es dabei nicht genüge, „dass einzelne Mitgliedstaaten in der Lage sind, die Ziele zu erreichen“,[360] denn ungleiche Ausgangssituationen zwischen Mitgliedstaaten können im konkreten Fall beträchtliche Wirkungen auf den Binnenmarkt haben, und dabei eventuell zur Beeinträchtigung des freien Warenverkehrs führen. Ein Beispiel dafür aus dem Bereich der Lebensmittelsicherheit ist die Verordnung vom 28. Juni 2007 über die ökologische/biologische Produktion und die Kennzeichnung von ökologischen/biologischen Erzeugnissen.[361] Einzelne Mitgliedstaaten konnten eine kohärente und transparente Kennzeichnung für die ökologischen Produkte gewährleisten, aber andere Mitgliedstaaten waren aus politischen oder strukturellen Gründen nicht in der Lage, dieses Ziel zu erreichen. Hätte die Union nicht gehandelt, wäre die Kennzeichnung innerhalb der EU nicht einheitlich[362] gewesen, was sich unausweichlich auf den grenzüber-

357 Dieser Ausdruck stammt von *Roland Bieber*, in: Subsidiarität im Sinne des Vertrages über die Europäische Union, in: *Nörr, Knut Wolfgang/Oppermann, Thomas (Hrsg.)*, Subsidiarität: Idee und Wirklichkeit, Zur Reichweite eines Prinzips in Deutschland und Europa, Tübingen, 1997, S. 177.

358 Siehe dazu *Bieber, Roland*, ebd., S. 177, *Pieper, Stefan Ulrich*, ebd., S. 451 oder *Calliess, Christian,* Subsidiaritätsprinzip und Solidaritätsprinzip als rechtliches Regulativ der Globalisierung von Staat und Gesellschaft – dargestellt am Beispiel von EU und WTO, in: *Blicke, Peter/Hüglin Thomas O./Wyduckel, Dieter (Hrsg.),* Subsidiarität als rechtliches und politisches Ordnungsprinzip in Kirche, Staat und Gesellschaft. Genese, Gestaltungsgrundlagen und Perspektiven an der Schwelle des dritten Jahrtausends, Berlin, 2002, S. 394 ff.

359 *Calliess, Christian*, ebd., S. 395.

360 *Bieber, Roland*, ebd., S. 177.

361 Verordnung Nr. 834/2007 des Rates vom 28. Juni 2007 über die ökologische/biologische Produktion und die Kennzeichnung von ökologischen/biologischen Erzeugnissen, ABl. L 189 vom 20.7.2007, S. 1–23.

362 Für *Calliess* hingegen müssen die Maßnahmen der Mitgliedstaaten keineswegs einheitlich sein, s. ebd., S. 395. Es sei dennoch angemerkt, dass in Anbetracht des umfangreichen Rechtsstreits in Bezug auf die Hindernisse im freien Warenverkehr, die aus fehlenden Mindeststandards für die grenzüberschreitenden Transaktionen resultieren und die vom EuGH beurteilt werden, Maßnahmen zur Vereinheitlichung wichtig sind. Der Leitlinie des Subsidiaritätsprotokolls des Vertrags von Amsterdam ist zu entnehmen, dass die Frage der Einheitlichkeit durchaus von Belang ist. Siehe Fußn. 304.

schreitenden Verkehr (im Rahmen der gemeinschaftlichen Grenzen) der betroffenen Produkte ausgewirkt hätte.

Die Feststellung der Unzulänglichkeit mitgliedstaatlicher Maßnahmen, ein bestimmtes Ziel zu erreichen, „erfordert eine Bewertung des staatlichen Leistungspotentials durch die Unionsorgane",[363] sowie die Festlegung, dass „der betreffende Bereich transnationale Aspekte auf[weist], die durch Maßnahmen der Mitgliedstaaten nicht ausreichend geregelt werden können".[364] Diese Bewertung sollte objektiv sein und beinhaltet die Berücksichtigung von wirtschaftlichen und strukturellen Aspekten der Lage auf mitgliedstaatlicher Ebene.[365] Wie *Manfred Zuleeg* unterstreicht, liegt aber „die Schwierigkeit darin, Maßstäbe für die Verwirklichung von Zielen zu gewinnen".[366]

Ist diese Unzulänglichkeit des Handelns auf mitgliedstaatlicher Ebene offenkundig von den Unionsorganen festgestellt worden, so reicht dies jedoch nicht aus, um ein Tätigwerden der Union zu rechtfertigen. Ihr Eingreifen muss zusätzlich im Verhältnis zum Handeln der Mitgliedstaaten eine offensichtliche Verbesserung darstellen.

(3)- Die „Besser-Klausel"

Ursprünglich wurde der Begriff „Besser-Klausel" auf die Bestimmungen des Art. 130 r Abs. 4 EWGV angewendet, der besagte, dass im Bereich der Umweltpolitik die EWG dann tätig wird, wenn die Ziele besser auf gemeinschaftlicher Ebene erreicht werden können.[367] Nach der Festschreibung der Subsidiarität als Kompetenzausübungsregel im Gemeinschaftsrecht durch den Unionsvertrag wurde diese Bezeichnung übernommen. Sie gilt nun für die Erfüllung des

---

363 Bieber, Roland, ebd., S. 177.

364 Siehe Art. 5 des Protokolls über der Grundsätze der Subsidiarität und der Verhältnismäßigkeit, Anhang des Vertrags von Amsterdam.

365 Dazu s. Art. 5 des Protokolls über der Grundsätze der Subsidiarität und der Verhältnismäßigkeit, Anhang des Vertrags von Amsterdam: „Alleinige Maßnahmen der Mitgliedstaaten oder das Fehlen von Gemeinschaftsmaßnahmen würden gegen die Anforderungen des Vertrags (beispielsweise Erfordernis der Korrektur von Wettbewerbsverzerrungen, der Vermeidung verschleierter Handelsbeschränkungen oder der Stärkung des wirtschaftlichen und sozialen Zusammenhalts) verstoßen oder auf sonstige Weise die Interessen der Mitgliedstaaten erheblich beeinträchtigen".

366 *Zuleeg, Manfred,* Justiziabilität des Subsidiaritätsprinzips, in: *Nörr, Knut Wolfgang/Oppermann, Thomas (Hrsg.),* Subsidiarität: Idee und Wirklichkeit, Zur Reichweite eines Prinzips in Deutschland und Europa, Tübingen, 1997, S. 192.

367 Siehe z.B. *Detlef Merten* über die Bestimmungen des Art. 130 r Abs. 4 EWGV bezüglich der Zuständigkeit der EWG im Bereich der Umweltpolitik, die als „Besser-Klausel" bezeichnet wird. *Merten, Detlef,* Subsidiarität als Verfassungsprinzip, in *Merten, Detlef (Hrsg.),* Die Subsidiarität Europas, Berlin, 2. Aufl., 1994, S. 76 und 80.

zweiten Teils des Doppeltests: Es reicht nicht, dass die mitgliedstaatliche Ebene eine defizitäre Handlungsfähigkeit in Bezug auf das verfolgte Ziel aufweist, die gemeinschaftliche Ebene soll auch zu einer offensichtlichen Verbesserung (daher „Besser-Klausel") der Lage beitragen, um die Zuständigkeit zu erlangen.

Die „Besser-Klausel" ist die Übertragung des Ansatzes des Effizienz-Erfordernisses, um eine Inanspruchnahme der Kompetenz auf Unionsebene zu rechtfertigen. Der „mieux communautaire"[368], wie *Michel* es bezeichnet, ist im Wesentlichen eine höchst politische Angelegenheit und daher Auslegungssache. Juristisch ist dieser zweite Teil des Doppel-Kriteriums schwerer fassbar als der erste Teil. Leitlinien zur Überprüfung dieses Kriteriums sind im Subsidiaritätsprotokoll zum Vertrag von Amsterdam zu finden. Zunächst wird ausgeführt, dass „die Feststellung, dass ein Gemeinschaftsziel besser auf Gemeinschaftsebene erreicht werden kann, auf qualitativen oder - soweit möglich - auf quantitativen Kriterien beruhen muss".[369] Die Erfüllung dieser zweiten Vorausetzung läuft auf einen Test des „Mehrwertes"[370] des Handelns der EU hinaus: denn hier muss verdeutlicht werden, dass „Maßnahmen auf Gemeinschaftsebene wegen ihres Umfangs oder ihrer Wirkungen im Vergleich zu Maßnahmen auf der Ebene der Mitgliedstaaten deutliche Vorteile mit sich bringen würden".[371] Die Bewertung des Mehrwertes eines Handelns der Union, auch wenn sie auf qualitativen und quantitativen Indizien beruht, bleibt eine politische und in geringerem Maße auch eine juristische Frage. Daraus zu schließen, dass es dem Subsidiaritätsprinzip an einer rechtlichen Grundlage mangelt, würde jedoch die Absichten der Autoren des Unionsvertrags sowie den Wortlaut des Textes selbst verkennen. Für *Bieber* ist insofern eindeutig, dass mit der Einführung des Subsidiaritätsprinzips auf eine zusätzliche Bindung der Ausübung gemeinschaftlicher Kompetenzen an rechtliche Vorgaben abgezielt wurde.[372]

Letztendlich bleibt abschließend hinsichtlich der beiden Kriterien zu fragen, ob ihnen tatsächlich die gleiche Bedeutung beigemessen wird. *Chantal Millon-Delsol* scheint dies zu bezweifeln: „L'Europe qui émerge du traité de Maastricht se réclame du principe de subsidiarité, mais a tendance à le tourner en un principe jacobin, c'est-à-dire à le dénaturer, comme il apparaît clairement dans

368 Ähnlich *Roland Bieber*, der betont, dass das Subsidiaritätsprinzip die Union „verpflichtet, den Mehrwert jeder Handlungsabsicht gegenüber dem autonomen Handeln der Staaten darzulegen", in: *Bieber, Roland*, Föderalismus in Europa, in: *Weidenfeld, Werner (Hrsg.)*, Die Europäischen Union – Politisches System und Politikbereiche, Bonn, 2008, S. 134.

369 Art. 4 des Protokolls über die Grundsätze der Subsidiarität und der Verhältnismäßigkeit, Anhang des Vertrags von Amsterdam

370 Siehe z.B. *Bieber* oder *Calliess*, ebd., jeweils S. 177 und 395.

371 Art. 5 des Protokolls über die Grundsätze der Subsidiarität und der Verhältnismäßigkeit, Anhang des Vertrags von Amsterdam.

372 Siehe *Bieber, Roland*, ebd., S. 177.

l'article 3 B du traité (l'instance supérieure est censée intervenir si elle doit s'avérer plus efficace que l'instance inférieure; la subsidiarité dit: 'si l'instance inférieure est insuffisante', ce qui est absolument différent)."[373] Für sie lastet die Prüfung der Einhaltung des Grundsatzes der Subsidiarität mehr auf der Erfüllung oder Nicht-Erfüllung des zweiten Kriteriums. Eine solche Einschätzung ist jedoch als unbegründet zu verwerfen. Weder in der Leitlinie der beiden Subsidiaritätsprotokolle noch in der bisherigen Rechtsprechung des EuGH[374] finden sich Hinweise, die eine solche Schlussfolgerung zulassen.
Im Folgenden wird die Analyse des Subsidiaritätsprinzips fortgesetzt mit der Erörterung der Möglichkeiten einer Kontrolle des Subsidiaritätsprinzips.

3- Die Justiziabiltät der Subsidiarität: Die Kontrolle durch die europäischen Gerichte

„Die Justiziabilität des Subsidiaritätsprinzips ist in erster Linie ein Problem für die Recht sprechende Gewalt, nicht nur für den Europäischen Gerichtshof und das Gericht erster Instanz, sondern auch für die mitgliedstaatlichen Gerichte; denn diese sind ihrer Funktion nach ebenfalls europäische Gerichte. Sie haben die Rechtsordnung der Europäischen Gemeinschaft anzuwenden, wobei allerdings die Vorlagepflicht an den Europäischen Gerichthof zu beachten ist, nicht nur für Gerichte, deren Entscheidungen nicht mehr mit Rechtsmitteln angreifbar sind (...), sondern auch für sämtliche andere Gerichte, wenn sie die Gültigkeit eines Rechtsakts der Europäischen Gemeinschaft wegen eines Verstoßes gegen höherrangiges europäisches Recht verneinen wollen, also auch bei einem Verstoß gegen das Subsidiaritätsprinzip".[375] So beantwortet *Manfred Zuleeg* eindeutig die Frage, ob das Subsidiaritätsprinzip faktisch justiziabel sei oder nicht. Als er diese Position äußerte (1997), war die Justiziabilität des Prinzips für etliche Autoren und Gerichte – auch für das BverfG selbst – zumindest zweifelhaft, wenn nicht ganz zu verneinen. In der Frankfurter Allgemeinen Zeitung vom 17. September 1992 hegte z.B. der ehemalige Verfassungsrichter *Dieter Grimm* große Zweifel, ob der EuGH die Subsidiarität für justiziabel halten würde: „Hält der Gerichtshof das Subsidiaritätsprinzip für nicht justiziabel, steht damit dessen Wirkungslosigkeit fest. Nimmt er es dagegen als Entscheidungsmaßstab, setzt er sich an die Stelle der Vertragspartner und entscheidet dort originär, wo diese

---

373 *Delsol, Chantal, La bonne étoile de la subsidiarité, in: Blicke, Peter/Hüglin Thomas O./Wyduckel, Dieter (Hrsg.),* Subsidiarität als rechtliches und politisches Ordnungsprinzip in Kirche, Staat und Gesellschaft. Genese, Gestaltungsgrundlagen und Perspektiven an der Schwelle des dritten Jahrtausends, Berlin, 2002, S. 87.

374 Im Gegensatz dazu scheint der EuGH als zentralen Prüfungspunkt die Notwendigkeit gemeinschaftlichen Handelns zu sehen. Siehe Punkt 3-I-B.

375 *Zuleeg, Manfred,* Justiziabilität des Subsidiaritätsprinzips, in. *Nörr, Knut Wolfgang/Oppermann, Thomas (Hrsg.),* Subsidiarität: Idee und Wirklichkeit. Zur Reichweite eines Prinzips in Deutschland und Europa, Tübingen, 1997, S. 201.

lediglich eine Nichtentscheidung durch einen Formelkompromiss überdeckt hatten. Wie er entscheidet, ist schwer vorauszusagen".[376] *Grimm* resümiert dabei die Einwände der Gegner einer Einführung des Subsidiaritätsprinzips in das Gemeinschaftsrecht: Die Wirksamkeit des Prinzips sei schwerwiegend beeinträchtigt, da man dem EuGH unterstelle, in Sachen Kompetenzzuordnung zwischen Gemeinschaft und Mitgliedstaaten seine Aufgabe nicht unparteiisch zu erfüllen. Eine solche Unterstellung ist nach *Zuleegs* Auffassung strikt abzulehnen. Die Rechtsprechung des EuGH führe weder zur Feststellung einer Vernachlässigung „der Kompetenzgrenzen der Gemeinschaft", noch zur Bestätigung des Vorwurfs, nach dem der EuGH „die Kompetenzregeln nicht ernst nimmt".[377]

Lord Mackenzie-Stuart ist jedoch der Ansicht, dass die politische Essenz des Prinzips eine unüberwindbare Hürde für jegliche gerichtliche Kontrolle, auch und besonders durch den EuGH, darstelle. *Lord Mackenzie-Stuart* führt aus: „Who is going to say whether that provision has been breached in a given case or not. The suggestion is the Court. This fills me with dismay. To decide whether given action is more appropriate at Community level, necessary at Community level, effective at Community level, is essentially a political topic. It is not the sort of question that a Court should be asked to decide".[378] Daher schlug er vor, dass die Kontrolle nicht der Zuständigkeit des EuGH unterliegen, sondern dass der Europäische Rat die Anwendung der Subsidiarität beurteilen solle.

Die Akzeptanz der Justiziabilität des Prinzips musste also erst einmal geschaffen werden, denn für einige war die Vermischung der Gewalten problematisch. Wenn Richter in Politikbereiche eindringen, dann steht die Frage der Gewährleistung der Gewaltenteilung im Raum. Die Subsidiarität nicht mit Rechtsmitteln auszustatten, wäre aber eine offensichtliche Verletzung des Grundsatzes der Demokratie, die ein gemeinsamer Wert der Union nach Art. 2 EUV ist. Inzwischen steht die Justiziabilität der Subsidiarität außer Frage, wie *Valerie Michel* betont: „L'acceptation de la 'justiciabilité' du principe ne fait aucun doute, mais elle n'épuise pas pour autant le débat, qui se déplace alors sur le terrain des modalités de saisine de la Cour."[379] Unter Berücksichtigung der politischen Essenz des Prinzips schlägt *Vlad Constantinesco*[380] unter anderem die

376 *Grimm, Dieter*, Subsidiarität ist nur ein Wort, Frankfurter Allgemeine Zeitung vom 17. September 1992, S. 38.

377 Siehe *Zuleeg, Manfred*, ebd., S. 201-202.

378 *Lord Mackenzie-Stuart,* Assessment of the Views Expressed and Introduction to a Panel Discussion, in: Proceedings of the *Jacque Delors* Colloquium 1991, Maastricht, 1991, S. 40-41.

379 *Michel, Valérie*: Recherches sur les compétences de la Communauté, Paris, 2003, S. 480.

380 *Constantinesco, Vlad,* Le principe de subsidiarité: un passage obligé vers l'Union Européenne?, in : L'Europe et le droit, mélanges en honneur à *Jean Boulouis*, Paris, 1991, S. 42.

Einführung einer Kontrolle *a priori* vor, d.h. eines neuen gemeinschaftlichen Rechtsmittels, das die Beurteilung europarechtlicher Maßnahmen durch die luxemburgischen Richter vor dem Inkrafttreten vorsieht. So würde es den europäischen Richtern, so *Constantinesco,* erspart bleiben, einen europäischen Rechtsakt *a posteriori* aufgrund einer Verletzung des Subsidiaritätsprinzips für nichtig zu erklären. Letzteres würde eine Einmischung in eine heikle und höchst politische Angelegenheit bedeuten. Die Verträge sehen ein solches Verfahren jedoch nicht vor, d. h., dass, wie *Zuleeg* oder *Michel* betonen, die Kontrolle der konformen Anwendung der Subsidiarität auf den schon bestehenden Rechtswegen erfolgen soll. Für *Michel* ist es eindeutig, dass eine solche Kontrolle lediglich im Rahmen einer Nichtigkeitsklage[381] erfolgen kann. Berücksichtigt man allerdings die These von *Zuleeg*, dass die mitgliedstaatlichen Gerichte auch für die Frage der Anwendung des Subsidiaritätsprinzips zuständig sind, dann muss man das Verfahren der Vorabentscheindung als Rechtsmittel[382] dazu zählen. Da die nationalen Gerichte der letzten Instanz zur Vorlage verpflichtet sind und die anderen Gerichte die Möglichkeit zur Vorlage haben, wenn sie es für erforderlich halten, ist eine Entscheidung des EuGH auf Grundlage einer ihm vorgelegten Frage durchaus möglich, wenn nicht sogar wahrscheinlich. Eine Bestätigung dessen ist durch verschiedene Urteile des EuGH erfolgt, z.B. das Urteil vom 22. Oktober 1998 oder das Urteil vom 12. Juli 2005. In diesen Fällen hatte der EuGH über die Einhaltung der Grundsätze des Subsidiaritätsprinzips bezüglich der angefochtenen Rechtsakte zu entscheiden, nach Vorlage des Schleswig-Holsteinischen Verwaltungsgerichtshofes und im zweiten Fall des High Court of Justice (England & Wales).[383]

Nun ist das Subsidiaritätsprinzip vor fast zwanzig Jahren eingeführt worden, und es brachte keine üppige Rechtsprechung hervor, wie *Michel* feststellt. Ob dies daran liegt, dass in Anbetracht der politischen Brisanz der Materie niemand für die Öffnung der Büchse der Pandora verantwortlich sein will oder ob weiterhin Zweifel bezüglich der tatsächlichen Justiziabilität des Prinzips als „Raster“ bestehen, lässt sich schwer beurteilen. Nichtsdestotrotz können Leitlinien für eine Beurteilung der Konformität eines gemeinschaftlichen Rechtsaktes mit den Erfordernissen des Subsidiaritätsprinzips aus der bestehenden Rechtsprechung abgeleitet werden.

---

381 *Michel, Valérie*, ebd., S. 480. Nichtigkeitsklage nach Art. 263 AEUV.

382 Vorabentscheidungsverfahren nach Art. 267 AEUV.

383 Siehe EuGH, Rs. C-36/97 und C-37/97 vom 22. Oktober 1998, Hilmar Kellinghusen gegen Amt für Land- und Wasserwirtschaft Kiel und Ernst-Detlef Ketelsen gegen Amt für Land- und Wasserwirtschaft Husum, Slg. 1998 S. 6337 oder EuGH, Rs. C-154/04 und C-155/04 vom 12. Juli 2005, The Queen, auf Antrag von Alliance for Natural Health und Nutri-Link Ltd gegen Secretary of State for Health (C-154/04) und The Queen, auf Antrag von National Association of Health Stores und Health Food Manufacturers Ltd gegen Secretary of State for Health und National Assembly for Wales (C-155/04), Slg. 2005, S. 6451.

Zunächst könnte sich der EuGH für die Anwendung des ehemaligen Art. 5 Abs. 2 EGV auf Rechtsakte berufen, die vor dem Inkrafttreten des Unionvertrags erlassen worden sind. Wie nicht anders zu erwarten war, hat er eine solche Anwendung abgelehnt.[384]

Was die inhaltliche Prüfung des EuGH anbelangt, stellt *Michel* in ihrer grundlegenden und ausführlichen Analyse der Rechtsprechung des EuGH in dieser Sache fest, dass der EuGH zwei Bedingungen[385] herausgearbeitet hat, um die konforme Anwendung des Prinzips zu beurteilen: zum einem eine formelle und zum anderen eine materielle Bedingung. Da jedoch eine enge Verflechtung dieser beiden Bedingungen in der Argumentation des EuGH zu bemerken ist, erscheint es schwierig, die verschiedenen Argumentationsstränge eindeutig voneinander zu trennen.[386] Schließlich ist die Kontrolle der materiellen Bedingung – nämlich das Erfordernis des gemeinschaftlichen Handelns – Teil der Erfüllung der formellen Bedingung. Die Kontrolle des EuGH kommt tatsächlich in der Begründungspflicht der gemeinschaftlichen Organe zum Tragen, insbesondere in der Begründung, die die Erforderlichkeit des Rechtsaktes darlegt.

Anhand dieser Begründung soll der EuGH feststellen können, ob die Organe der Union mit der Inanspruchnahme der Kompetenz den Grundsatz der Subsidiarität verletzt haben oder nicht. Diese Begründungspflicht[387] ist nicht spezifisch für die Beurteilung der Subsidiarität, sie soll aber in diesem besonderen Kontext bestimmte Merkmale aufweisen, um Aufschluss über die Konformität eines Rechtsaktes mit dem Subsidiaritätsprinzips zu bieten. Es ist weiter nicht erstaun-

---

384 EuGH, Rs. C-36/97 und C-37/97 vom 22. Oktober 1998, Hilmar Kellinghusen gegen Amt für Land- und Wasserwirtschaft Kiel und Ernst-Detlef Ketelsen gegen Amt für Land- und Wasserwirtschaft Husum, Slg. 1998 S. 6337, Rn. 35: „Das Subsidiaritätsprinzip des Artikels 3b Absatz 2 EG-Vertrag schließlich war zum Zeitpunkt des Erlasses der Verordnungen Nrn. 1765/92 und 2066/92 noch nicht in Kraft; ihm kommt keine Rückwirkung zu".

385 Siehe *Michel, Valérie*, Ebenda, S 480 ff.

386 Siehe auch *Christian Caliess*. Er unterscheidet ebenfalls nicht zwischen formellen und materiellen Bedingungen, wenn er die Kontrolle der Einhaltung des Grundsatzes der Subsidiarität durch den europäischen Richter analysiert. *Calliess, Christian,* Subsidiaritätsprinzip und Solidaritätsprinzip als rechtliches Regulativ der Globalisierung von Staat und Gesellschaft – dargestellt am Beispiel von EU und WTO, in: *Blicke, Peter/Hüglin Thomas O./Wyduckel, Dieter (Hrsg.),* Subsidiarität als rechtliches und politisches Ordnungsprinzip in Kirche, Staat und Gesellschaft, Genese, Gestaltungsgrundlagen und Perspektiven an der Schwelle des dritten Jahrtausends, Berlin, 2002, S. 394.

387 In der Tat besteht eine allgemeine Begründungspflicht. Unter Begründungspflicht allgemein versteht der EuGH: „Die in Artikel 190 des Vertrages verankerte Begründungspflicht verlangt, dass alle dort genannten Rechtsakte eine Darstellung der Gründe enthalten, die das Organ zu ihrem Erlass veranlasst haben, so dass der Gerichtshof seine Kontrollaufgabe wahrnehmen kann und sowohl die Mitgliedstaaten als auch die Betroffenen die Bedingungen erfahren, unter denen die Gemeinschaftsorgane den Vertrag angewandt haben".

lich, dass eine der grundlegenden Entscheidungen, die im Zusammenhang mit der Beurteilung der Subsidiarität zu treffen sind, eine Klage der Bundesrepublik betrifft. Die Begründungspflicht eines Rechtsaktes, der eventuell unter Verletzung des Subsidiaritätsprinzips erlassen worden ist, muss sich, so die Argumentation des EuGH, an zwei Pfeilern orientieren, wenn sie dem Erfordernis der Subsidiarität genügen soll:

1) Die Begründung soll den Zusammenhang zwischen dem Ausmaß der Dimensionen der vorgesehenen Maßnahmen und den Fähigkeiten der Mitgliedstaaten, der Situation gerecht zu werden, verdeutlichen. Anders formuliert: Die Gemeinschaftsorgane sollen beweisen, dass die Mitgliedstaaten das angestrebte Ziel nicht vollständig oder zufrieden stellend erreichen können.[388]

2) Das Handeln der Gemeinschaft soll erforderlich sein,[389] „[s]obald der Rat also festgestellt hat, dass (...) die in diesem Bereich bestehenden Bedingun-

---

388 Siehe: EuGH, Rs. C-233/94 vom 13. Mai 1997. - Bundesrepublik Deutschland gegen Europäisches Parlament und Rat der Europäischen Union, Slg. 1997, S. 2405, Rn. 26 und 27: "Im vorliegenden Fall haben das Parlament und der Rat in der zweiten Begründungserwägung der Richtlinie der Ansicht Ausdruck gegeben, daß es zweckmässig sei, sich 'mit der Situation zu befassen, die im Falle des Nichtverfügbarwerdens der Einlagen in einem Kreditinstitut mit Zweigstellen in anderen Mitgliedstaaten entstehen kann', und daß ein 'Mindestmaß an Harmonisierung der Einlagensicherung' [...] gewährleistet sein muss ohne Rücksicht darauf, wo in der Gemeinschaft die Einlagen lokalisiert sind." Diese Erwägungen zeigen, dass der Gemeinschaftsgesetzgeber der Auffassung war, dass das mit seinem Tätigwerden verfolgte Ziel wegen der Dimensionen der vorgesehenen Maßnahme besser auf Gemeinschaftsebene verwirklicht werden konnte. Der gleiche Gedankengang findet sich auch in der dritten Begründungserwägung, nach der die Entscheidung über das zuständige Sicherungssystem im Fall der Zahlungsunfähigkeit einer Zweigstelle in einem anderen als dem Mitgliedstaat, in dem das Kreditinstitut seinen Sitz hat, Auswirkungen hat, die über die Grenzen einzelner Mitgliedstaaten hinaus spürbar sind.

27 Außerdem haben das Parlament und der Rat in der fünften Begründungserwägung ausgeführt, dass das mit der Empfehlung der Kommission angestrebte Ziel durch die von den Mitgliedstaaten daraufhin ergriffenen Maßnahmen nicht vollständig erreicht worden sei. Damit hat der Gemeinschaftsgesetzgeber festgestellt, dass das Ziel seines Tätigwerdens von den Mitgliedstaaten nicht in ausreichendem Maß verwirklicht werden konnte".

389 Siehe EuGH, Rs. C-84/94 vom 12. November 1996, Vereinigtes Königreich Großbritannien und Nordirland gegen Rat der Europäischen Union, Slg. 1996 S. 5755, Rn. 47: „Artikel 118a beauftragt den Rat, Mindestvorschriften zu erlassen, um durch Harmonisierung zur Hebung des Niveaus der Sicherheit und des Gesundheitsschutzes der Arbeitnehmer beizutragen, die gemäß Artikel 118a Absatz 1 in erster Linie den Mitgliedstaaten obliegt. Sobald der Rat also festgestellt hat, dass das bestehende Niveau des Gesundheitsschutzes und der Sicherheit der Arbeitnehmer verbessert und die in diesem Bereich bestehenden Bedingungen bei gleichzeitigem Fortschritt harmonisiert werden müssen, setzt die Erreichung dieses Zieles durch das Setzen von Mindestvorschriften unvermeidlich ein gemeinschaftsweites Vorgehen voraus, das es im Übrigen wie im vorliegenden Fall den Mitgliedstaaten in weitem Umfang überlässt, die erforderlichen Durchführungsmodalitäten zu regeln. Die weitere Rüge, der Rat habe eine derart weit

gen bei gleichzeitigem Fortschritt harmonisiert werden müssen." [Dann] setzt die Erreichung dieses Zieles durch das Setzen von Mindestvorschriften unvermeidlich ein gemeinschaftsweites Vorgehen voraus (...). Bei der Rechtfertigung des Erfordernisses des gemeinschaftlichen Handelns „vertritt der EuGH (...) tendenziell eine großzügige Auffassung",[390] bemerkt *Christian Calliess*. Zu diesem Ergebnis kommt auch *Michel*: „Sa justifiaction du caractère nécessaire de l'action communautaire témoigne d'une compréhension particulièrement extensive de cette condition".[391]

Letztendlich ist die Einführung des "Frühwarnsystems" durch das Subsidiaritätsprotokoll des Reformvertrages nicht zu vernachlässigen,[392] da ihre Bedeutung für die Frage der Justiziabilität des Prinzips nicht unerheblich ist. In der Tat lässt dieses "Frühwarnsystem" die Frage der Kontrolle *a priori* der Subsidiarität wieder aufleben. Denn künftig können „die nationalen Parlamente oder die Kammern eines dieser Parlamente [können] binnen acht Wochen nach dem Zeitpunkt der Übermittlung eines Entwurfs eines Gesetzgebungsakts in den Amtssprachen der Union in einer begründeten Stellungnahme an die Präsidenten des Europäischen Parlaments, des Rates und der Kommission darlegen, weshalb der Entwurf ihres Erachtens nicht mit dem Subsidiaritätsprinzip vereinbar ist".[393] Zwar fungieren als Kontrollinstanz nicht die europäischen Gerichte, sondern die Parlamente der Mitgliedstaaten, dennoch ist damit tatsächlich eine Kontrolle *a priori* von nun an möglich. Die Einwände gegen die Subsidiarität auf Grund ihres politischen Charakters fallen damit weg, denn nun können die mitgliedstaatlichen Parlamente, also politische Gremien, Stellung beziehen zur Vereinbarkeit des europäischen Gesetzentwurfs mit dem Grundsatz der Subsidiarität. Es steht ihnen zu, von diesem Recht Gebrauch zu machen oder nicht.

Abschließend kann man zur Frage der Justiziabilität des Prinzips bemerken, dass diese Justiziabilität nicht von vornherein eindeutig gegeben war. Wäre sie heute noch nicht gegeben, so würde dies schwerwiegenden Zweifel an der Wirksamkeit der Subsidiarität aufkommen lassen. Eine Justiziabilität ist nach Sichtung der Rechtspraxis eindeutig zu bejahen. Die Tragweite der Kontrolle durch den EuGH kann jedoch hinterfragt werden. In der Tat vertritt er in der bisherigen – und eher spärlichen – Rechtsprechung eine großzügige Auffassung. Im Wesentlichen genügt die Feststellung eines Harmonisierungsbedarfs, um ein Eingreifen

---

reichende und verbindliche Richtlinie nicht erlassen dürfen, wird im Rahmen der Rüge des Verstoßes gegen den Grundsatz der Verhältnismäßigkeit erörtert".

390 *Calliess, Christian*, ebd., S. 304.

391 Siehe *Michel, Valérie*, ebd., S. 483.

392 Zur Frage des „Frühwarnsystems" s. *Schambeck, Herbert*, Subsidiarität und europäische Integration, in: *Depenheuer, Otto/Heintzen, Markus/jestaedt, Matthias/Axer, Peter (Hrsg.)*, Staat im Wort, Festschrift für *Josef Isensee*, Heidelberg, 2007, S. 711.

393 Art. 6 des Protokolls Nr. 2 über die Anwendung der Gründsätze der Subsidiarität und Verhältnismäßigkeit, Anhang des Vertrags von Lissabon.

der Gemeinschaftsorgane zu rechtfertigen. Die Kontrolle des Subsidiaritätsprinzips durch den EuGH stellt beim Stand der bisherigen Rechtsprechung eine Kontrolle *a minima* dar. *Michel* formuliert nicht ohne Ironie: „Il suffit de constater vouloir faire ce qui est permis de par une base juridique pour pouvoir le faire conformément au principe de subsidiarité“.[394] Diese Einschätzung ist allerdings von einem echten Rechtfertigungszwang, wie von *Isensee* postuliert, weit entfernt.

Die anerkannte französische Strafrechtlerin *Mireille Delmas-Marty* erwähnt in ihrem Essay die Frage der Unschärfe des Rechtes. Sie definiert es als juristisches Phänomen wie folgt:

> „Si l'on admet que l'imprécision des concepts fait partie de la diversité des textures du droit et que la marge nationale se rattache à l'émergence d'un droit décrit comme post-moderne, l'hypothèse se confirme que le flou contribuerait ainsi à préserver un certain pluralisme dans l'application d'un droit qui devient de plus en plus complexe“.[395]

Ihr Begriff „unscharfes Recht“ kann auf das Subsidiaritätsprinzip übertragen werden. Im Rahmen der europäischen Rechtsordnung ist tatsächlich die Subsidiarität ein unscharfes Rechtsprinzip. Unscharf, weil die Formulierung des Prinzips zwei gegensätzliche Verständnisse der Subsidiarität beherbergt. Unscharf auch deshalb, weil keine einigermaßen einheitliche Auslegung des Prinzips entnommen werden kann. Der europäische Rat zieht mal das Notwendigkeitskriterium, mal das Effizienzkriterium als Interpretationsschlüssel hervor. Das Subsidiaritätsprotokoll von Amsterdam beharrt auf dem Mehrwert des gemeinschaftlichen Handelns, um dieses Handeln zu rechtfertigen, während der EuGH in seinen Kontrollen eher die Notwendigkeit[396] des Tätigwerden auf gemeinschaftlicher Ebene in den Vordergrund stellt, um die Einhaltung des Grundsatzes der Subsidiarität zu beurteilen.

Die Definition der Subsidiarität[397], die von *Altiero Spinelli* in dem „Entwurf eines Vertrags zur Gründung der Europäischen Union“ am 14. Februar 1984 vor dem EP zur Abstimmung gestellt wurde, hätte vermutlich die vielen derzeitigen Unklarheiten vermieden. Sicherlich hätte die Anwendung des Prinzips, wie von *Spinelli* vorgeschlagen, andere Problematiken ans Tageslicht gebracht. Als überlegen in der Klarheit der Formulierung ist es in jedem Falle zu bewerten. Die

---

394 *Michel, Valérie*, ebd., S. 483.

395 *Delmas-Marty,Mireille, Le flou du droit, Paris, 2004, S. 15.*

396 Siehe z. B.: EuGH, Rs. C-84/94 vom 12. November 1996, Vereinigtes Königreich Großbritannien und Nordirland gegen Rat der Europäischen Union, Slg. 1996, S. 5755.

397 Also eine Definition, die auf den Beweis der Effizienz des gemeinschaftlichen Handelns beruht. Siehe Punkt 1-I-B dieser Arbeit.

Formulierung des Art. 3 B des Unionsvertrags ist das Ergebnis von politischen Erwägungen, die sich im juristischen Feld einmischen und sich letztendlich durchsetzten. Um sicher zu stellen, dass das Subsidiaritätsprinzip sich tatsächlich als Zentralismushindernis auswirken würde, haben die Mitgliedstaaten darauf bestanden, dass die Autoren des Unionsvertrags einen zusätzlichen Riegel zur Anwendung des Prinzips anbringen. Die Einführung des Doppel-Tests sollte dieses Sicherheitsschloss sein. In der Tat allerdings trägt sie zur Unübersichtlichkeit bei der Implementierung des Prinzips bei, mit dem Ergebnis, ein klares Prinzip in ein unscharfes Prinzip umzuwandeln. Weitere Konsequenzen dieser Feststellung werden nun analysiert.

II- Ist das Subsidiaritätsprinzip eine „Einbahnstrasse"?

Was soll mit diesem etwas plakativen Ausdruck „Einbahnstrasse" gesagt werden? Im Grunde genommen stellt sich hier die Frage der tatsächlichen Aufgabe des Subsidiaritätsprinzips. In Punkt 2-I-B ist die Frage der Aufgabe, wie sie aus dem Wortlaut der Verträge zu entnehmen ist, bereits behandelt worden. Ziel dieses Kapitels II ist also nicht das bereits Vorgestellte zu wiederholen, sondern die Problematik der Aufgabe unter anderen Gesichtspunkten zu beleuchten. Die hier zu analysierende zentrale Frage ist, ob das Subsidiaritätsprinzip ausschließlich eine Regel der Kompetenzausübung ist oder ob (und wenn ja inwiefern) es auch als Kompetenzzuweisung gelten kann.

Ansätze für eine solche Fragestellung liefert eine Theorie von *Antonio Tizzano*. Die Literatur akzeptiert im Allgemeinen, dass Art. 352 AEUV als Konkretisierung des Subsidiaritätsgedankens bereits vor seiner Einführung im Unionsvertrag gelten kann.[398] Im Bezug auf den ehemaligen Art. 235 EWGV schrieb *Antonio Tizzano* bereits im Jahre 1989 in seinem Beitrag in der verfassungsrechtlichen und politikwissenschaftlichen Zeitschrift *Pouvoirs*: „Le recours à l'article 235, au lieu d'attribuer des pouvoirs d'actions plus incisifs dans des matières où existaient déjà la compétence communautaire, a servi essentiellement à étendre cette dernière à des matières pour lesquelles elle n'existait pas ou, à tout le moins, elle ne pouvait être affirmé avec certitude".[399] *Tizzano* äußert sich unmissverständlich über eine Praxis der Gemeinschaft. Letztere bediente sich des Art. 235 EWGV, um ihre Kompetenzfelder zu erweitern. Es ist vielleicht ein Sophismus, diese Praxis auf die Verallgemeinerung des Subsidiaritätsprinzips zu übertragen und für die darauf folgenden Bestimmungen der Verträge die Feststellung von *Tizzano* gelten zu lassen. Die Frage kann aber wohl gestellt werden.

---

398 Siehe S. 121 der Arbeit.

399 *Tizzano, Antonio,* Quelques observations sur le développement des compétences communautaires, in: Pouvoirs, Nr. 48, Europe 93, Paris, 1989, S. 86.

Wenn eine etablierte Praxis im Gemeinschaftsrecht für die erste Konkretisierung des Prinzips gilt, warum sollte sie nicht für die verallgemeinerte Form des Prinzips gelten? Die Frage hinter der Frage ist hier: kann die Union ihre Kompetenz über das in den Bestimmungen der Verträge festgelegte Maß hinaus ausdehnen? Und weiter: eröffnet hier das Subsidiaritätsprinzip diese Möglichkeit? Von seiner Antwort auf die erste Frage scheint *Tizzano* zumindest überzeugt: „Mais les traités ne décrivent que la situation de départ et dessinent de façon très partielle et limitée l'étendue effective des compétences communautaires, telle qu'elle s'est définie au fil des années. Une pratique extrêmement dynamique a conduit, avec des résultats parfois supérieurs aux prévisions les plus optimistes, à une extension progressive et considérable de ces compétences".[400]

Sicherlich begibt man sich hier auf einen gefährlichen Weg. Denn die Frage der versteckten Ausdehnungsmöglichkeit, begründet mit der Anwendung des Subsidiaritätsprinzips, ist ein wiederkehrendes Argument der Euroskeptiker.[401] Oder wie es *Hans-Jürgen Papier* bemerkt: „Noch weitergehende Euroskeptiker glauben in dem Subsidiaritätsprinzip gar gleichsam ein Danaergeschenk zu erkennen, wenn sie ausführen, dass sich hinter der schönen Verpackung tatsächlich nur weitere Kompetenzverlagerungen auf die europäische Ebene verbergen".[402] Nichtsdestotrotz wird hier die Frage der tatsächlichen Aufgaben der Subsidiarität in der Rechtsordnung der Union untersucht. Das Ziel der Fragestellung ist allerdings, die Auswirkung der Dynamik des Subsidiaritätsprinzips auf den Föderalisierungsprozess im Rahmen der EU hervorzuheben.

Obwohl die herrschende Meinung in der Literatur die Frage für sich bereits beantwortet hat, ist sie allerdings nicht endgültig geklärt. Für die herrschende Meinung ist das Subsidiaritätsprinzip stets als Regulativ der Kompetenzausübung zu bewerten. *Roland Bieber* stellt überaus deutlich fest: „Es trifft daher nicht zu, Subsidiarität als 'Kompetenzverteilungsregel' zu bezeichnen".[403] Für *Detlef Merten* hingegen wirkt „Art. 3 B Abs. 2 EGV [...] als Kompetenzzuweisungs- oder Kompetenzübertragungs-, nicht als bloße Kompetenzausübungsschranke".[404] In Anbetracht dieser Meinungsverschiedenheiten ist es berechtigt, sich

400 *Tizzano, Antonio*, ebd., S. 85.

401 Es ist allerdings offenkundig, dass *Antonio Tizzano* nicht in diese Kategorie gezählt werden kann.

402 *Papier, Hans-Jürgen,* Das Subsidiaritätsprinzip – Bremse des europäischen Zentralismus?, in: *Depenheuer, Otto/Heintzen, Markus/jestaedt, Matthias/Axer, Peter (Hrsg.),* Staat im Wort, Festschrift für *Josef Isensee*, Heidelberg, 2007, S. 691.

403 *Bieber, Roland,* Subsidiarität im Sinne des Vertrages über die Europäische Union, in: *Nörr, Knut Wolfgang/Oppermann, Thomas (Hrsg.),* Subsidiarität: Idee und Wirklichkeit, Zur Reichweite eines Prinzips in Deutschland und Europa, Tübingen, 1997, S. 177.

404 *Merten, Detlef,* Subsidiarität als Verfassungsprinzip, in *Merten, Detlef (Hrsg.),* Die Subsidiarität Europas, Berlin, 1. Aufl., 1993, S. 81. Sowie in der zweite Aufl.: *Merten, Detlef,* Subsidiarität als Verfassungsprinzip, in *Merten, Detlef (Hrsg.),* Die Subsidiarität Europas, Berlin, 2. Aufl., 1994, auch S. 81.

die Frage weiter zu stellen. Dabei soll zunächst auf die Frage eingegangen werden, warum die Subsidiarität wiederkehrend kritisch beleuchtet wird (1), um später die föderalisierende Rolle des Prinzips zu verdeutlichen (2 und 3).

1- Warum wird das Subsidiaritätsprinzip wiederkehrend kritisch beleuchtet?

Die Tatsache, dass beinahe 20 Jahre nach seiner Einführung in die gemeinschaftliche Rechtsordnung das Subsidiaritätsprinzip weiterhin Protokolle über seine konforme Anwendung benötigt, kann als Zeichen dafür ausgelegt werden, dass die Subsidiarität immer noch als einer Aufklärung bedürftig angesehen wird. Dazu die Bemerkung von *Peter-Christian Müller-Graff* in seinem Einblick über die künftige Kompetenzordnung in der Union, nach dem „kritisch beleuchtet [wird] auch wiederkehrend (...) die Handhabung des Subsidiaritätsprinzips sowohl in der Abgrenzung der Verbandskompetenzen zwischen Mitgliedstaaten und EG als auch bei der Wahrnehmung von Einzelkompetenzen durch die EG".[405] Hier schlägt die Arbeit einige Ansätze für mögliche Antworten vor.

a- Die Subsidiarität und die Hoheitsträger-Hierarchie

Die Subsidiarität stört, weil sie eine Hierarchie der Hoheitsträger impliziert. Im nationalstaatlichen Kontext ist dies unbedenklich, die organische Hierarchie der Gewaltträger ergibt sich aus der Verfassung. Im europäischen Kontext nimmt dies eine ganz andere Bedeutung an. Die Union ist kein Staat. Über seine Finalität wird stets gestritten. In diesem Kontext sollte der Frage der Kompetenzverteilung große Bedeutung beigemessen werden. *Paul Kirchhof* formuliert es wie folgt: „Die gegenwärtige Diskussion um die Aufgaben und Kompetenzen von Europäischer Union und Mitgliedstaaten betrifft die Rechtsbeziehungen zwischen Verfassungsstaaten und Europäischem Staatenverbund, also die Unterscheidung zwischen Verfassungsgebung und Vertragschluss, Staatlichkeit und Supranationalität, universellem Auftrag mit Kompetenz-Kompetenz und Hoheit dank begrenzter Einzelermächtigung, Parlamentsgesetzgebung und Exekutivgesetzgebung, nationaler und europäischer Gerichtsbarkeit".[406]

---

405 Siehe *Müller-Graff, Peter Christian,* Die Kompetenzen in der Europäischen Union, in: *Weidenfeld, Werner (Hrsg.),* Die Europäischen Union – Politisches System und Politikbereiche, Bonn, 2008, S. 159.

406 *Kirchhof,* Die rechtliche Struktur der Europäischen Union als Staatenverbund, in: *von Bogdandy* (Hrsg.), Europäisches Verfassungsrecht, Theoretische und dogmatische Grundzüge, 2003, S. 898. Interessant ist auch, dass, was für manche Autoren, wie *Philippe Manin* z. B. (s. *Manin, Philippe,* L'union Européenne, Institutions, Ordre juridique, Contentieux, Paris, neue Aufl., 2005, S. 129 ff.) als ein unverkennbares föderales Element des Gemeinschaftsrechts gilt, nämlich das Prinzip der begrenzten Einzeler-

Hans-Jürgen Papier sieht ebenfalls eine kausale Verbindung zwischen Subsidiaritätsprinzip und Finalität der Union: „Dies liegt zum einem an der inneren Dynamik des Subsidiaritätsprinzips, die die Dynamik und Finalität von Europäischer Gemeinschaft und Europäischer Union aufgreift und inkorporiert. Es ist politisch gewollt, dass die Europäische Union immer enger zusammenwächst".[407] Die Frage der Finalität der Union und die der Subsidiarität sind unweigerlich miteinander verbunden. Für Verfechter des föderalen Zieles der Union ist es soweit unproblematisch, die Union als übergeordnete Stufe zu betrachten. In Anlehnung an das Modell der europäischen Kreise (siehe Teil I) korreliert schließlich der letzte Kreis – das Zentrum der Struktur – mit der Bezeichnung der übergeordneten Stufe. Wünscht man sich hingegen eine Union als Staatenverbund, ist diese Vorstellung nicht vertretbar. Die Union als übergeordnete Stufe der Gewaltträger-Pyramide verletzt per se das Prinzip der Souveränität der Staaten. Denn die EU als übergeordnete Gewaltstufe anzuerkennen, ist zweifelsfrei ein schwerwiegender Eingriff in die Souveränität der Nationalstaaten, die nun als untergeordnete Stufe auftreten sollten. Nun zu behaupten, dass durch den Ermessensspielraum der Subsidiarität die Union nicht lediglich der übergeordneten Gewaltstufe, sondern zudem eigenständig ihre Kompetenz erweitern kann, ist eine gewagte These.

Daher beruht die Schwierigkeit in der Literatur darin, den Begriff „übergeordnete Stufe" im Zusammenhang mit der Ebene der Union zu ersetzen. Ist die Rede von Subsidiarität, so sind unmittelbare Begriffe wie „gemeinschaftliche Ebene" und „mitgliedstaatliche Ebene" unvermeidbar. Versucht man es anders zu artikulieren, so gerät man in Schwierigkeiten. Im Dictionnaire de l'Union Européenne lösen die Autoren das Problem in ihrer Subsidiaritätsdefinition wie folgt: „Déterminer les conditions dans lesquelles le niveau le plus intégré peut agir à la place des niveaux de base (…)".[408] So umgehen sie eine direkte Herangehensweise und sprechen von der „integrierten Ebene", um nicht „übergeordnete" zu sagen. Anhand dieses Beispiels kann ermessen werden, wie politisch aufgeladen diese Frage ist. Daher stören sich einige Autoren oder Politiker immer noch an der Subsidiarität. Sie konfrontiert sie unmittelbar mit der Frage der Hierarchie der Hoheitsträger in der europäischen Rechtsordnung. Darüber hinaus ruft die Anwendung des Subsidiaritätsprinzips weitere kritische Bemerkungen hervor.

---

mächtigung, für *Kirchhof* im Gegenteil eine deutlicher „Beweis" der grundsätzlichen Unterschiede zwischen der Union und den Staaten ist.

407 *Papier, Hans-Jürgen,* Das Subsidiaritätsprinzip – Bremse des europäischen Zentralismus?, in: *Depenheuer, Otto/Heintzen, Markus/Jestaedt, Matthias/Axer, Peter (Hrsg.),* Staat im Wort, Festschrift für *Josef Isensee*, Heidelberg, 2007, S. 696.

408 *Ferréol, Gilles/Blanquet, Marc/Flageul, Noël/Belœil-Benoist Yves Jean/Breillat, Dominique,* Dictionnaire de l'Union européenne, Paris, 2001, S. 141.

b- Die Subsidiarität und der Zentralismus

Die mildeste Kritik ist, der Subsidiarität einen „Placeboeffekt" zuzuschreiben, wie *Hans-Jürgen Papier* betont.[409]. In der Regel ist der Argwohn gegenüber dem Subsidiaritätsprinzip jedoch stärkerer Natur. Subsidiarität wird beschuldigt, Zentralismus zu fördern. Nicht nur bei Juristen oder Politikern wird diese Meinung geäußert, auch die Philosophen erwähnen die Potentialität der Zentralisierung. So der Philosoph *Peter Koslowski:* „Es scheint für diese Interpretation zu sprechen, dass das Subsidiaritätsprinzip sowohl in bestimmten historischen Konstellationen für Demokratisierung als auch in anderen für Zentralisierung entscheiden kann".[410]
Die Subsidiarität wird in der Tat den Vorwurf nicht los, dass sie statt der untergeordneten Stufe breite Handlungsbefugnisse einzuräumen eher die Vorraussetzungen für eine Inanspruchnahme der Kompetenz durch die übergeordnete Stufe rechtfertigt. Die Feststellung ist ernüchternd: die Einhaltung von gleichwertigen Bedingungen in und für alle untergeordneten Stufen dient als überzeugender Rechtfertigungsgrund für die Inanspruchnahme der Kompetenz auf der übergeordneten Stufe. Die deutschen Juristen hegen zweifellos Vorbehalte gegenüber dem europäischen Subsidiaritätsprinzip, da sie auf die Anwendung des Prinzips in der BRD zurückgreifen können. So *Oeter*: „Die bisherige Fassung der Bedürfnisklausel habe sich (...) als eines der Einfallstore für die Auszehrung der Länderkompetenzen erwiesen".[411]

Terminologien sind nie neutral, und die subjektive Deutung der Termini verfärbt die objektive Bedeutung des Wortes. So „konkurrierende Kompetenz": Der Begriff erweckt unausweichlich die Idee eines Wettrennens, also eines Machtkampfes. Konkurrierende Kompetenzen lassen zwischen übergeordneter und unterordneter Stufe immer die Tür offen für einen Wettbewerb zwischen den Stufen. Wer besser ausgerüstet ist, um diesen Wettbewerb siegreich zu führen, ist vorhersehbar. Da spricht auch die Terminologie für sich: die „übergeordnete Stufe". Denn sie hat die Möglichkeit, wenn nicht die Pflicht, eine einheitliche Ordnung zu schaffen, während die untergeordneten Stufen je nach Situation und Bedarf handeln. Sie sind nämlich ihrer „Klientel" stärker verbunden und verpflichtet, da sie aus ihr ihre Legitimität beziehen. Sie entscheiden zwar bürgernah, jedoch vielleicht nicht immer frei von jeglicher Gefälligkeit. Dies stellt zweifellos einen der größten Nachteile der Handlungsmöglichkeit der niedriger

---

409 *Papier, Hans-Jürgen,* Das Subsidiaritätsprinzip – Bremse des europäischen Zentralismus?, in: *Depenheuer, Otto/Heintzen, Markus/jestaedt, Matthias/Axer, Peter (Hrsg.),* Staat im Wort, Festschrift für *Josef Isensee*, Heidelberg, 2007, S. 691.

410 *Koslowski, Peter,* Subsidiarität als Prinzip der Koordination der Gesellschaft, in: *Nörr, Knut Wolfgang/Oppermann, Thomas (Hrsg.),* Subsidiarität: Idee und Wirklichkeit, Zur Reichweite eines Prinzips in Deutschland und Europa, Tübingen, 1997, S. 48.

411 *Oeter, Stefan,* Integration und Subsidiarität im deutschen Bundesstaatsrecht, Untersuchungen zu Bundesstaatstheorie unter dem Grundgesetz, Tübingen, 1998, S. 417.

gelegenen Stufe dar. Die Ausübung dieser Kompetenzen ist stärker an einen Kontext gebunden und im Endeffekt seltener der Ausdruck des Allgemeinwohls. Allerdings ist seit den Ursprüngen das Prinzip der Subsidiarität mit der Verwirklichung des Allgemeinwohls eng verflochten. Je abstrakter die zu entscheidende Materie ist, desto besser kann sie auf der oberen Stufe der Machthierarchie erreicht werden. *A contrario,* je praktischer sie angelegt ist, umso mehr eignet sie sich für eine Kompetenz der untergeordneten Stufen.
Daher rührt sicherlich die Wahl der Autoren des Vertrags von Lissabon, sich auf eine neutralere Terminologie festzulegen: die Kompetenzen sind ausschließliche oder geteilte Zuständigkeiten.

2- Die Subsidiarität in der europäischen Rechtsordnung: ein Prinzip der Regulative der Kompetenzausübung mit Kompetenzzuweisungseffekt

a- Das Subsidiaritätsprinzip ist nicht als „Einbahnstrasse" zu bewerten

„Indes liegt die aktuelle Zuständigkeit nicht ein für alle Mal fest. Je nach Umständen und Erfordernis kann sie sich von oben nach unten verlagern, aber auch von unten nach oben.

Im Prinzip jedoch kommt der unteren Ebene der Vorrang im Handeln zu, wenn und soweit sie in ihrer Leistungsfähigkeit der Aufgabe gewachsen ist und sie diese auch tatsächlich angemessen erfüllen kann. Die höhere Ebene kann sie an sich ziehen, wenn und soweit sie dieser besser und wirksamer Genüge tun kann. Darin liegt ein Modus der Legitimation. Die höhere steht unter Rechtfertigungszwang, wenn sie auf Kosten der unteren das Tätigkeitsfeld ausweiten will".[412] Über die Feststellung des Rechtfertigungszwangs der übergeordneten Stufe im Falle einer Erweiterung seines Tätigkeitsfelds hinaus, kommt *Isensee* zum Ergebnis, dass „das Subsidiaritätsprinzip also Kompetenzbewegungen in beiden Richtungen zu- [lässt]".[413] Die untergeordnete Stufe ist jedoch durch das Prinzip favorisiert, dass im Zweifellsfall die Kompetenz ihr zukommt. Demnach steht für *Isensee* nicht die Frage im Vordergrund, ob die Subsidiarität eine „Einbahnstrasse" sei. Seine Auffassung ist eindeutig. Kompetenzbewegungen sind in beide Richtungen – von unterer zu oberer Ebene und von oberer zu unterer Ebene – möglich. Nicht die Frage der Richtung ist also für ihn von Bedeutung, sondern die Frage der Legitimation, der Rechtfertigung. Die übergeordnete Stufe darf ihre Kompetenz zu Lasten der untergeordneten Stufe in Anspruch nehmen, vorausgesetzt sie hat diesen Angriff in die Rechte der unteren Ebenen genügend

412 *Isensee, Josef,* Subsidiarität – das Prinzip und seine Prämissen, in: *Blicke, Peter/Hüglin, Thomas O./Wyduckel, Dieter (Hrsg.),* Subsidiarität als rechtliches und politisches Ordnungsprinzip in Kirche, Staat und Gesellschaft, Genese, Gestaltungsgrundlagen und Perspektiven an der Schwelle des dritten Jahrtausends, Berlin, 2002, S. 147.

413 Isensee, Josef, ebd., S. 147.

und befriedigend gerechtfertigt. Sollte ihr diese Rechtfertigung nicht gelingen, dann kann sie ihre Kompetenz nicht erweitern. *Knut Wolfgang Nörr* spricht vom „Janusgesicht der Subsidiarität", um dieses Phänomen zu beschreiben.[414]

Weiter soll an dieser Stelle auf die Frage der Rechtfertigung eingegangen werden.

b- Das Subsidiaritätsprinzip ist als Kompetenzausübungsschranke zu verstehen, weist jedoch Kompetenzausdehnungseffekte auf

Roland Bieber unterstreicht: „in seiner Ausgestaltung durch den EGV [nun EUV] entscheidet das Subsidiaritätsprinzip damit nicht über die Verteilung von Zuständigkeiten zwischen der Gemeinschaft und den Mitgliedstaaten. Das Prinzip gelangt überhaupt zur Anwendung, wenn eine Zuständigkeit der Gemeinschaft nach den Verträgen grundsätzlich vorhanden ist".[415] Das Gegenteil zu behaupten, würde gegen das Prinzip der begrenzten Einzelermächtigung nach Art. 5 Abs. 2 EUV verstoßen und wäre somit europarechtswidrig. Natürlich bleibt der Wortlaut des Art. 5 Abs. 3 etwas zweideutig. Denn er besagt nicht, dass das Subsidiaritätsprinzip ausschließlich für die geteilten Kompetenzen gilt, sondern drückt es negativ aus und legt fest, dass „in den Bereichen, die nicht in ihre [die Union] ausschließliche Zuständigkeit fallen", die Kompetenzausübung nach dem Prinzip der Subsidiarität ausgeübt werden soll. Daraus zu schließen, dass die Autoren der Verträge eine Tür für eine andersartige Anwendung des Prinzips öffnen, ist schlichtweg unbegründet.
Das Paradox ist jedoch, dass „[o]bwohl auf europäischer Ebene die Subsidiarität bislang nur als Kompetenzausübungsprinzip gilt, (...) sie auch als Kompetenzverteilungsprinzip gefragt [ist]",[416] wie *Otfried Höffe* bemerkt.

Denn, es lässt sich gut zeigen, dass der „mécanisme de charge de la preuve" nach *Vlad Constentinescos* Formulierung, der auf den Organen der Union lasten sollte, im Falle einer Inanspruchnahme der Kompetenz auf Kosten der mitgliedstaatlichen Ebene eher als locker zu bewerten ist. Wie im Punkt 3-I-B schon analysiert, ist man in der derzeitigen Anwendung sowie Kontrolle des Prinzips weit entfernt von dem Rechtfertigungszwang, der nach *Josef Isensee* auf der

414 Siehe *Nörr, Knut Wolfgang,* Subsidiarität, privatrechtstheoretisch betrachtet, in: *Nörr, Knut Wolfgang/Oppermann, Thomas (Hrsg.),* Subsidiarität: Idee und Wirklichkeit, Zur Reichweite eines Prinzips in Deutschland und Europa, Tübingen, 1997, S. 241.

415 *Bieber, Roland,* Subsidiarität im Sinne des Vertrages über die Europäische Union, in: *Nörr, Knut Wolfgang/Oppermann, Thomas (Hrsg.),* Subsidiarität: Idee und Wirklichkeit, Zur Reichweite eines Prinzips in Deutschland und Europa, Tübingen, 1997, S. 175.

416 *Höffe, Otfried,* Subsidiarität als staatsphilosophisches Prinzip, in: *Nörr, Knut Wolfgang/Oppermann, Thomas (Hrsg.),* Subsidiarität: Idee und Wirklichkeit, Zur Reichweite eines Prinzips in Deutschland und Europa, Tübingen, 1997, S. 66.

übergeordneten Stufe lasten sollte. Diese Beweislast wird tatsächlich extensiv ausgelegt, und die Organe müssen ihre Inanspruchnahme der Kompetenz nicht überaus zwingend motivieren. Hier liegt tatsächlich die Schwäche des Mechanismus der Subsidiarität, der im Wesentlichen die Organe ermächtigt, zwar keine neue Kompetenz ohne die dafür notwendige Zuständigkeitszuweisung in Anspruch zu nehmen, jedoch auf Basis der bereits erteilten Zuständigkeit ihr Handlungsfeld so auszuschöpfen, dass das Handeln der Mitgliedstaaten in der betroffenen Bereichen tatsächlich subsidiär im Sinne von nebensächlich geworden ist. *Antonio Tizzano* stellte für den Rückgriff auf Art. 235 EWG fest, dass dadurch die Kompetenz der Gemeinschaft auf Bereiche erweitert wurde, in denen die EWG entweder keine oder zumindest keine eindeutige Kompetenz besaß.[417] Um jedoch Klarheit bei der Anwendung des Subsidiaritätsprinzips zu schaffen, beharrten die Organe der EG auf der Beifügung eines Protokolls über die Anwendung der Grundsätze der Subsidiarität und der Verhältnismäßigkeit zum Vertrag von Amsterdam. Demnach kann „die Tätigkeit der Gemeinschaft im Rahmen ihrer Befugnisse sowohl erweitert werden, wenn die Umstände dies erfordern, als auch eingeschränkt oder eingestellt werden, wenn sie nicht mehr gerechtfertigt ist“.[418] Die Anwendung des Subsidiaritätsprinzips setzt ausdrücklich eine Kompetenzzuweisung voraus. Für *Jean-Philippe Derosier* richtete sich die Einführung der Subsidiarität im Gemeinschaftsrecht sogar ausschließlich auf den Schutz der Hoheitsgewalt der Mitgliedstaaten und weniger darauf, als Regulativ der Kompetenzausübung im Falle von geteilten Zuständigkeiten zu fungieren. Die Mitgliedstaaten wollten somit erreichen, den Handlungsspielraum der Gemeinschaft so klein wie möglich zu halten.[419] Die spätere Entwicklung der Anwendung des Prinzips sollte jedoch zeigen, dass durch die Subsidiarität das Handeln der Gemeinschaft keineswegs gemindert worden ist. Im Gegenteil: da wo es eine geteilte Zuständigkeit zwischen EG und Mitgliedstaaten gab, hat sie ihre Handlungsmöglichkeit durch Erlass von detaillierten Richtlinien[420] oder

417 „Le recours à l'article 235, au lieu d'attribuer des pouvoirs d'action plus incisifs dans les matières où existait déjà la compétence communautaire, a servi essentiellement à étendre cette dernière à des matières pour lesquelles elle n'existait pas ou, à tout le moins, elle ne pouvait pas être affirmée avec certitude“: Siehe in: *Tizzano, Antonio,* Quelques observations sur le développement des compétences communautaires, in: Pouvoirs, Nr. 48, Europe 93, Paris, 1989, S. 81

418 Siehe Art. 3 des Protokolls über die Anwendung der Grundsätze der Subsidiarität und der Verhältnismäßigkeit, angehängt an den Vertrag von Amsterdam (konsolidierte Fassung vo 1997).

419 „A l'origine, ce principe était davantage destiné à préserver les prérogatives des Etats membres qu'à permettre de larges interventions de l Communauté, les Etats pensant ainsi réussir à circonscrire l'action de le communauté au strict minimum“. *Derosier, Jean-Philippe,* La dialectique centralisation/décentralisation, Recherches sur le caractère dynamique du principe de subsidiarité, Revue internationale de Droit comparé 2007, n° 1, S. 131.

420 Siehe *Manin, Philippe,* L'union Européenne, Institutions, Ordre juridique, Contentieux, Paris, neue Aufl., 2005, S. 351 ff. Wie *Manin* jedoch bemerkt, wirkt sich die neue de-

strengen Leitlinien so ausgeschöpft, dass die Mitgliedstaaten die Handlungsinitiative zugunsten der EU verloren haben. Das Handeln der Mitgliedstaaten ist zweitrangig geworden und streng an die Umsetzung und Anwendung der erlassenen Richtlinien gebunden.

Daher kann man von einem Kompetenzausdehnungseffekt im Zusammenhang mit der Anwendung der Subsidiarität sprechen. In einigen Bereichen sind die Kompetenzen zwar zwischen den Mitgliedstaaten und der Union geteilt. Es ist jedoch zu beachten, dass der Union eine ergänzende Rolle zugesprochen wird, d.h., dass sie eine eher zweitrangige oder subsidiäre Rolle hat, wie z.B. im Gesundheitswesen (Art. 168 AEUV) – dies betrifft mittelbar den Bereich der Lebensmittelsicherheit. Dennoch erlässt sie detaillierte Richtlinien,[421] die kaum Ermessensspielraum für die Mitgliedstaaten übrig lassen. In solchen Fällen kann man behaupten, dass die EU ihre Kompetenzbefugnisse über das im AEUV festgelegte Maß hinaus ausgedehnt hat. Das klassische Beispiel ist die so genannte Tabakrichtlinie.[422] Ein weiterer Beleg dafür kann in der *a posteriori*-Anerkennung dieser vorherigen Praxis der Kompetenzausdehnung in den revidierten Verträgen gesehen werden. Wo im EGV in den Bereichen des Verbraucherschutzes und des Gesundheitswesens (Art. 153 und 152 EGV) die EG mit ergänzenden und koordinierenden Kompetenzen dotiert war, teilt sich nun die EU die Kompetenz mit den Mitgliedstaaten gemäß Art. 4 Abs. 2 f und k[423]

---

taillierte Form der Richtlinien eher positiv aus. Denn bei der Umsetzung entstehen am häufigsten Streitigkeiten bei Richtlinien, die eher allgemein gehalten werden, da der Inhalt zu viel Spielraum für das Ermessen und divergente Auslegungen gelassen hat.

421 Z.B. Richtlinie 2000/13/EG des Europäischen Parlaments und des Rates vom 20. März 2000 zur Angleichung der Rechtsvorschriften der Mitgliedstaaten über die Etikettierung und Aufmachung von Lebensmitteln sowie die Werbung. Art. 3 Abs. 1 dieser Richtlinie erstellt einen detaillierten Katalog der zwingenden Angaben. Demnach enthält die "Etikettierung der Lebensmittel [...] nach Maßgabe der Artikel 4 bis 17 und vorbehaltlich der dort vorgesehenen Ausnahmen nur folgende zwingende Angaben:
1. die Verkehrsbezeichnung,
2. das Verzeichnis der Zutaten,
3. die Menge bestimmter Zutaten oder Zutatenklassen gemäß Artikel 7,
4. bei vorverpackten Lebensmitteln die Nettofüllmenge,
5. das Mindesthaltbarkeitsdatum oder bei in mikrobiologischer Hinsicht sehr leicht verderblichen Lebensmitteln das Verbrauchsdatum,
6. gegebenenfalls die besonderen Anweisungen für Aufbewahrung und Verwendung,
7. den Namen oder die Firma und die Anschrift des Herstellers, des Verpackers oder eines in der Gemeinschaft niedergelassenen Verkäufers.

422 Richtlinie 2001/37/EG des Europäischen Parlaments und des Rates vom 5. Juni 2001 zur Angleichung der Rechts- und Verwaltungsvorschriften der Mitgliedstaaten über die Herstellung, die Aufmachung und den Verkauf von Tabakerzeugnissen.

423 Für den Bereich des Gesundheitswesens sind die Kompetenzen geteilt, jedoch lediglich für bestimmte Sicherheitsanliegen der öffentlichen Gesundheit, die auch in den Verträgen ausdrücklich genannt werden. Im Bereich des Gesundheitswesens besitzt die EU zum größten Teil eine unterstützende Zuständigkeit, wie bereits mehrmals in dieser Arbeit erwähnt.

AEUV. Die Rechtslage im Vertrag wurde an die vorherige Praxis angepasst. Denn in diesen Bereichen hatte sich die Situation umgekehrt: Aus subsidiären Handlungsbefugnissen (Erlass von ergänzenden und koordinierenden Maßnahmen) wurde das Handeln der Organe der EG in der Praxis durch diesen Kompetenzausdehnungseffekt zu Initiativhandeln.

Vor allem Tätigkeitsfelder der Union, die starke Berührungspunkte mit der Ausgestaltung der Grundfreiheiten aufweisen, wo ihre Handlungsfähigkeit dennoch begrenzt ist, sind von einem solchen Phänomen des Kompetenzausdehnungseffekts im Zusammenhang mit dem Ermessen des Subsidiaritätsprinzips betroffen. Ein Bereich wie die Kultur (Art. 167 AEUV) bleibt erstrangig in der Zuständigkeit der Mitgliedstaaten. Anders aber wohl die Lebensmittelsicherheit, die viele Berührungspunkte mit der Gestaltung des Binnenmarkts aufweist.

Gleichwohl ist die Möglichkeit einer unbegrenzten Ausdehnung der Kompetenzfelder der EU, wie es *Monique Chemillier-Gendreau* prophezeit hat, zu verneinen. So schrieb diese französische Juristin in Le Monde diplomatique: „L'ambiguïté a même atteint un tel point que l'on trouve sous certaines plumes l'affirmation que ce principe limite le champ d'action des compétences de la Communauté à tout ce qui ne peut trouver de solution à l'échelon national. Or le principe est formulé de telle manière que la situation est exactement inverse et qu'il permet bel et bien l'expression incontrôlée des compétences de la Communauté. (…) qui ne voit dans la rédaction […] du texte de Maastricht l'abandon incontrôlé des compétences? Qui peut faire mine d'ignorer qu'il n'y a pas de retour en ce domaine et que ce qui a été lâché là n'est récupérable d'aucune manière? […] il y a là n'en pas douter, du fédéralisme sans le dire".[424] Ein solches schwarzes Bild kann nach zwanzig Jahren Anwendung des Prinzips schlichtweg nicht festgestellt werden, wenn auch Subsidiarität und Föderalismus in der Tat miteinander verbundene Begriffe sind. Aber ein Geheimnis, wie es *Chemiller-Gendreau* unterstellt, ist es auch nicht.

Als abschließende Betrachtung kann wohl bemerkt werden, dass es in der heutigen Union kaum noch Bereiche gibt, die überhaupt nicht in den Zuständigkeitsbereich der Union fallen. Die eigentlichen *pouvoirs régaliens* der nationalen Staaten schmelzen im Wesentlichen wie Schnee in der Sonne. In diesem Kontext ist es folglich zweitrangig, dass die Union nicht mit der Kompetenz-Kompetenz ausgestattet wird. Wie *Peter-Christian Müller-Graff* verdeutlicht, wiederholt das Urteil des BVerfG vom 30. Juni 2009 über den Vertrag von Lissabon, dass die Union nicht nach dieser Kompetenz streben kann: „Im Einzelnen entfaltet das Urteil eine lange Reihe von (überwiegend grenzziehenden) Ableitungen: (…) dass es die Übertragung der Kompetenz-Kompetenz auf die Union

424 *Chemillier-Gendreau, Monique,* Le principe de subsidiarité: enjeu majeur, débats confus, Le Monde diplomatique, Nr. 460, Juli 1992, S. 13.

untersage“ (Rdz. 233 des Urteils).[425] Die Mitgliedstaaten haben zwar die Kompetenz-Kompetenz inne, ihre Gesetzgebungsautonomie ist jedoch durch die auf die Union übertragenden Kompetenzen und folglich den Gebrauch, den sie von ihren erlangten Gesetzgebungsbefugnissen macht, begrenzter als je zuvor.
Als nächstes soll analysiert werden, worauf man bei der Anwendung des Prinzips achten sollte, um den Anforderungen des Allgemeinwohls gerecht zu werden.

3- Worauf sollte bei der Anwendung des Subsidiaritätsprinzips geachtet werden?

Die Hauptaufgabe des Subsidiaritätsprinzips ist im Grunde genommen, für eine gerechte Ausübung der geteilten Kompetenzen zwischen der europäischen und der mitgliedstaatlichen Ebene zu sorgen. Dabei soll beachtet werden, dass das Subsidiaritätsprinzip die Befugnisse der Union nicht in Frage stellen, wohl aber dass ein Übermaß an europäischen Regelungen vermieden werden soll.

a- „Das Subsidiaritätsprinzip soll die Befugnisse der Gemeinschaft nicht in Frage stellen“[426]

Wie es *Manfred Zuleeg* darlegt, ist eine Behinderung der europäischen Einigung nicht wünschenswert. Sicherlich ist ein gewisses Maß an Zentralisierung notwendig, um diesen Prozess weiter führen zu können, wie *Zuleeg* weiter ausführt. Was hier wichtig ist, ist nicht, die mitgliedstaatliche Ebene im Falle einer geteilten Kompetenz als vorrangig zu sehen, sondern dass die Ziele effizient verwirklicht werden. Wie oben schon angeschnitten, sind Entscheidungen, die bürgernah zu Stande kommen, in der Konsequenz nicht immer „das Beste“ für die Bürger.

An dieser Stelle soll ein bestimmter Aspekt der Subsidiarität kurz angeschnitten werden, und zwar der finanzielle Aspekt. Denn wie *Vlad Constentinesco* es bereits vor der Einführung des Prinzips im Gemeinschaftsrecht in die Debatte einbrachte: „Was ist mit den finanziellen Aspekten der Subsidiarität? (...) Die Zuordnung einer Kompetenz sollte nicht nur von dem Ausmaß der gemeinschaftlichen Bedürfnisse abhängen, sondern auch von der finanziellen Kapazität, diesen durch öffentliche Dienstleistungen zu entsprechen. Damit stellt sich die Frage nach der Parallelität zwischen einer Kompetenz und der Befugnis, die entspre-

425 *Müller-Graff, Peter-Christian,* Der Karlsruher Lissabon-Urteil: Bedingungen, Grenzen, Orakel und Integrative Optionen, in Integration, 04/2009, S. 340.
426 Zuleeg, Manfred, Justiziabilität des Subsidiaritätsprinzips, in: *Nörr, Knut Wolfgang/Oppermann, Thomas (Hrsg.),* Subsidiarität: Idee und Wirklichkeit, Zur Reichweite eines Prinzips in Deutschland und Europa, Tübingen, 1997, S. 186.

chenden Steuern zu erheben".[427] Er geht von einer begrenzteren Möglichkeit der Union aus, denn die Mitgliedstaaten sind es, die Steuern erheben. Es ist jedoch nicht zu übersehen, dass mit den Auswirkungen der Finanz- und Wirtschaftskrise die Union als Gesamtstruktur mehr Ressourcen als die Mitgliedstaaten im Einzelnen haben wird. Zudem wird auch die Frage der Haushaltsdefizite der verschiedene Gebietskörperschaften, wohl aber auch von Staaten –wie es das Beispiel von Griechenland zeigt – aufgeworfen, die zur Insolvenz dieser Ebene führen. In Anbetracht der finanziellen Schwierigkeiten und der Überschuldung der untergeordneten Stufe ist die politische Durchführung von etlichen Bereichen auf der europäischen Ebene besser gewährleistet. Grundsätzlich ist zu beachten, dass, wenn die exekutiven Organe einer Entscheidungsebene die Inanspruchnahme einer Zuständigkeit fordern, die Durchführung dieser Zuständigkeit gesichert werden sollte. Schlicht ausgedrückt: die zuständige Ebene sollte die finanziellen Mittel dazu haben. Sicherlich gilt dies für alle Ebenen, ob europäisch oder mitgliedstaatlich.
Daher soll die Berücksichtigung von finanziellen Aspekten der Subsidiarität nicht heißen, dass die Lösung der „*tout communautaire*" angestrebt werden soll.

b- "Was vermieden werden soll, ist ein Übermaß an europäischen Regelungen"[428]

Hans-Jürgen Papier drückt es so aus: „In der EU wurden in den Jahren 1998 bis 2004 insgesamt 18.167 Verordnungen und 750 Richtlinien erlassen. Allein diese schiere Zahl lässt die Papierflut ahnen, die sich täglich durch die Brüsseler Flure ergießt".[429] In der Tat ist die Überregulierung in der Union eine ernst zu nehmende Problematik.

Die Interventionen der EU erfahren ein exponentielles und ständiges Wachstum, wie sich anhand der Lebensmittelsicherheit zeigen lässt. Die EU-Regelungen sind nicht nur zahlreicher, sondern auch detaillierter geworden.[430] Das Subsidiaritätsprinzip sollte die EU nicht hindern, zugunsten des unteren Niveaus kompetent zu werden, sondern es sollte die EU beschränken, deutliche und substantielle Regelungen zu erlassen. Konkret sollte die EU Leitlinien schaffen und innerhalb eines von ihr vorgegebenen Spielraums die Details der Umsetzung an die

427 *Constantinesco, Vlad,* Subsidiarität: Zentrales Verfassungsprinzip für die Politische Union, in: Integration, 04/1990, S. 177.

428 *Zuleeg, Manfred,* Justiziabilität des Subsidiaritätsprinzips, in. *Nörr, Knut Wolfgang/Oppermann, Thomas (Hrsg.),* Subsidiarität: Idee und Wirklichkeit, Zur Reichweite eines Prinzips in Deutschland und Europa, Tübingen, 1997, S. 186.

429 *Papier, Hans-Jürgen,* Das Subsidiaritätsprinzip – Bremse des europäischen Zentralismus?, in: *Depenheuer, Otto/Heintzen, Markus/jestaedt, Matthias/Axer, Peter (Hrsg.),* Staat im Wort, Festschrift für *Josef Isensee*, Heidelberg, 2007, S. 697.

430 Siehe Fußn. 428 und 429.

Mitgliedstaaten delegieren. Denn mit der derzeitigen Überhäufung mit detailreichen und überaus präzisen Richtlinien[431] geht es den Aktionen der EU wie einer Brausetablette in einem Glas Wasser: sie verdünnt sich und verliert ihre Konzentrations- und Wirkkraft. Sie riskiert auch ein immer weiter ansteigendes Widerstreben bei den Mitgliedstaaten, die sich übergegangen fühlen und sich vom Ziel eines hohen Integrationsniveaus abwenden. Umso mehr entfernt die EU sich folglich von einem Föderalisierungsprozess.

Chantal Million-Delsol bringt die ganze Paradoxie dieser Praxis zum Ausdruck:

> „"L'Europe de Bruxelles par la normalisation des directives, tend à laisser à l'administration gouvernante les prérogatives dont les pays pourraient se charger, tandis que les charges régaliennes, devenues trop lourdes pour les Etats-nations, demeurent encore entre leurs mains. L'Europe réglemente la taille des armes de chasse, pendant qu'elle ne peut pas envoyer une armée en commune en Serbie. Elle réduit l'autonomie des pays sur les détails, pendant que sur l'essentiel sa faiblesse la contraint de compter sur l'autonomie. C'est le contraire de la subsidiarité, dont pourtant on parle sans cesse."[432]

Die Subsidiarität sollte nicht die juristische und normative „Bulimie" der Unionsorgane rechtfertigen, sondern vielmehr dazu führen, dass die Gesetzgebung der Union sich auf das Wesentliche konzentrieren sollte, während ein größeres Ermessen in der Anwendung des materiellen Unionsrechts bei den Mitgliedstaaten bleiben sollte. Dies natürlich unter stetiger Berücksichtigung der Einheitlichkeit des Unionsrechts, damit tatsächlich ein kohärentes politisches Bild der Union entstehen kann.

---

431 Ein viel zitiertes und kommentiertes Beispiel einer solchen Tendenz ist die berühmte „Gurken-Richtlinie". *Kafsack, Hendrick/Stabenow, Michael,* in: Aus für penible EU-Aufl.n: Jetzt darf die Gurke wieder krumm sein, Frankfurter Allgemeine Zeitung vom 12. November 2008 kommentieren: „Seit zwei Jahrzehnten galt, wie in der Verordnung 1677 aus dem Jahr 1988 festgehalten, folgendes Schönheitsideal für Gurken: Sie sollten im Idealfall 'gut geformt und praktisch gerade sein (maximale Krümmung 10 mm auf 10 cm Länge)'. Zwischen vier Klassen ('Extra ' sowie ' I' bis ' III') wurde seither unterschieden und genau definiert, welche Farb- und Formfehler Gurken haben dürfen und welchen Krümmungsgrad". Die Verordnung wurde als Symbol des „Zentralismus von Brüssel" durch die Euroskeptiker angeprangert. Die Verordnung ist nun nicht mehr gültig. Dazu s.: Verordnung (EWG) Nr. 1677/88 der Kommission vom 15. Juni 1988 zur Festsetzung von Qualitätsnormen für Gurken.

432 *Delsol, Chantal, La bonne étoile de la subsidiarité, in: Blicke, Peter/Hüglin Thomas O./Wyduckel, Dieter (Hrsg.),* Subsidiarität als rechtliches und politisches Ordnungsprinzip in Kirche, Staat und Gesellschaft, Genese, Gestaltungsgrundlagen und Perspektiven an der Schwelle des dritten Jahrtausends, Berlin, 2002, S. 87.

c- Die Rolle der nationalen Parlamente nach dem Inkrafttreten des Reformvertrags

Durch verschiedene Verfahren, wie die verstärkte Informationspflicht der Organe der Union oder das so genannte Frühwarnsystem, haben die Parlamente der Mitgliedstaaten nun die Möglichkeit, Einfluss auf die Gesetzgebungsakte der Union zu nehmen, sowie einer Kontrolle *a priori* der Einhaltung des Subsidiaritätsprinzips. Mittels der Konferenz der Europaausschüsse der nationalen Parlamente (COSAC) haben die Parlamente bereits an den Verhandlungen zum Subsidiaritätsprotokoll teilgenommen. Wie *Herbert Schambeck* darlegt, war die COSAC-Konferenz „an der Weiterentwicklung des Subsidiaritätsprüfungsverfahrens und damit auch der Bedeutung der Parlamente de Mitgliedstaaten“ [433] beteiligt. Hiermit ist die Anwendung des Subsidiaritätsprinzips sicherlich bürgernäher geworden und trägt zur Beseitigung des Demokratiedefizits in der Union bei. Es sei nicht zu übersehen, dass der Reformvertrag und insbesondere das Subsidiaritätsprotokoll Verbesserungen in der Anwendung des Prinzips mit sich bringen werde.[434]

Es steht nun den nationalen Parlamenten zu, stärkeren Einfluss auf die Gesetzgebung der EU zu nehmen, und somit ihre Mandate, verstanden als Ausdruck der Volkssouveränität, auch auf die europarechtliche Ebene zu tragen.

Die Subsidiarität ist und bleibt seit ihrem Ursprung ein Begriff mit zweideutiger Natur, oder wie es *Nörr* bezeichnet, mit einem „Janusgesicht“. Schwierig ist zudem, alle vielfältigen und widersprüchlichen Erwartungen, die auf dem Prinzip lasten, zu erfüllen und ihnen gerecht zu werden. Die Einführung des Prinzips in der Rechtsordnung der Union hat teilweise eine Welle von Zweifeln im Bezug auf die Wirksamkeit des Prinzips hervorgerufen. Zum großen Teil haben sich diese Zweifel nicht bewahrheitet, gleichwohl sollte man bemerken, dass übertriebene Hoffnungen nicht realistisch waren. Der Vertrag von Lissabon hat die Formulierung der Subsidiarität nicht erheblich verändert, das Subsidiaritätsprinzip bleibt ein unscharf formuliertes Prinzip, das weiterhin zweideutige Wirkungen entfalten kann. Dennoch: die Straffung der Implementierungs- und Kon-

---

433 *Schambeck, Herbert,* Subsidiarität und europäische Integration, in: *Depenheuer, Otto/Heintzen, Markus/Jestaedt, Matthias/Axer, Peter (Hrsg.),* Staat im Wort, Festschrift für *Josef Isensee*, Heidelberg, 2007, S. 712 ff.

434 Zu der Verbesserung des Subsidiaritätsprotokolls des Reformvertrags s. die Bemerkung von *Bogdandy, Armin von/Bast, Jürgen/Westphal, Dietrich,* Die Vertikale Kompetenzordnung im Entwurf des Verfassungsvertrags, in: *Zuleeg, Manfred (Hrsg.),* Die neue Verfassung der Europäischen Union, Baden-Baden, 2006, S. 28: „Damit nimmt der Konvent die rechtswissenschaftliche Einsicht auf, dass die Beachtung des Subsidiaritätsprinzips in erster Linie verfahrens- und organisationsrechtlich zu sichern ist“. Damals war noch die Rede von dem Verfassungskonvent. Da allerdings die Bestimmungen über das Subsidiaritätsprinzip im Vertrag von Lissabon übernommen worden sind, gilt diese Bemerkung immer noch.

trollverfahren, eingeführt durch das an den Vertrag von Lissabon angehängte Subsidiaritätsprotokoll, sollte zur verstärkten Wirksamkeit des Prinzips führen.

Knüpft man wieder an das Zitat von *Montesquieu* an, sollte es in Bezug auf die Einführung des Subsidiaritätsprinzips in der Europäischen Rechtsordnung teilweise entkräftet werden. Das Subsidiaritätsprinzip hat nicht unbedingt das Gegenteil erreicht, wofür es in das Europarecht eingeführt worden ist. Als unscharfes Prinzip formuliert, hat es zwar zu unvorhersehbaren Konsequenzen geführt, nämlich zu der Tatsache, dass es Kompetenzausdehnungseffekte unter bestimmten Vorraussetzung entfalten kann. Dennoch ist die Subsidiarität ihrer eigentlichen Natur treu geblieben: Als föderalistisches Prinzip treibt sie den Föderalisierungsprozess der Union voran.

Schlussfolgerung: Das Subsidiaritätsprinzip als Triebfeder der Föderalisierung des europäischen Mehrebenensystems

Peter Nitschke stellt vier Modelle für die weitere Entwicklung des europäischen Mehrebenensystems vor. Sein III. Model skizziert er wie folgt: „Für das Model III kann man das Subsidiaritätsprinzip als grundlegendes Theorem heranziehen. In einem Subsidiaritätssystem würde die Mehrebenenproblematik der EU aufgefangen und austariert zugunsten einer möglichst klar durchdeklinierten und ausdifferenzierten Kompetenzstruktur der einzelnen beteiligten Gebietskörperschaften. Dies würde zweifellos eine föderale Struktur mit sich bringen“.[435] Im Endeffekt verwirft er dieses Modell, da für ihn seine Verwirklichung an das Erfordernis einer Verfassung gebunden sei. Knüpft man jedoch an *Manfred Zuleegs* Theorie an, nach dem „[d]ie Gründungsverträge der Europäischen Gemeinschaften und der Europäischen Union als derartige Verfassung in Betracht [kommen]“,[436] rückt die Erfüllung von Nitschkes Modell näher. Er setzt jedoch das Subsidiaritätsprinzip und die Mehrebenenstruktur der EU einander gegenüber, in dem er an eine strikte Anwendung des Subsidiaritätsprinzips die Erwartung stellt, die strukturellen Unklarheiten eines mehrstufigen Gefüges, die zu einer undurchsichtigen Verflechtung der Kompetenzbefugnisse zwischen den verschiedenen Entscheidungsstufen führen, beseitigen zu können. So antinomisch sind allerdings diese beiden Begriffe nicht. Vielmehr ist von ihren positiven, gegenseitigen Wechselwirkungen auszugehen.

Denn *Nitschke* behält recht wenn er meint, dass das Subsidiaritätsprinzip eine klarheits-bringende Rolle in dem europäischen Mehrebenensystem zu spielen hat. Wiederum ist die Geltung der Subsidiarität in einem sehr zentralisierten Gebilde – wie wir es am Beispiel der französischen Republik vor der Dezentralisierungsreform analysiert haben– eher begrenzt.

Diese Klarheit bringende Rolle des Subsidiaritätsprinzips sollte aber nicht überschätzt werden. Aus seiner langen und eher unruhigen Geschichte ergibt sich, dass das Wort, das am ehesten Subsidiarität kennzeichnet, „Zweideutigkeit“ heißt. Die Anwendung des Prinzips in einem so dynamischen Gefüge wie der Union hat diesen Einwand nicht aufgehoben. Subsidiarität ist europarechtlich tauglich. Nach beinahe zwanzig Jahren Anwendung ist sie ohnehin nicht aus der europäischen Rechtsordnung wegzudenken. Es bedarf sicherlich noch weiterer

---

435 *Nitschke, Peter,* Subnationalität versus Nationalität? Die Regionalisierung der Europäischen Union als subsidiäre Politikstrategie, in: *Blicke, Peter/Hüglin, Thomas O./Wyduckel, Dieter (Hrsg.),* Subsidiarität als rechtliches und politisches Ordnungsprinzip in Kirche, Staat und Gesellschaft, Genese, Gestaltungsgrundlagen und Perspektiven an der Schwelle des dritten Jahrtausends, Berlin, 2002, S. 441.

436 *Zuleeg, Manfred,* Der rechtliche Zusammenhalt der Europäischen Union, Baden-Baden, 2004, S. 39.

Ausfeilung, die die kommende Entwicklung der Union und die weitere Auslegung durch den EuGH mit sich bringen wird.

Zu bemerken bleibt, dass Subsidiarität und konzentrische Kreisestruktur gut zusammen harmonieren. Denn die minimalen Änderungen, die aus dem Inkrafttreten des Vertrags von Lissabon resultieren, verdeutlichen die stufenhafte Struktur der Union. So ist die mitgliedstaatliche Ebene zentral, aber auch regional und lokal zu verstehen. Das Prinzip knüpft damit wieder an die Tradition des ursprünglichen Föderalismus an und jener komplexen Struktur, die *Althusius* Geist entsprungen ist. In der Implementierung des Prinzips sind zudem die nationalen Parlamente berufen, in Zukunft mehr Einfluss zu nehmen. Die europäischen Kreise (insbesondere zwischen dem zweiten und dem letzten Kreis) benötigen die Hilfe der Subsidiarität, damit zwischen ihnen die Kompetenzen nach deutlichen Regeln ausgeübt werden. Es ist dabei nicht zu übersehen, dass dadurch eine enge Verflechtung der Kompetenzen zwischen der europäischen und der mitgliedstaatlichen Ebene hervorgerufen wird.

Subsidiarität ist mehr als „ein Wort", keine leere Formel, sondern ein wirksames Mittel zur Kompetenzregulierung. Ein Zaubermittel ist sie nicht, wohl aber ein „kluges" Rechtsinstrument, das optimiert werden kann. Erinnert man sich letztendlich an den Ausgangspunkt der Arbeit, das Zitat von *Robert Schuman*, nach dem die Union „sich nicht mit einem Schlage herstellen lässt und auch nicht durch eine bloße Konstruktion", ist es dann der Subsidiarität gelungen, sich in das Mehrebenensystem der EU einzufügen sowie ihren Platz im gesamten Prozess der europäischen Einigung zu finden und somit den Föderalisierungsprozess zu beflügeln.

Literaturverzeichnis

Aquin, Thomas von/Cheneval, Francis/Imbach, Ruedi (Übersetzer), Prologe zu den Aristoles-Komentaren, Frankfurt am Main, 1993

Aquin, Thomas von/Groner, Josef F. (Übersetzer), Recht und Gerechtigkeit - Theologische Summe II-II, Fragen 57-79 – Nachfolgefassung von Band 18 der Deutschen Thomasausgabe, Bonn, 1987

Ast, Suzanne, *Wandel traditioneller Politikverflechtung: Die Umsetzung der europäischen Strukturpolitik in Deutschland und Frankreich*, in: Grande, Edgar/Jachtenfuchs, Markus *(Hrsg.), Wie problemfähig ist die EU?, Baden-Baden, 2000, S 229-255*

Bach, Maurizio, Kollektive Identität in Europa. Kritische Anmerkungen zu einem Mythos der Gegenwart, in: *Kadelbach, Stefan*, Europäische Identität, Baden-Baden, 2008, S. 17-24

Baumgartner Alois, „Jede Gesellschaftstätigkeit ist in ihrem Wesen nach subsidiär", Zur anthropologischen und theologischen Begründung der Subsidiarität, in: *Nörr, Knut Wolfgang/Oppermann, Thomas (Hrsg.),* Subsidiarität: Idee und Wirklichkeit, Zur Reichweite eines Prinzips in Deutschland und Europa, Tübingen, 1997, S. 13-22

Beaune, Colette, Naissance de la nation France, Paris, 1985

Berger, David, Thomas von Aquin " Summa theologicae", Darmstadt, 2004

Bezbakh, Pierre, Petit Larousse de l'Histoire de France, Paris, 2008

Bieber, Roland, Der Spinelli – Vertragsentwurf: Restbestand aus besseren Zeiten oder Anstoß zur Einigung über eine Verfassung?, in: *Altiero Spinelli*, Féderaliste européen, Beiträgesammlung des Symposiums zum 100. Geburtstag von *Altiero Spinelli* unter der Leitung von *Lehmann, Wilhelm*, Europäisches Parlament (Ausschuss für Konstitutionelle Fragen), Brüssel, 2009, S. 19-24

Bieber, Roland, Föderalismus in Europa, in: *Weidenfeld, Werner (Hrsg.),* Die Europäischen Union – Politisches System und Politikbereiche, Bonn, 2008, S. 122-138

Bieber, Roland, Subsidiarität im Sinne des Vertrages über die Europäische Union, in: *Nörr, Knut Wolfgang/Oppermann, Thomas (Hrsg.),* Subsidiarität: Idee und Wirklichkeit, Zur Reichweite eines Prinzips in Deutschland und Europa, Tübingen, 1997, S. 165-183

Blanquet, Marc/Isaac, Guy, Droit communautaire général, Paris, 8. Aufl. 2001

Bogdandy, Armin von/Bast, Jürgen/Westphal, Dietrich, Die Vertikale Kompetenzordnung im Entwurf des Verfassungsvertrags, in: *Zuleeg, Manfred (Hrsg.),* Die neue Verfassung der Europäischen Union, Baden-Baden, 2006, S. 21-34

Bogdandy, Armin von, Die Europäischen Union als supranationale Föderation, in: Integration, 2/1999, S. 95-112

Börnecke, Stephan, *Gentechnikfreie Zonen mit Segen der EU, Frankfurter Rundschau vom 04 Dezember 2008*

Bos, Ellen, *Europäische Identität durch gemeinsame Werte, in* Müller/Graff, Peter-Christian (Hrsg.), *Der Zusammenhalt Europas – In Vielfalt geeint, Baden-Baden, 2009, S. 73-91*

Brackhane, Birgit, Differenzierte Integration im Recht der Europäischen Union, Baden-Baden, 2008

Calliess, Christian, Subsidiaritätsprinzip und Solidaritätsprinzip als rechtliches Regulativ der Globalisierung von Staat und Gesellschaft – dargestellt am Beispiel von EU und WTO, in: *Blicke, Peter/Hüglin Thomas O./Wyduckel, Dieter (Hrsg.),* Subsidiarität als rechtliches und politisches Ordnungsprinzip in Kirche, Staat und Gesellschaft, Genese, Gestaltungsgrundlagen und Perspektiven an der Schwelle des dritten Jahrtausends, Berlin, 2002, S. 371- 400

Calliess, Christian, Subsidiaritäts- und Solidaritätsprinzip in der Europäischen Union, Baden-Baden, 1999

Cananea, Giancinto Della, Subsidiarity in the (draft) Constitution of the European Union, in: *Zuleeg, Manfred (Hrsg.),* Die neue Verfassung der Europäischen Union, Baden-Baden, 2006, S. 35-46

Chemillier-Gendreau, Monique, Le principe de subsidiarité : enjeu majeur, débats confus, Le Monde diplomatique, Nr. 460, Juli 1992, S. 13

Cheneval, Francis, Einleitung – Die EU und der Prozess ihrer Legitimation, in: *Cheneval, F./Utzinger, A./Dänzer, S. (Hrsg.),* Legitimationsgrundlagen der Europäischen Union, Münster, 2005, S. 1-26

Cheneval, Francis, Legitimationskriterien der multilateralen demokratischen Integration, in: *Cheneval, F./Utzinger, A./Dänzer, S. (Hrsg.),* Legitimationsgrundlagen der Europäischen Union, Münster, 2005, *S. 323-348*

Cheneval, Francis, Die Rezeption der Monarchia Dantes bis zur Editio Princeps im Jahre 1559, Metamorphosen eines Philosophischen Werkes, München, 1995

Clergerie, Jean-Louis, Le principe de subsidiarité, Paris, 1997

Codex Alimentarius, Lebensmittelhygiene, Internationale Standards und Richtlinien, Hamburg, 2. Aufl., 2006

Constantinesco, Vlad, Subsidiarität: Zentrales Verfassungsprinzip für die Politische Union, in: Integration, 04/1990, S. 165-178

Constantinesco, Vlad, Le principe de subsidiarité: un passage obligé vers l'Union Européenne?, in : L'Europe et le droit, mélanges en honneur à *Jean Boulouis*, Paris, 1991, S. 35-45

Dante Alighieri/Bartsch, Karl (Übersetzung), Die Göttliche Komödie, Wiesbaden, 2010

Dänzer, Sonja, Zu einem auf Kultur und Religion basierenden Verständnis der europäischen Union – Eine Kritik, in: *Cheneval, F./Utzinger, A./Dänzer, S. (Hrsg.),* Legitimationsgrundlagen der Europäischen Union, Münster, 2005, *S. 253-271*

Delmas-Marty,Mireille, Le flou du droit, Paris, Aufl. 2004

Delors, Jacques, L'Europe tragique et magnifique. Les grands enjeux européens, Paris, 2006

Delors, Jacques, Subsidiarity: The challenge of change, in: Proceedings of the *Jacque Delors* Colloquium 1991, Maastricht, 1991, S. 7-18

Delsol, Chantal, La bonne étoile de la subsidiarité, in: *Blicke, Peter/Hüglin Thomas O./Wyduckel, Dieter (Hrsg.),* Subsidiarität als rechtliches und politisches Ordnungsprinzip in Kirche, Staat und Gesellschaft, Genese, Gestaltungsgrundlagen und Perspektiven an der Schwelle des dritten Jahrtausends, Berlin, 2002, S. 85-89

Delsol, Chantal Millon, Les idées politiques au XXe siècle, Paris, 1991

Derosier, Jean-Philippe, "Et au milieu coule une rivière": La subsidiarité et la frontière Rhénane, Signification juridique, implications possibles et portées positives de deux articles 72, alinéa 2 : la subsidiarité, entre principe et objectif, in: Les transferts de compétences de l'Etat aux collectivités locales, *Brisson, Jean-François (Hrsg.)* Paris, 2009 S. 91-108.

Derosier, Jean-Philippe, La dialectique centralisation/décentralisation, Recherches sur le caractère dynamique du principe de subsidiarité, Revue internationale de Droit comparé 2007, n° 1, S. 107-140.

Derrida, Jacques/Habermas Jürgen, Unsere Erneuerung, Nach dem Krieg: Die Wiedergeburt Europas, Frankfurter Allgemeine Zeitung vom 31. Mai 2003, S. 33

Dony, Marianne, Droit de l'Union européenne, Bruxelles, 2. Aufl., 2008

Dubouis, Louis/Blumann, Claude, Droit matériel de l'union Européenne, 2. Aufl., 2001

Dupuis, Georges/Guédon, Marie-José/Chrétien, Patrice, Droit administratif, Paris, 11. Aufl. 2009

Epiney, Astrid, Föderalismus in der EU – Einige Überlegungen auf der Grundlage des Verfassungsentwurf – ; in: *Zuleeg, Manfred (Hrsg.),* Die neue Verfassung der Europäischen Union, Baden-Baden, 2006, S. 47-67

Feral, Pierre-Alexis, Retour en force du principe de subsidiarité dans le traité Constitutionnel: de nouvelles responsabilités pour les parlements nationaux et pour le Comité des Régions, in:Revue du Marché Commun et de l'Union Européenne, Nr. 481, September 2004, S. 499

Ferréol, Gilles/Blanquet, Marc/Flageul, Noël/Belœil-Benoist Yves Jean/Breillat, Dominique, Dictionnaire de l'Union européenne, Paris, 2001

Ferry, Jean-Marc, Sur le sens politique de l'Europe: Les voies d'une constitution post-étatique, in: *Cheneval, Francis/Utzinger, André/Dänzer, Sonja (Hrsg.),* Legitimationsgrundlagen der Europäischen Union, Münster, 2005, S. 47-60

Freiburghaus, Dieter, Was ist negativ an der negativen Integration? Zur wirtschaftlichen Legitimation der europäischen Integration, in: *Cheneval, Francis/Utzinger, André/Dänzer, Sonja (Hrsg.),* Legitimationsgrundlagen der Europäischen Union, Münster, 2005, S. 79-94

Gelbert, Julia, Die Risikobewältigung im Lebensmittelrecht, Bayreuth, 2001

Gicquel, Jean/Gicquel, Jean-Eric, Droit constitutionnel et institutions politiques, Paris, 22. Aufl., 2008

Grabitz, Eberhard/Iliopoulos, Constantin, Typologie der Differenzierungen und Ausnahmen im Gemeinschaftsrecht, in: *Grabitz, Eberhard,* Abgestufte Integration, Kehl am Rhein, 1984, S. 31-46

Grande, Edgar, Multi-Level Governance: Institutionelle Besonderheiten und Funktionsbedingungen des europäischen Mehrebenensystem, in *Grande, Edgar/Jachtenfuchs, Markus* (Hrsg.), Wie problemfähig ist die EU?, Baden-Baden, 2000, S. 11-25.

Grimm, Dieter, Subsidiarität ist nur ein Wort, Frankfurter Allgemeine Zeitung vom 17. September 1992, S. 38

Habermas, Jürgen, Der gespaltene Westen, Frankfurt am Main, 1. Aufl., 2004

Habermas, Jürgen, Faktizität und Geltung, Beiträge zur Diskurstheoie des Rechts und des demokratischen Rechtsstaats, Frankfurt am Main, 1998

Haltern, Ulrich, Finalitäten, in: *Bogdandy, Armin von/Bast, Jürgen (Hrsg.),* Europäisches Verfassungsrecht, Theoretische und Dogmatische Grundzüge, Heidelberg, 2. Aufl., 2009, S- 279-331

Hermann, Christoph/Ohler, Christoph/Streinz, Rudolf, Der Vertrag von Lissabon zur Reform der EU – Einführung mit synopse, München, 3. Aufl., 2010

Höffe, Otfried, Subsidiarität als staatsphilosophisches Prinzip, in: *Nörr, Knut Wolfgang/Oppermann, Thomas (Hrsg.),* Subsidiarität: Idee und Wirklichkeit, Zur Reichweite eines Prinzips in Deutschland und Europa, Tübingen, 1997, S. 49-67

Huber, Peter M., Differenzierte Integration und Flexibilität als neues Ordnungsmuster der Europäischen Union?, in: Europarecht, Bd. 31, Heft 4, Oktober-Dezember 1996, S. 347-361

Hüglin, Thomas O., Johannes Althusius: Eine „alternative" Institutionstheorie der Frühen Neuzeit? in: *Göhler Gerhard (Hrsg.)*, politische Institutionen im gesellschaftlichen Umbruch, Opladen, 1990, S. 203-230.

Hüglin, Thomas O., Föderalismus und Subsidiarität. Ein Beitrag zu Schnittstellen in der politischen Ideengeschichte, in: *Blicke, Peter/Hüglin Thomas O./Wyduckel, Dieter (Hrsg.),* Subsidiarität als rechtliches und politisches Ordnungsprinzip in Kirche, Staat und Gesellschaft, Genese, Gestaltungsgrundlagen und Perspektiven an der Schwelle des dritten Jahrtausends, Berlin, 2002, S. 325-335

Jachtenfuchs, Markus, Die Problemlösungsfähigkeit der EU: Begriffe, Befunde, Erklärungen, in: *Grande, Edgar/Jachtenfuchs, Markus* (Hrsg.), Wie problemfähig ist die EU?, Baden-Baden, 2000, S 345-356

Jacqué, Jean-Paul, L'intégration différenciée de lege ferenda, in L'intégration différenciée, Brussel, 1986, S. 19-20

Isensee, Josef, Subsidiaritätsprinzip und Verfassungsrecht, Eine Studie über das Regulativ des Verhältnisses von Staat und Gesellschaft, Berlin, 2. Aufl., 2001

Isensee, Josef, Subsidiarität – das Prinzip und seine Prämissen, in: *Blicke, Peter/Hüglin Thomas O./Wyduckel, Dieter (Hrsg.),* Subsidiarität als rechtliches und politisches Ordnungsprinzip in Kirche, Staat und Gesellschaft, Genese, Gestaltungsgrundlagen und Perspektiven an der Schwelle des dritten Jahrtausends, Berlin, 2002, S. 129-177

Kadelbach, Stefan, Unionsbürgerschaft, in: *Bogdandy, Armin von/Bast, Jürgen (Hrsg.),* Europäisches Verfassungsrecht, Theoretische und Dogmatische Grundzüge, Heidelberg, 2. Aufl., 2009, S. 611-656

Kadelbach, Stefan: Einleitung, in Kadelbach, Stefan (Hrsg.) Europäische Identität, Baden-Baden, 2008, S. 9-16

Kafsack, Hendrick/Stabenow, Michael, Aus für penible EU-Auflagen: Jetzt darf die Gurke wieder krumm sein, Frankfurter Allgemeine Zeitung vom 12. November 2008

Kempf, Hervé, Vingt régions européennes défient Bruxelles en refusant les OGM, Le Monde vom 15.02.2005

Kirchhof, Paul, Die rechtliche Struktur der Europäischen Union als Staatenverbund, in: *von Bogdandy, Armin (Hrsg.),* Europäisches Verfassungsrecht, Theoretische und dogmatische Grundzüge, Berlin, 2003, S. 893-929

König, Doris, Die Übertragung von Hoheitsrechten im Rahmen der Europäischen Integrationsprozess – Anwendungsbereiche und Schranken des Artikels 23 des Grundgesetz, Berlin, 2000

Koslowski, Peter, Subsidiarität als Prinzip der Koordination der Gesellschaft, in: *Nörr, Knut Wolfgang/Oppermann, Thomas (Hrsg.),* Subsidiarität: Idee und Wirklichkeit, Zur Reichweite eines Prinzips in Deutschland und Europa, Tübingen, 1997, S. 39-48

Küng, Hans, Die Kirche, Freiburg im Breisgau, 1967

Langner, Katrin, Verstärkte Zusammenarbeit in der Europäischen Union, Stärkung der Integration oder hin zu einem Europa von mehreren Geschwindigkeiten?, Frankfurt am Main, 2004

Lauer, Stephane/Lemaître Frédéric/Vergés, Marie de, Entretien mit *Jean-Claude Trichet*: "Nous avons besoin d'une fédération budgétaire", in Le Monde vom 01. Juni 2010, S. 15

Loosen, Katja, Das Biosafety-Protokoll von Cartagena zwischen Umweltvölkerrecht und Welthandelsrecht, Berlin, 2005

Lord Mackenzie-Stuart, Assessment of the Views Expressed and Introduction to a Panel Discussion, in: Proceedings of the *Jacque Delors* Colloquium 1991, Maastricht, 1991, S.37-41

Magiera, Siegfried, Zur Kompetenzneuordnung zwischen der Europäischen Union und den Mitgliedstaaten, in: Integration, 04/2002, S. 269-284

Manin, Philippe, L'union Européenne, Institutions, Ordre juridique, Contentieux, Paris, neue Aufl., 2005

Manin, Philippe, Les aspects juridiques de l'intégration différenciée, in: *Manin, Philippe/Louis, Jean-Victor (Hrsg.),* Vers une Europe différenciée? Possibilité et limite, Paris, 1996, S. 9-32

Martenczuk, Bernd, Die differenzierte Integration nach dem Vertrag von Amsterdam, in ZEuS, Zeitschrift für europarechtlichen Studien, Bd. 1, Heft 4, 1998, S. 447-474

Martenczuk, Bernd, Die differenzierte Integration und die föderale Struktur der Europäischen Union, in: Europarecht, Bd. 35, Heft 3, Mai-Juni 2000, S. 351-364

Merten, Detlef, Subsidiarität als Verfassungsprinzip, in *Merten, Detlef (Hrsg.),* Die Subsidiarität Europas, Berlin, 1. Aufl., 1993, S. 77-96

Meyer, Hans, Die Föderalismusreform 2006, Konzeption, Kommentar, Kritik, Berlin, 2008

Michel, Valérie, Recherches sur les compétences de la Communauté, Paris, 2003

Michelis, Gianni De, Die EG als Gravitationszentrum: für ein Europa der vier Kreise, in: Integration, 04/1990, S. 143-164

Moersch, Wolfram, Leistungsfähigkeit und Grenzen des Subsidiaritätsprinzips, Eine Rechtsdogmatische und rechtspolitische Studie, Berlin, 2001

Monar, Jörg, Optionen für den Ernstfall: Auswege aus einer Mögliche Ratifizierungskrise des Verfassungsvortrag, in: Integration, Bd. 28, Januar 2005, S. 16-32

Montesquieu, Charles de Secondat de, De l'esprit des lois, Band II, Paris, Aufl. vom 1995

Müller-Graff, Peter-Christian, Der Karlsruher Lissabon-Urteil: Bedingungen, Grenzen, Orakel und Integrative Optionen, in Integration, 04/2009, S. 331-360.

Müller-Graff, Peter Christian, Die Kompetenzen in der Europäischen Union, in: *Weidenfeld, Werner (Hrsg.),* Die Europäischen Union – Politisches System und Politikbereiche, Bonn, 2008, S. 139-164

Müller-Graff, Peter-Christian, „Differenzierte Integration": Konzept mit sprengender oder unitarisierender Kraft für die Europäische Union?, in: Integration, Bd. 30, April 2007, S. 129-139

Nitschke, Peter, Subnationalität versus Nationalität? Die Regionalisierung der Europäischen Union als subsidiäre Politikstrategie, in: *Blicke, Peter/Hüglin Thomas O./Wyduckel, Dieter (Hrsg.),* Subsidiarität als rechtliches und politisches Ordnungsprinzip in Kirche, Staat und Gesellschaft, Genese, Gestaltungsgrundlagen und Perspektiven an der Schwelle des dritten Jahrtausends, Berlin, 2002, S. 431-444

Nörr, Knut Wolgang, Subsidiarität, privatrechtstheoretisch betrachtet, in: *Nörr, Knut Wolfgang/Oppermann, Thomas (Hrsg.),* Subsidiarität: Idee und Wirklichkeit, Zur Reichweite eines Prinzips in Deutschland und Europa, Tübingen, 1997, S. 239-251

Oeter, Stefan, Föderalismus und Demokratie, in: *Bogdandy, Armin von/Bast, Jürgen (Hrsg.),* Europäisches Verfassungsrecht, Theoretische und Dogmatische Grundzüge, Heidelberg, 2. Aufl., 2009, S. 73-120

Oeter, Stefan, Integration und Subsidiarität im deutschen Bundesstaatsrecht, Untersuchungen zu Bundesstaatstheorie unter dem Grundgesetz, Tübingen, 1998

Oeter, Stefan, Souveränität und Demokratie als Problem in der „Verfassungsentwicklung" der Europäischen Union, ZaöRV, Bd. 55, 1995, S. 659-707

Oppermann, Thomas, Subsidiarität im Sinne des deutschen Grundgesetzes: einige grundsätzliche Bemerkungen, in: *Nörr, Knut Wolfgang/Oppermann, Thomas (Hrsg.),* Subsidiarität: Idee und Wirklichkeit, Zur Reichweite eines Prinzips in Deutschland und Europa, Tübingen, 1997, S. 215-226

Papier, Hans-Jürgen, Das Subsidiaritätsprinzip – Bremse des europäischen Zentralismus?, in: *Depenheuer, Otto/Heintzen, Markus/jestaedt, Matthias/Axer, Peter (Hrsg.),* Staat im Wort, Festschrift für *Josef Isensee,* Heidelberg, 2007, S. 691-705

Pernhorst, Christian, Das paneuropäische Verfassungsmodell des Grafen Richard N. Coudenhove-Kalergi, Baden-Baden, 2008

Pieper, Stefan Ulrich, Das Subsidiaritätsprinzip im Europäischen Gemeinschaftsrecht sowie in der politisch-rechtlichen Praxis der Union, in: *Blicke, Peter/Hüglin Thomas O./Wyduckel, Dieter (Hrsg.),* Subsidiarität als rechtliches und politisches Ordnungsprinzip in Kirche, Staat und Gesellschaft, Genese, Gestaltungsgrundlagen und Perspektiven an der Schwelle des dritten Jahrtausends, Berlin, 2002, S. 445-471

Pieper, Stefan Ulrich, Subsidiarität. Ein Beitrag zur Begrenzung der Gemeinschaftskompetenzen, Köln, 1994

Pinder, John, Altiero Spinelli ou l'odyssée du projet fédéraliste européen, in : Altiero Spinelli, Fédéraliste européen, Beiträgesammlung des Symposiums zum 100. Geburtstag von *Altiero Spinelli* unter der Leitung von

Lehmann, Wilhelm, Europäisches Parlament (Ausschuss für Konstitutionelle Fragen), Brüssel, 2009, S. 25-42

Puissochet, Jean-Pierre, La subsidiarité en droit français, in: *Nörr, Knut Wolfgang/Oppermann, Thomas (Hrsg.),* Subsidiarität: Idee und Wirklichkeit, Zur Reichweite eines Prinzips in Deutschland und Europa, Tübingen, 1997, S. 205-213

Pontier, Jean-Marie, La subsidiarité en droit administratif, Revue de droit public, 1986, S. 1515-1537

Ponzano, Paolo, Der „Spinelli-Vertrag" vom Februar 1984: Die Einleitung des Prozessesder Konstitutionalisierung der Europäischen Union, in: Altiero Spinelli, Fédéraliste européen, Beiträgesammlung des Symposiums zum 100. Geburtstag von Altiero Spinelli unter der Leitung von Lehmann, Wilhelm, Europäisches Parlament (Ausschuss für Konstitutionelle Fragen), Brüssel, 2009, S. 43-49

Quermonne, Jean-Louis, Le Traité «*Spinelli*» de février 1984: le lancement de la procèdure de constitutionnalisation de l'Union europeénne in: *Altiero Spinelli*, Fédéraliste européen, Beiträgesammlung des Symposiums zum 100. Geburtstag von *Altiero Spinelli* unter der Leitung von *Lehmann, Wilhelm*, Europäisches Parlament (Ausschuss für Konstitutionelle Fragen), Brüssel, 2009, S. 50-53

Renterghem, Marion van, Tchèques + Irlandais = euroscepticisme, Le Monde vom 13. Januar 2009.

Rudolph, Enno, Kerneuropa – Chance oder Hypothek?, in: *Cheneval, Francis/Utzinger, André/Dänzer, Sonja (Hrsg.),* Legitimationsgrundlagen der Europäischen Union, Münster, 2005, S. 273-285

Sauron, Jean-Luc, Comprendre le traité de Lisbonne. Texte consolidé intégral des traités. Explications et commentaires, Paris, 2008

Savat, Marjolaine, Die Gesundheitskompetenzen der Europäischen Union: Vom subsidiären Handeln zu gemeinschaftlichen Kompetenzen, in: *Dujmovits, Elisabeth/Eberhard,Harald/Eisenberger,Iris/Ennöckl,Daniel/Lachmayer, Konrad/Stöger, Karl (Hrsg.),* Recht und Medizin, 46. Assistentagung Öffentliches Recht, Baden-Baden, 2006, S. 63-71

Schambeck, Herbert, Subsidiarität und europäische Integration, in: *Depenheuer, Otto/Heintzen, Markus/jestaedt, Matthias/Axer, Peter (Hrsg.),* Staat im Wort, Festschrift für *Josef Isensee*, Heidelberg, 2007, S. 707-720

Schamel, Günter, Agricultural Trade Liberalization and the Developing Countries, in: *Hofmann, Rainer/Tondl, Gabriel (Hrsg.),* The European Union and the WTO Doha Round, 2007, S. 165-173

Scholz, Rupert, Die zukünftigen Kompetenzen der Europäischen Union. Über die Vorschläge des Konvents, in: *Zuleeg, Manfred (Hrsg.),* Die neue Verfassung der Europäischen Union, Baden-Baden, 2006, S. 9-19

Scholz, Rupert, Subsidiaritätsprinzip und zu erneuernde Staatlichkeit, in: *Depenheuer, Otto/Heintzen, Markus/Jestaedt, Matthias/Axer, Peter (Hrsg.),* Staat im Wort, Festschrift für *Josef Isensee,* Heidelberg, 2007, S. 295-307

Schütz, Jörg, Der Grundsatz der Subsidiarität im Grundgesetz, Würzburg, 1965

Sidjanski, Dusan, L'approche fédérative de l'Union Européenne ou la quête d'un fédéralisme inédit, in: Notre Europe, Etudes et recherches n° 14, Juillet 2001.

Streinz, Rudolf/Ohler, Christoph/Herrmann, Christoph, Der Vertrag von Lissabon zur Reform der EU, Einführung mit Synopse, München, 2. Aufl., 2010

Streinz, Rudolf, Der europäische Verfassungsprozess, Grundlagen, Werte und Perspektiven nach dem Scheitern des Verfassungsvertrags und nach dem Vertrag von Lissabon, München, 2008

Streinz, Rudolf, Europarecht, 2008, S. 64.

Stroobant, Jean-Pierre, Les artistes contre le péril belge, in Le Monde vom 01. Juni 2010, S. 28

Thym, Daniel, Ungleichzeitigkeit und europäisches Verfassungsrecht, Die Einbettung der verstärkten Zusammenarbeit, des Schengener Rechts und anderer Formen von Ungleichzeitigkeit in den Einheitlichen rechtlichen institutionellen Rahmen der Europäischen Union, Baden-baden, 2003

Tizzano, Antonio/Vignes, Daniel, Code de l'Union européenne, Bruxelles 2001

Tizzano, Antonio, Quelques observations sur le développement des compétences communautaires, in: Pouvoirs, Nr. 48, Europe 93, Paris, 1989, S. 81-94

Tsatsos, Dimitris Th., Die verstärkte Zusammenarbeit im Rahmen der Europäischen Verträge, in: *Tsatsos, Dimitris Th.,* Verstärkte Zusammenarbeit,

Flexible Institutionen oder Gefährdung der Integration?, Baden-Baden, 1999, S. 7-12

Utzinger, André, Mythen oder Institutionen? Zur Bildung kollektiver Identitäten im Postnationalen Europa, in : *Cheneval, F./Utzinger, A./Dänzer, S. (Hrsg.),* Legitimationsgrundlagen der Europäischen Union, Münster, 2005, S. 235-251

Waschkuhn, Arno: Was ist Subsidiarität? Ein sozialphilosophisches Ordnungsprinzip: Von Thomas von Aquin bis zur „Civil Society", Opladen, 1995

Wessels, Wolfgang, Das politische System der Europäischen Union, in: *Weidenfeld, Werner (Hrsg.),* Die Europäischen Union, Politisches System und Politikbereiche, Bonn, 2008, S. 83-104

Wetzig, Wolfram, Einfluss der EG und der WTO auf das Lebensmittelrecht, Frankfurt am Main, 2000

Witte, Bruno De, The Pillar Structure and the Nature of the European Union: Greek Temple or French Gothic Cathedral?, in *Heukels/Blokker/Brus (Hrsg.)*, The European Union after Amsterdam – A Legal Analysis, The Hague, Kluwer Law International, 1998, 51-68

Winter, Gerd, Subsidiarität und Deregulierung im Gemeinschaftsrecht, in: Europarecht, Bd. 31, Heft 3, Juli-September 1996, S. 247-269

Wohland, Elisabeth, Bundestag, Bundesrat und Landesparlamente im europäischen Integrationsprozess, Zur Auslegung von Art. 23 Grundgesetz unter Berücksichtigung des Verfassungsvertrags von Europa und des Vertrags von Lissabon, Frankfurt am Main, 2008,

Wolters, Christian, Die BSE-Krise. Agrarpolitik im Spannungsfeld zwischen Handelsfreiheit und Konsumentenschutz, Frankfurt am Main, 1998

Würtenberger, Thomas, Subsidiarität als verfassungsrechtliches Auslegungsprinzip, in: *Blicke, Peter/Hüglin Thomas O./Wyduckel, Dieter (Hrsg.),* Subsidiarität als rechtliches und politisches Ordnungsprinzip in Kirche, Staat und Gesellschaft, Genese, Gestaltungsgrundlagen und Perspektiven an der Schwelle des dritten Jahrtausends, Berlin, 2002, S. 199-212

Zuleeg, Manfred, Die Vorzüge der Europäischen Verfassung, in: *Bogdandy, Armin von/Bast, Jürgen (Hrsg.),* Europäisches Verfassungsrecht, Theoretische und Dogmatische Grundzüge, Heidelberg, 2. Aufl., 2009, S. 1045-1076

Zuleeg, Manfred, Der rechtliche Zusammenhalt der Europäischen Union, Baden-Baden, 2004

Zuleeg, Manfred, Der unvollendete Bundesstaat: Vision oder Realität?, in *Zuleeg, Manfred (Hrsg.)*, Den Beitrag Walter Hallstein zur Zukunft Europas, Baden-Baden, 2003, S. 97-103.

Zuleeg, Manfred, Justiziabilität des Subsidiaritätsprinzips, in. *Nörr, Knut Wolfgang/Oppermann, Thomas (Hrsg.),* Subsidiarität: Idee und Wirklichkeit, Zur Reichweite eines Prinzips in Deutschland und Europa, Tübingen, 1997, S. 185-204

Anhänge

Anhang 1: Protokoll über die Anwendung der Grundsätze der Subsidiarität und der Verhältnismäßigkeit

DIE HOHEN VERTRAGSPARTEIEN -
ENTSCHLOSSEN, die Bedingungen für die Anwendung der in Artikel 3 b des Vertrags zur Gründung der Europäischen Gemeinschaft verankerten Grundsätze der Subsidiarität und der Verhältnismäßigkeit festzulegen, um die Kriterien für ihre Anwendung zu präzisieren, und die strikte Beachtung und kohärente Anwendung dieser Grundsätze durch alle Organe zu gewährleisten,
IN DEM WUNSCH sicherzustellen, daß Entscheidungen in der Union so bürgernah wie möglich getroffen werden,
IN ANBETRACHT der Interinstitutionellen Vereinbarung vom 25. Oktober 1993 zwischen dem Europäischen Parlament, dem Rat und der Kommission über die Verfahren zur Anwendung des Subsidiaritätsprinzips,
HABEN BEKRÄFTIGT, daß die Schlußfolgerungen des Europäischen Rates von Birmingham vom 16. Oktober 1992 und das vom Europäischen Rat auf seiner Tagung am 11.-12. Dezember 1992 in Edinburgh vereinbarte Gesamtkonzept für die Anwendung des Subsidiaritätsprinzips weiterhin die Richtschnur für das Handeln der Gemeinschaftsorgane sowie für die Weiterentwicklung der Anwendung des Subsidiaritätsprinzips bilden werden -
SIND zu diesem Zweck über folgende Bestimmungen ÜBEREINGEKOMMEN, die dem Vertrag zur Gründung der Europäischen Gemeinschaft beigefügt sind:

1. Jedes Organ gewährleistet bei der Ausübung seiner Befugnisse die Einhaltung des Subsidiaritätsprinzips. Jedes Organ gewährleistet ferner die Beachtung des Verhältnismäßigkeitsgrundsatzes, demzufolge die Maßnahmen der Gemeinschaft nicht über das für die Erreichung der Ziele des Vertrags erforderliche Maß hinausgehen dürfen.

2. Die Grundsätze der Subsidiarität und der Verhältnismäßigkeit werden unter Beachtung der allgemeinen Bestimmungen und der Ziele des Vertrags angewandt, insbesondere unter voller Wahrung des gemeinschaftlichen Besitzstands und des institutionellen Gleichgewichts; dabei werden die vom Gerichtshof aufgestellten Grundsätze für das Verhältnis zwischen einzelstaatlichem Recht und Gemeinschaftsrecht nicht berührt, und Artikel F Absatz 4 des Vertrags über die Europäische Union, wonach sich die Union mit den Mitteln ausstattet, „die zum Erreichen ihrer Ziele und zur Durchführung ihrer Politiken erforderlich sind", sollte Rechnung getragen werden.

3. Das Subsidiaritätsprinzip stellt nicht die Befugnisse in Frage, über die die Europäische Gemeinschaft aufgrund des Vertrags entsprechend der Auslegung des Gerichtshofs verfügt. Die in Artikel 3 b Absatz 2 des Vertrags genannten Kriterien gelten für Bereiche, für die die Gemeinschaft nicht die ausschließliche Zuständigkeit besitzt. Das Subsidiaritätsprinzip ist eine Richtschnur dafür, wie die-

se Befugnisse auf Gemeinschaftsebene auszuüben sind. Die Subsidiarität ist ein dynamisches Konzept und sollte unter Berücksichtigung der im Vertrag festgelegten Ziele angewendet werden. Nach dem Subsidiaritätsprinzip kann die Tätigkeit der Gemeinschaft im Rahmen ihrer Befugnisse sowohl erweitert werden, wenn die Umstände dies erfordern, als auch eingeschränkt oder eingestellt werden, wenn sie nicht mehr gerechtfertigt ist.

4. Jeder Vorschlag für gemeinschaftliche Rechtsvorschriften wird begründet, um zu rechtfertigen, daß dabei die Grundsätze der Subsidiarität und der Verhältnismäßigkeit eingehalten werden; die Feststellung, daß ein Gemeinschaftsziel besser auf Gemeinschaftsebene erreicht werden kann, muß auf qualitativen oder - soweit möglich - auf quantitativen Kriterien beruhen.

5. Maßnahmen der Gemeinschaft sind nur gerechtfertigt, wenn beide Bedingungen des Subsidiaritätsprinzips erfüllt sind: Die Ziele der in Betracht gezogenen Maßnahmen können nicht ausreichend durch Maßnahmen der Mitgliedstaaten im Rahmen ihrer Verfassungsordnung erreicht werden und können daher besser durch Maßnahmen der Gemeinschaft erreicht werden.
Folgende Leitlinien sollten bei der Prüfung der Frage, ob die genannte Voraussetzung erfüllt ist, befolgt werden:

- Der betreffende Bereich weist transnationale Aspekte auf, die durch Maßnahmen der Mitgliedstaaten nicht ausreichend geregelt werden können,
- alleinige Maßnahmen der Mitgliedstaaten oder das Fehlen von Gemeinschaftsmaßnahmen würden gegen die Anforderungen des Vertrags (beispielsweise Erfordernis der Korrektur von Wettbewerbsverzerrungen, der Vermeidung verschleierter Handelsbeschränkungen oder der Stärkung des wirtschaftlichen und sozialen Zusammenhalts) verstoßen oder auf sonstige Weise die Interessen der Mitgliedstaaten erheblich beeinträchtigen,
- Maßnahmen auf Gemeinschaftsebene würden wegen ihres Umfangs oder ihrer Wirkungen im Vergleich zu Maßnahmen auf der Ebene der Mitgliedstaaten deutliche Vorteile mit sich bringen.

6. Für Maßnahmen der Gemeinschaft ist eine möglichst einfache Form zu wählen, wobei darauf geachtet werden muß, daß das Ziel der Maßnahme in zufriedenstellender Weise erreicht wird und die Maßnahme tatsächlich zur Anwendung gelangt. Die Rechtsetzungstätigkeit der Gemeinschaft sollte über das erforderliche Maß nicht hinausgehen. Dementsprechend wäre unter sonst gleichen Gegebenheiten eine Richtlinie einer Verordnung und eine Rahmenrichtlinie einer detaillierten Maßnahme vorzuziehen. Richtlinien nach Maßgabe des Artikels 189 des Vertrags, die für jeden Mitgliedstaat, an den sie gerichtet sind, hinsichtlich des zu erreichenden Ziels verbindlich sind, überlassen den innerstaatlichen Stellen die Wahl der Form und der Mittel.

7. Was Art und Umfang des Handelns der Gemeinschaft betrifft, so sollte bei Maßnahmen der Gemeinschaft so viel Raum für nationale Entscheidungen bleiben, wie dies im Einklang mit dem Ziel der Maßnahme und den Anforderungen des Vertrags möglich ist. Unter Einhaltung der gemeinschaftlichen Rechtsvorschriften sollten bewährte nationale Regelungen sowie Struktur und Funktionsweise der Rechtssysteme der Mitgliedstaaten geachtet werden. Den Mitgliedstaaten sollten in den Gemeinschaftsmaßnahmen Alternativen zur Erreichung der Ziele der Maßnahmen angeboten werden, sofern dies für eine ordnungsgemäße Durchführung der Maßnahmen angemessen und erforderlich ist.

8. Führt die Anwendung des Subsidiaritätsprinzips dazu, daß ein Tätigwerden der Gemeinschaft unterbleibt, so müssen die Mitgliedstaaten bei ihren Tätigkeiten den allgemeinen Vorschriften des Artikels 5 des Vertrags genügen, indem sie alle geeigneten Maßnahmen zur Erfüllung ihrer Verpflichtungen aus dem Vertrag treffen und alle Maßnahmen, welche die Verwirklichung der Ziele des Vertrags gefährden könnten, unterlassen.

9. Unbeschadet ihres Initiativrechts sollte die Kommission
- vor der Unterbreitung von Vorschlägen für Rechtsvorschriften außer im Falle besonderer Dringlichkeit oder Vertraulichkeit umfassende Anhörungen durchführen und in jedem geeigneten Fall Konsultationsunterlagen veröffentlichen;

- die Sachdienlichkeit ihrer Vorschläge unter dem Aspekt des Subsidiaritätsprinzips begründen; hierzu sind erforderlichenfalls in der Begründung des Vorschlags ausführliche Angaben zu machen. Wird eine Gemeinschaftsmaßnahme ganz oder teilweise aus dem Gemeinschaftshaushalt finanziert, so ist eine Erläuterung erforderlich;

- gebührend berücksichtigen, daß die finanzielle Belastung und der Verwaltungsaufwand der Gemeinschaft, der Regierungen der Mitgliedstaaten, der örtlichen Behörden, der Wirtschaft und der Bürger so gering wie möglich gehalten werden und in einem angemessenen Verhältnis zu dem angestrebten Ziel stehen müssen;

- dem Europäischen Rat, dem Europäischen Parlament und dem Rat jährlich einen Bericht über die Anwendung des Artikels 3 b des Vertrags vorlegen. Dieser Jahresbericht ist auch dem Ausschuß der Regionen und dem Wirtschafts- und Sozialausschuß zuzuleiten.

10. Der Europäische Rat berücksichtigt den Bericht der Kommission nach Nummer 9 vierter Gedankenstrich im Rahmen des Berichts über die Fortschritte der Union, den er gemäß Artikel D des Vertrags über die Europäische Union dem Europäischen Parlament vorzulegen hat.

11. Das Europäische Parlament und der Rat prüfen unter strikter Einhaltung der geltenden Verfahren als Teil der umfassenden Prüfung der Kommissionsvorschläge, ob diese mit Artikel 3 b des Vertrags im Einklang stehen. Dies gilt sowohl für den ursprünglichen Vorschlag der Kommission als auch für vom Europäischen Parlament und vom Rat in Betracht gezogene Änderungen an dem Vorschlag.

12. Das Europäische Parlament wird im Rahmen der Anwendung der Verfahren nach den Artikeln 189 b und 189 c des Vertrags durch die Angabe der Gründe, die den Rat zur Festlegung seines gemeinsamen Standpunkts veranlaßt haben, über die Auffassung des Rates hinsichtlich der Anwendung des Artikels 3 b des Vertrags unterrichtet. Der Rat teilt dem Europäischen Parlament mit, weshalb seiner Auffassung nach ein Kommissionsvorschlag ganz oder teilweise im Widerspruch zu Artikel 3 b des Vertrags steht.

13. Die Einhaltung des Subsidiaritätsprinzips wird gemäß den Bestimmungen des Vertrags geprüft.

Anhang 2: Protokoll (Nr. 2) über die Anwendung der Grundsätze der Subsidiarität und der Verhältnismäßigkeit

DIE HOHEN VERTRAGSPARTEIEN –
IN DEM WUNSCH sicherzustellen, dass die Entscheidungen in der Union so bürgernah wie möglich getroffen werden,
ENTSCHLOSSEN, die Bedingungen für die Anwendung der in Artikel 5 des Vertrags über die Europäische Union verankerten Grundsätze der Subsidiarität und der Verhältnismäßigkeit festzulegen und ein System zur Kontrolle der Anwendung dieser Grundsätze zu schaffen –
SIND über folgende Bestimmungen ÜBEREINGEKOMMEN, die dem Vertrag über die Europäische Union und dem Vertrag über die Arbeitsweise der Europäischen Union beigefügt sind:

Artikel 1
Jedes Organ trägt stets für die Einhaltung der in Artikel 5 des Vertrags über die Europäische Union niedergelegten Grundsätze der Subsidiarität und der Verhältnismäßigkeit Sorge.

Artikel 2
Die Kommission führt umfangreiche Anhörungen durch, bevor sie einen Gesetzgebungsakt vorschlägt. Dabei ist gegebenenfalls der regionalen und lokalen Bedeutung der in Betracht gezogenen Maßnahmen Rechnung zu tragen. In außergewöhnlich dringenden Fällen führt die Kommission keine Konsultationen durch. Sie begründet dies in ihrem Vorschlag.

Artikel 3
Im Sinne dieses Protokolls bezeichnet "Entwurf eines Gesetzgebungsakts" die Vorschläge der Kommission, die Initiativen einer Gruppe von Mitgliedstaaten, die Initiativen des Europäischen Parlaments, die Anträge des Gerichtshofs, die Empfehlungen der Europäischen Zentralbank und die Anträge der Europäischen Investitionsbank, die den Erlass eines Gesetzgebungsakts zum Ziel haben.

Artikel 4
Die Kommission leitet ihre Entwürfe für Gesetzgebungsakte und ihre geänderten Entwürfe den nationalen Parlamenten und dem Unionsgesetzgeber gleichzeitig zu.

Das Europäische Parlament leitet seine Entwürfe von Gesetzgebungsakten sowie seine geänderten Entwürfe den nationalen Parlamenten zu.
Der Rat leitet die von einer Gruppe von Mitgliedstaaten, vom Gerichtshof, von der Europäischen Zentralbank oder von der Europäischen Investitionsbank vorgelegten Entwürfe von Gesetzgebungsakten sowie die geänderten Entwürfe den nationalen Parlamenten zu.

Sobald das Europäische Parlament seine legislativen Entschließungen angenommen und der Rat seine Standpunkte festgelegt hat, leiten sie diese den nationalen Parlamenten zu.

Artikel 5
Die Entwürfe von Gesetzgebungsakten werden im Hinblick auf die Grundsätze der Subsidiarität und der Verhältnismäßigkeit begründet. Jeder Entwurf eines Gesetzgebungsakts sollte einen Vermerk mit detaillierten Angaben enthalten, die es ermöglichen zu beurteilen, ob die Grundsätze der Subsidiarität und der Verhältnismäßigkeit eingehalten wurden. Dieser Vermerk sollte Angaben zu den voraussichtlichen finanziellen Auswirkungen sowie im Fall einer Richtlinie zu den Auswirkungen auf die von den Mitgliedstaaten zu erlassenden Rechtsvorschriften, einschließlich gegebenenfalls der regionalen Rechtsvorschriften, enthalten. Die Feststellung, dass ein Ziel der Union besser auf Unionsebene erreicht werden kann, beruht auf qualitativen und, soweit möglich, quantitativen Kriterien. Die Entwürfe von Gesetzgebungsakten berücksichtigen dabei, dass die finanzielle Belastung und der Verwaltungsaufwand der Union, der nationalen Regierungen, der regionalen und lokalen Behörden, der Wirtschaftsteilnehmer und der Bürgerinnen und Bürger so gering wie möglich gehalten werden und in einem angemessenen Verhältnis zu dem angestrebten Ziel stehen müssen.

Artikel 6
Die nationalen Parlamente oder die Kammern eines dieser Parlamente können binnen acht Wochen nach dem Zeitpunkt der Übermittlung eines Entwurfs eines Gesetzgebungsakts in den Amtssprachen der Union in einer begründeten Stellungnahme an die Präsidenten des Europäischen Parlaments, des Rates und der Kommission darlegen, weshalb der Entwurf ihres Erachtens nicht mit dem Subsidiaritätsprinzip vereinbar ist. Dabei obliegt es dem jeweiligen nationalen Parlament oder der jeweiligen Kammer eines nationalen Parlaments, gegebenenfalls die regionalen Parlamente mit Gesetzgebungsbefugnissen zu konsultieren.

Wird der Entwurf eines Gesetzgebungsakts von einer Gruppe von Mitgliedstaaten vorgelegt, so übermittelt der Präsident des Rates die Stellungnahme den Regierungen dieser Mitgliedstaaten.
Wird der Entwurf eines Gesetzgebungsakts vom Gerichtshof, von der Europäischen Zentralbank oder von der Europäischen Investitionsbank vorgelegt, so übermittelt der Präsident des Rates die Stellungnahme dem betreffenden Organ oder der betreffenden Einrichtung.

Artikel 7
(1) Das Europäische Parlament, der Rat und die Kommission sowie gegebenenfalls die Gruppe von Mitgliedstaaten, der Gerichtshof, die

Europäische Zentralbank oder die Europäische Investitionsbank, sofern der Entwurf eines Gesetzgebungsakts von ihnen vorgelegt wurde, berücksichtigen die begründeten Stellungnahmen der nationalen Parlamente oder einer der Kammern eines dieser Parlamente.

Jedes nationale Parlament hat zwei Stimmen, die entsprechend dem einzelstaatlichen parlamentarischen System verteilt werden. In einem Zweikammersystem hat jede der beiden Kammern eine Stimme.

(2) Erreicht die Anzahl begründeter Stellungnahmen, wonach der Entwurf eines Gesetzgebungsakts nicht mit dem Subsidiaritätsprinzip im Einklang steht, mindestens ein Drittel der Gesamtzahl der den nationalen Parlamenten nach Absatz 1 Unterabsatz 2 zugewiesenen Stimmen, so muss der Entwurf überprüft werden. Die Schwelle beträgt ein Viertel der Stimmen, wenn es sich um den Entwurf eines Gesetzgebungsakts auf der Grundlage des Artikels 76 des Vertrags über die Arbeitsweise der Europäischen Union betreffend den Raum der Freiheit, der Sicherheit und des Rechts handelt.

Nach Abschluss der Überprüfung kann die Kommission oder gegebenenfalls die Gruppe von Mitgliedstaaten, das Europäische Parlament, der Gerichtshof, die Europäische Zentralbank oder die Europäische Investitionsbank, sofern der Entwurf eines Gesetzgebungsakts von ihr beziehungsweise ihm vorgelegt wurde, beschließen, an dem Entwurf festzuhalten, ihn zu ändern oder ihn zurückzuziehen. Dieser Beschluss muss begründet werden.

(3) Außerdem gilt im Rahmen des ordentlichen Gesetzgebungsverfahrens Folgendes: Erreicht die Anzahl begründeter Stellungnahmen, wonach der Vorschlag für einen Gesetzgebungsakt nicht mit dem Subsidiaritätsprinzip im Einklang steht, mindestens die einfache Mehrheit der Gesamtzahl der den nationalen Parlamenten nach Absatz 1 Unterabsatz 2 zugewiesenen Stimmen, so muss der Vorschlag überprüft werden. Nach Abschluss dieser Überprüfung kann die Kommission beschließen, an dem Vorschlag festzuhalten, ihn zu ändern oder ihn zurückzuziehen.

Beschließt die Kommission, an dem Vorschlag festzuhalten, so hat sie in einer begründeten Stellungnahme darzulegen, weshalb der Vorschlag ihres Erachtens mit dem Subsidiaritätsprinzip im Einklang steht. Die begründete Stellungnahme der Kommission wird zusammen mit den begründeten Stellungnahmen der nationalen Parlamente dem Unionsgesetzgeber vorgelegt, damit dieser sie im Rahmen des Verfahrens berücksichtigt:

a) Vor Abschluss der ersten Lesung prüft der Gesetzgeber (das Europäische Parlament und der Rat), ob der Gesetzgebungsvorschlag mit dem Subsidiaritätsprinzip im Einklang steht; hierbei berücksichtigt er insbesondere die angeführten Begründungen, die von einer Mehrheit der nationalen Parlamente unterstützt werden, sowie die begründete Stellungnahme der Kommission.

b) Ist der Gesetzgeber mit der Mehrheit von 55 % der Mitglieder des Rates oder einer Mehrheit der abgegebenen Stimmen im Europäischen Parlament der Ansicht, dass der Vorschlag nicht mit dem Subsidiaritätsprinzip im Einklang steht, wird der Gesetzgebungsvorschlag nicht weiter geprüft.

Artikel 8

Der Gerichtshof der Europäischen Union ist für Klagen wegen Verstoßes eines Gesetzgebungsakts gegen das Subsidiaritätsprinzip zuständig, die nach Maßgabe des Artikels 263 des Vertrags über die Arbeitsweise der Europäischen Union von einem Mitgliedstaat erhoben oder entsprechend der jeweiligen innerstaatlichen Rechtsordnung von einem Mitgliedstaat im Namen seines nationalen Parlaments oder einer Kammer dieses Parlaments übermittelt werden. Nach Maßgabe des genannten Artikels können entsprechende Klagen in Bezug auf Gesetzgebungsakte, für deren Erlass die Anhörung des Ausschusses der Regionen nach dem Vertrag über die Arbeitsweise der Europäischen Union vorgeschrieben ist, auch vom Ausschuss der Regionen erhoben werden.

Artikel 9

Die Kommission legt dem Europäischen Rat, dem Europäischen Parlament, dem Rat und den nationalen Parlamenten jährlich einen Bericht über die Anwendung des Artikels 5 des Vertrags über die Europäische Union vor. Dieser Jahresbericht wird auch dem Wirtschafts- und Sozialausschuss und dem Ausschuss der Regionen zugeleitet.

FSC
www.fsc.org
MIX
Papier | Fördert gute Waldnutzung
FSC® C083411

Kolibri 360 GmbH
Ferdinand-Jühlke-Straße 7
99095 Erfurt, Deutschland
produktsicherheit@kolibri360.de